INDICATIONS

RELATIVES A LA MÉTHODE D'ENSEIGNEMENT

Les Notions scientifiques *exposées dans cet ouvrage s'adressent spécialement au cours supérieur de l'école rurale (élèves de 11 à 13 ans), ou à celui qui en tient lieu*[1]. *L'ensemble est divisé en deux parties différenciées par la grosseur du caractère d'impression : la première partie imprimée en gros caractère répond aux exigences de l'examen du certificat d'études si l'on y ajoute les notions d'hygiène contenues dans le chapitre X; la deuxième partie correspond à une seconde année de cours supérieur, elle complétera la revision de la première partie. Dans la mesure du temps disponible, en hiver particulièrement, on ajoutera, aux matières du programme minimum, tout ou partie des démonstrations de physique et de physiologie indiquées à la fin du volume.*

Les leçons seront essentiellement expérimentales; autant que possible, les élèves y prendront une part active; voici l'un des meilleurs moyens de les rendre fructueuses.

Le sujet a d'abord été indiqué avec quelques détails par le maître, et quelques élèves ont été chargés de rassembler ou d'agencer le matériel nécessaire aux expériences; quand la démonstration expérimentale est terminée, un élève la résume. Le maître tire ensuite les conclusions, indique les applications, etc., en un mot fait le commentaire du livre; enfin, il donne un devoir écrit, oral ou manuel, après avoir indiqué le sujet de la leçon suivante.

Ce devoir doit être choisi de façon que l'enfant en trouve les matériaux dans son livre, sans toutefois qu'il puisse lui suffire, pour remplir sa tâche, de copier un passage ou de l'apprendre par cœur; sous la rubrique Exercices, *on trouvera de nombreux textes de devoirs remplissant ces conditions qui obligent l'élève à un travail personnel.*

---

1. Au *cours moyen*, on devra se borner à des lectures expliquées accompagnées de quelques démonstrations très simples. **Le Livre d'agriculture**, par M. Cunisset-Carnot (librairie Larousse, 17, rue Montparnasse, à Paris), est un des meilleurs à recommander à cet effet; l'enseignement qu'il représente est celui par lequel il faut commencer, tous les maîtres peuvent et doivent le donner. Dans les classes d'élite, on continuera par l'enseignement réellement scientifique que nous préconisons ici et qui doit s'établir peu à peu dans toutes les bonnes écoles.

R. L.

PRÉFACE

A l'école primaire élémentaire, l'enseignement agricole, comme tout enseignement professionnel, « ne peut être qu'une préparation lointaine à l'exercice d'une profession, un avant-goût, une amorce », une *Introduction* à des connaissances pratiques qu'on ne saurait établir solidement sans une base scientifique.

Au point de vue professionnel, l'école ordinaire aura rempli son rôle si, en donnant le goût et l'amour du travail intelligent aux générations qu'elle forme, elle les munit de deux instruments indispensables pour tout progrès : la connaissance des premières notions scientifiques fondamentales et l'habitude de l'observation et de la réflexion.

On manquerait le but à atteindre à l'école rurale si l'on se bornait à y faire apprendre des définitions, des préceptes, des procédés ou des recettes agricoles : on chargerait la mémoire des élèves sans développer leur intelligence. Pour qu'un enfant d'une douzaine d'années acquière des connaissances scientifiques précises, dans la mesure que comporte son âge, et pour qu'il apprenne à bien observer, il est nécessaire de lui mettre sous les yeux des sujets d'observation simples : la méthode expérimentale, rendue élémentaire, s'impose donc.

On a prétendu que les expériences sont impossibles à l'école primaire; le Congrès international tenu à la Sorbonne en 1889 n'était pas de cet avis quand il votait, à l'unanimité, le vœu suivant :

« L'enseignement agricole de l'école primaire, souvent aidé par les leçons, devoirs, lectures, et surtout par le musée, le jardin et les promenades scolaires, *s'appuyera essentiellement sur des expériences simples* relatives au développement des végétaux. »

Cette formule signifie bien qu'il faut surtout enseigner expérimentalement comment un végétal naît, vit, s'accroît et se multiplie; je m'en suis inspiré en écrivant ce livre.

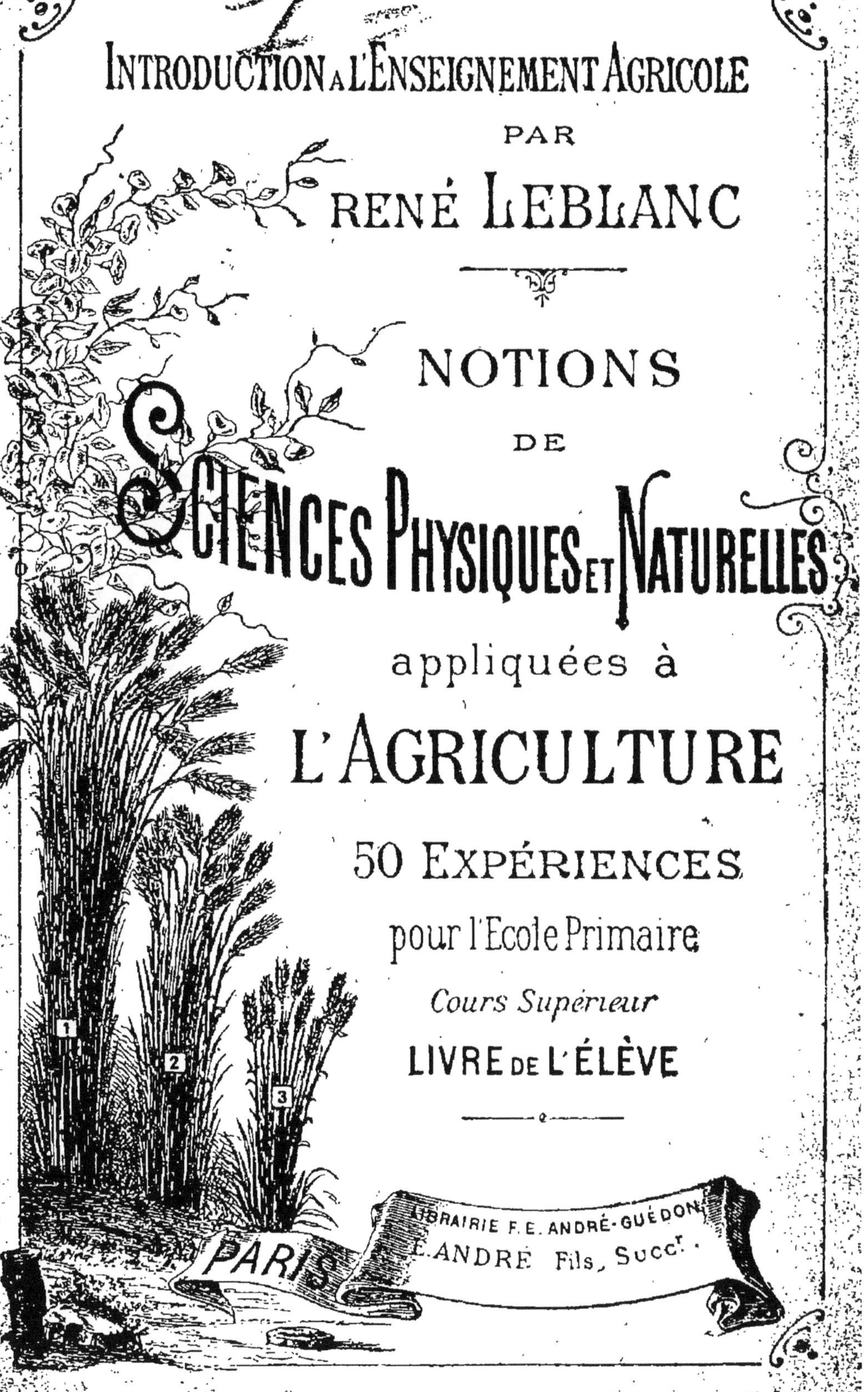
INTRODUCTION A L'ENSEIGNEMENT AGRICOLE
PAR
RENÉ LEBLANC
NOTIONS
DE
SCIENCES PHYSIQUES ET NATURELLES
appliquées à
L'AGRICULTURE
50 EXPÉRIENCES
pour l'Ecole Primaire
Cours Supérieur
LIVRE DE L'ÉLÈVE
1
2
3
PARIS
LIBRAIRIE F. E. ANDRÉ-GUÉDON
E. ANDRÉ Fils, Succr.

INTRODUCTION

A

L'ENSEIGNEMENT AGRICOLE

OUVRAGES DE Mr C. HARAUCOURT

Cours élémentaire de physique à l'usage des *Lycées*, des *Collèges*, des candidats aux baccalauréats, et de tous les établissements d'Instruction, contenant de nombreux exercices numériques résolus et à résoudre, *Sixième édition* revue et corrigée. 1 v. in-8, br............... 6 »

Leçons élémentaires de physique, à l'usage des Écoles primaires supérieures. **Programmes du 21 Janvier 1893**.
Première et deuxième années. Quatrième édition. 1 vol. in-12, cart. 2 50
Troisième année. 1 vol. in-12, cartonné.................... 1 20

Cours de physique, à l'usage de l'Enseignement secondaire des jeunes filles et des candidats au Brevet supérieur, d'après les programmes officiels. *Cinquième édition.* 1 vol. in-8, broché.................. 4 »

Notions de chimie:
Première partie (Métalloïdes). *Huitième édition.* 1 vol. in-8, br.. 2 »
Deuxième partie (Métaux). *Cinquième édition.* 1 vol. in-8, br... 2 50
Troisième partie (Chimie organique). *Sixième édition.* 1 vol. in-8, broché.. 1 80

Cours élémentaire de chimie, comprenant les métalloïdes et leurs composés, les métaux et leurs sels, les corps organiques et leurs applications, à l'usage des Lycées et Collèges, des Écoles normales primaires et des aspirants au Brevet supérieur. *Septième édition.* 1 v. in-8, br. 4 »

Leçons élémentaires de chimie, à l'usage des Écoles primaires supérieures. **Programmes du 21 Janvier 1893**.
Première et deuxième années. Quatrième édition. 1 vol. in-12, cart. 2 50
Troisième année. 1 vol. in-12, cart.......................... 1 60

Premières leçons de chimie. 1 vol. in-12, broché........ 1 »

Leçons élémentaires d'Histoire naturelle, à l'usage des Écoles primaires supérieures. **Programmes du 21 Janvier 1893**.
Première année. 1 vol. in-12, cartonné.................... 1 80
Deuxième année. 1 vol. in-12, cartonné.................... 1 60
Troisième année. 1 vol. in-12, cartonné.................... 0 80

Notions élémentaires de sciences physiques et naturelles, à l'usage du Cours supérieur des écoles primaires, des Cours complémentaires et des candidats au Brevet élémentaire. *Vingt et unième édition.* 1 vol. in-12, cartonné.................................. 2 40

OUVRAGES DE M. RENÉ LEBLANC

Inspecteur général de l'Enseignement primaire.

Notions de sciences physiques et naturelles appliquées à l'Agriculture (50 *expériences pour l'École primaire*). *Troisième édition* revue et corrigée. 1 vol. in-12, cartonné.............. 1 »

Les sciences physiques à l'école primaire et dans les classes préparatoires. 365 expériences faciles à exécuter et très concluantes.
Première partie (***Physique***). *Septième édition.* 1 vol. in-12, br. 1 50
Deuxième partie (***Chimie***). *Septième édition.* 1 vol. in-12, br. 1 50

Première et deuxième parties réunies en 1 vol. in-12, cartonné.. 3 »

Manipulations de chimie. *Sixième édition.* 1 vol. in-12, br... 1 50

Paris. — Imp. E. Capiomont et Cie rue des Poitevins, 6.

NOTIONS

DE

SCIENCES PHYSIQUES ET NATURELLES

APPLIQUÉES A

L'AGRICULTURE

50 expériences pour l'École primaire,

PAR

RENÉ LEBLANC

INSPECTEUR GÉNÉRAL DE L'ENSEIGNEMENT PRIMAIRE

COURS SUPÉRIEUR — LIVRE DE L'ÉLÈVE

TROISIÈME ÉDITION

Augmentée de Questions pour le *Certificat d'études primaires.*

PARIS

LIBRAIRIE CLASSIQUE DE F.-E. ANDRÉ-GUÉDON

E. ANDRÉ FILS, SUCCESSEUR

6, rue Casimir-Delavigne (près l'Odéon)

(CI-DEVANT, 15, RUE SÉGUIER)

1895

Tout en tenant compte des exigences scolaires, j'ai cherché à réunir les connaissances théoriques que tout agriculteur devrait aujourd'hui posséder mais qui ne peuvent guère s'apprendre qu'à l'école, et j'en ai fait la base d'un programme primaire de sciences physiques et naturelles où les notions agricoles ont la prépondérance.

Ce programme est développé dans un ordre qui correspond, pour les expériences, à celui des saisons. Il constitue un minimum de connaissances scientifiques indispensable aux enfants qui auront à cultiver un champ, une vigne ou un jardin; on assurera donc avant tout ce minimum, mais comme il serait insuffisant, sur certains points, pour répondre aux exigences des règlements officiels, on devra le compléter, selon le temps disponible, par tout ou partie des sujets indiqués à la fin du volume.

La méthode préconisée ici a peut-être le défaut de sortir un peu des habitudes scolaires et d'exiger quelques efforts au début de son application; mais, par ses résultats, elle laisse loin derrière elle les procédés ordinaires. Les instituteurs peuvent la suivre en toute confiance, les expériences qui en constituent le fond ont été réalisées, en maintes écoles, par des enfants de douze ou treize ans, sous la direction des maîtres, avec un plein succès [1].

On ne s'élève, dans la science agricole, comme dans les autres, que par degrés successifs; et, généralement, le premier échelon fait défaut : j'ai essayé de l'établir.

Si les enfants de nos campagnes possédaient, à leur sortie de l'école, le minimum de connaissances représenté par les 50 *Expériences* réunies spécialement pour eux dans ce petit livre, ils se rendraient compte ensuite facilement des pratiques agricoles appliquées par leur père ou leur voisin, ils liraient avec goût et par conséquent avec fruit les ouvrages scientifiques écrits pour eux, ils suivraient avec profit les conférences et les expériences agricoles de leur canton, en un mot, l'école les aurait préparés à l'apprentissage intelligent de la profession d'agriculteur.

Ce serait le point de départ d'un grand progrès pour notre première industrie nationale.

R. LEBLANC.

15 septembre 1891.

---

1. *Voir à ce sujet* **L'Enseignement agricole** *aux écoles normales et primaires supérieures, aux adultes, etc.; un fort volume illustré de nombreuses photogravures et de planches en couleur*, 2 fr. 50, *chez Larousse.*

RENSEIGNEMENTS PRATIQUES

SUR LE

MATÉRIEL NÉCESSAIRE AUX EXPÉRIENCES

Les démonstrations expérimentales qui vont être décrites peuvent se réaliser avec un matériel peu compliqué qu'on pourra se procurer facilement partout.

La pratique a démontré que des enfants d'une douzaine d'années peuvent être les expérimentateurs à l'école : donc les élèves contribueront à entretenir, à fournir au besoin, le matériel; guidés par le maître, ils prépareront et réaliseront eux-mêmes la plupart des expériences.

Les petits appareils construits pendant l'année de début seront conservés et rangés avec autant de soin que les pièces les plus importantes du musée scolaire; la dépense de temps qu'entraînera leur construction dépasserait les limites imposées par les règlements si elle devait se répéter chaque année; mais en y mettant du soin, dès la seconde année d'application de l'enseignement expérimental, le travail préparatoire se bornera à quelques réparations ou remplacements, dont on chargera deux ou trois des grands élèves choisis parmi les plus adroits. A chacun de ces grands élèves, on associera un ou deux de ses camarades plus jeunes qui seront ainsi mis au courant quand leur aîné quittera l'école.

Les petits travaux préparatoires, indiqués ci-après, ne doivent pas être exécutés tous, avant tout enseignement; il suffira de les réaliser au fur et à mesure des besoins. C'est pour plus de clarté qu'ils sont réunis dans ce chapitre préliminaire auquel de nombreux renvois seront faits dans la suite.

Construction d'un fourneau à charbon. — Un pot à fleurs en forme la pièce principale (fig. 1) ; au moyen d'un marteau pointu, ou d'une tige de fer pointue, on frappera à coups secs et répétés pour pratiquer un petit trou d'abord en *o*, par exemple; on continuera en suivant la courbe tracée d'avance au crayon, puis on finira par la ligne droite inférieure. La grille sera faite d'une toile métallique ou de fils de fer entrecroisés comme il est indiqué en G (fig. 1). Le fond d'un vieux panier à salade constituera une excellente grille.

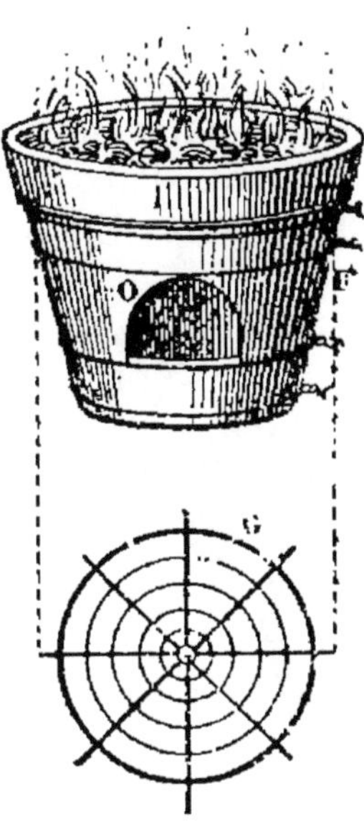

Fig. 1. Un fourneau à charbon, confectionné au moyen d'un pot à fleurs.

S'il existe une poterie dans le voisinage de l'école, on pourra faire fabriquer, pour quelques sous, un fourneau plus épais que le pot à fleurs; la grille, en argile, sera adhérente au fourneau.

Pour donner de la solidité aux fourneaux de terre cuite, on les cercle avec du fil de fer (fig. 1).

Un fourneau ordinaire de cuisine convient parfaitement pour les expériences simples que nous réaliserons.

Construction d'une lampe à alcool. — Une fiole à forme basse, un encrier par exemple, en constituera la pièce principale; le bouchon percé d'un trou sera traversé d'un tube en verre ou d'un débris de porte-plume dans lequel passera la mèche; une fiole à pilules ou un tube à essai (fig. 2) servira de couvercle.

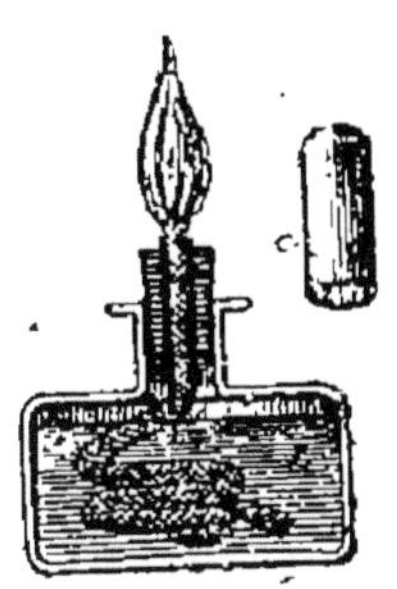

Fig. 2. Une lampe à alcool, obtenue avec un encrier.

On trouve, dans le commerce, diverses lampes à alcool pour laboratoires ; la plus répandue ressemble à la lampe-encrier cidessus et sert aux mêmes usages.

Il en est une, en laiton, à mèche plate, très commode pour courber les tubes de verre. La figure 3 en indique la disposition : sa forme est celle d'une boîte cylindrique peu élevée ; sur la bobèche, de forme appropriée à la mèche, on peut glisser un couvercle formé simplement d'une lame métallique rectangulaire repliée sur elle-même ; en avançant le couvercle sur la mèche, on diminue la largeur de la flamme, ou on l'éteint. Trois brides en forme de tube vertical sont soudées extérieurement sur le réservoir de la lampe, elles sont destinées à recevoir chacune un fil de fer coudé deux fois à angle droit et dont l'ensemble forme un support. En outre,

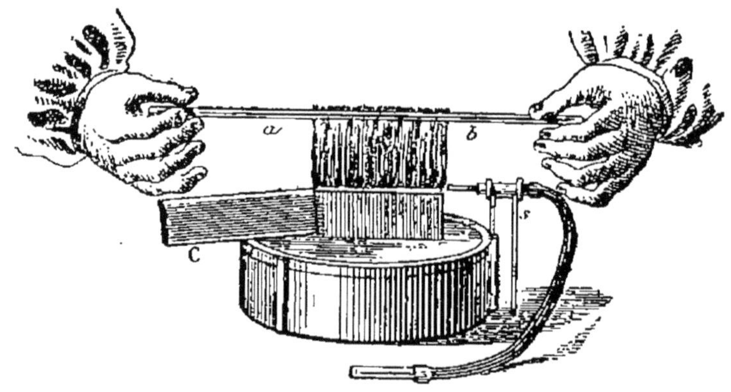

Fig. 3. Lampe à mèche plate, servant surtout au travail du verre. On a représenté un tube de verre *ab* tel qu'il faut le tenir en le chauffant pour le courber; pour l'effiler, on se sert du chalumeau *s*.

sur l'un de ces fils de fer, on peut fixer un bout de tuyau de pipe dont l'une des extrémités débouche dans la flamme et dont l'autre s'ajuste dans un tube de caoutchouc, ce qui forme un *chalumeau* excellent, et dont l'usage va être indiqué plus loin. On peut faire construire cette lampe par le premier ferblantier venu en utilisant, comme réservoir, une boîte de fer-blanc de dimension convenable.

Enfin voici la lampe chalumeau de Balard, c'est la meilleure, quand elle est en cuivre ; elle se prête à tous les usages.

Lampe à chalumeau. — Elle porte une mèche cylindrique au centre de laquelle on peut faire arriver un courant d'air par un chalumeau. Voici quelques indications sur son emploi. La mèche, coupée de longueur convenable, sera effilochée de 5 ou 6 millimètres à l'extrémité qui doit être allumée, placée sur la petite gaîne de laiton et mise en place. Par l'ouverture que clôt un bouchon à vis, on versera de l'alcool à brûler pour remplir la lampe à demi ou aux trois quarts. A l'aide d'un fil de fer ou d'une allumette, on disposera régulièrement le bout effiloché de la mèche, de façon à laisser libre le courant d'air central. En allumant, il se produit souvent un jet de flamme assez vif, dû au mélange de la vapeur d'alcool avec l'air resté dans la lampe; il n'a plus lieu ensuite; l'opérateur se souviendra seulement qu'il y aurait danger à s'approcher trop près lors de l'allumage.

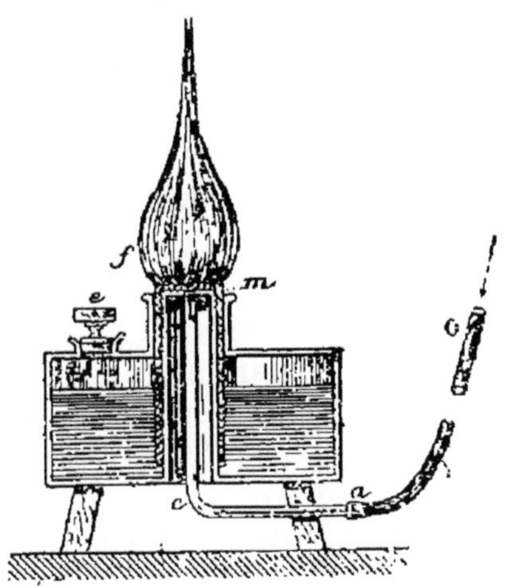

Fig. 4. **Lampe Balard.** Le chalumeau *c* doit déboucher à la naissance de la flamme, c'est-à-dire au niveau *m* de la mèche; il est relié au moyen d'un caoutchouc *a*, à un tube de verre *o* par lequel on souffle. L'alcool s'introduit par une ouverture que clôt un bouchon à vis *e*.

La flamme obtenue sans le jeu des pièces accessoires de cette lampe servira comme celle d'une lampe à alcool ordinaire. En couvrant la mèche allumée du bec embouti et fendu, on obtiendra une flamme large et plate, en papillon, fort convenable pour courber les tubes de verre. Le petit tube de métal, placé au centre de la lampe, est le chalumeau; on lui ajuste un bout de caoutchouc et un tube de verre par lequel on souffle; on obtient ainsi un dard à très haute température, fondant le verre, enflammant le zinc, etc.

Quand on dispose du gaz d'éclairage, le travail est beaucoup plus commode qu'avec l'alcool et surtout le charbon. La *lampe chalumeau à gaz*, est une sorte de bec Bunsen donnant à volonté, comme la lampe Balard : une flamme ordinaire, une flamme large et plate, un dard de chalumeau.

Parfois le gaz s'enflamme dans l'intérieur du bec, à son arrivée dans l'orifice de la prise d'air; on s'en aperçoit à ce que la flamme obtenue n'est plus tout à fait bleue; il faut alors fermer le robinet d'arrivée du gaz pour éteindre, l'ouvrir à nouveau et enflammer *quelques secondes après*.

Travail du verre. — Savoir *effiler, couper et courber* un tube de verre est tout ce qui suffit, comme travail du verre, pour pouvoir monter les appareils que peut comporter l'enseignement expérimental des écoles primaires.

Pour effiler un tube de verre, on le chauffe, à l'endroit voulu, dans l'*extrémité* de la flamme d'une lampe à alcool ou à gaz, ou mieux dans le dard du chalumeau ; on le tourne entre les doigts pendant qu'il est dans la flamme, afin de l'échauffer régulièrement. Le verre étant rouge et ramolli par la chaleur, *on le retire de la flamme*, et on écarte lentement les mains tenant les extrémités : le tube s'allonge et son diamètre diminue. Il ne reste plus qu'à le trancher d'un trait de lime, quand il est froid.

Les tubes de verre se coudent facilement au moyen de la flamme large et plate de la lampe à alcool ou à gaz. On les plonge horizontalement dans la partie supérieure de la flamme (fig. 3) où on les tourne lentement et régulièrement; lorsqu'on sent que le tube fléchit facilement, *on le retire de la flamme*, puis, ramenant l'une vers l'autre les deux extrémités, la courbure se fait régulièrement, suivant l'angle voulu.

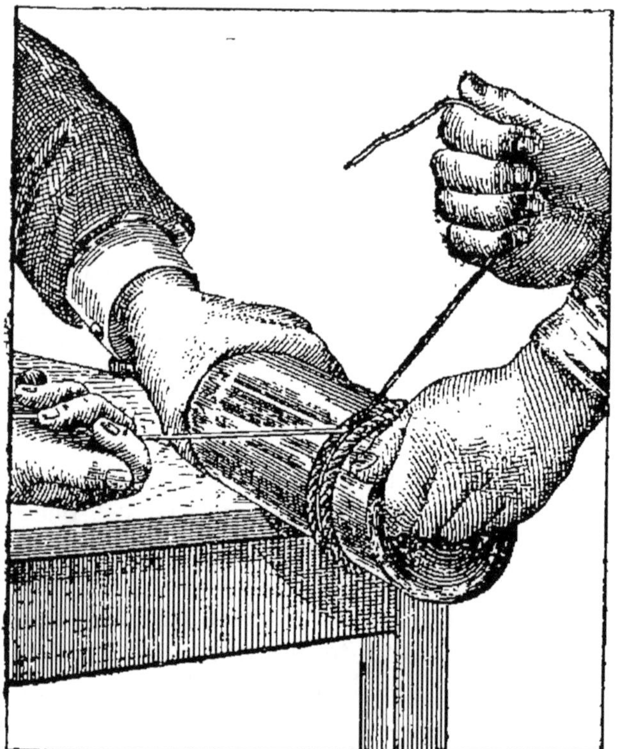

Fig. 5. **Couper une bouteille avec une ficelle.** L'opération réussit toujours si les deux opérateurs ne se lassent pas trop vite dans la manœuvre de la ficelle : celle-ci doit dégager une légère odeur de *roussi* au moment où l'on jette l'eau froide. La main qui tire la ficelle, à droite, doit être abaissée ; c'est pour la clarté du dessin qu'elle est figurée plus haut que la position vraie.

Pour couper un tube à gaz ordinaire, on fait, à l'endroit convenable, un trait au moyen d'une lime légèrement mouillée sur l'arête coupante ; on appuie ensuite en *porte à faux*, comme si l'on voulait casser un tuyau de pipe.

S'il s'agit d'un tube de fort diamètre, il faut faire, à la lime, un trait circulaire, puis effiler un tube ordinaire, chauffer au chalumeau l'extrémité effilée, de manière à obtenir une perle de verre en fusion qu'on pose rapidement sur le tube à couper à l'endroit du trait de lime : ordinairement le verre se tranche nettement.

On peut couper des tubes de très fort diamètre, une carafe, une bouteille, au moyen d'une ficelle, voici comment on procède :

On noue autour d'une bouteille, par exemple, deux grosses ficelles, faisant chacune un ou deux tours, et séparées par un intervalle égal au diamètre d'une ficelle plus petite. Dans cet intervalle on enroule la petite ficelle en ne faisant qu'un tour et pas de nœud. Deux opérateurs tirent alternativement, très régulièrement et très rapidement cette ficelle, comme s'ils voulaient scier la bouteille (fig. 5); celle-ci s'échauffe fortement à l'endroit frotté, et la ficelle devient brûlante. A ce moment, on jette de l'eau froide sur le verre échauffé, un petit craquement se fait entendre et la bouteille est séparée nettement en deux.

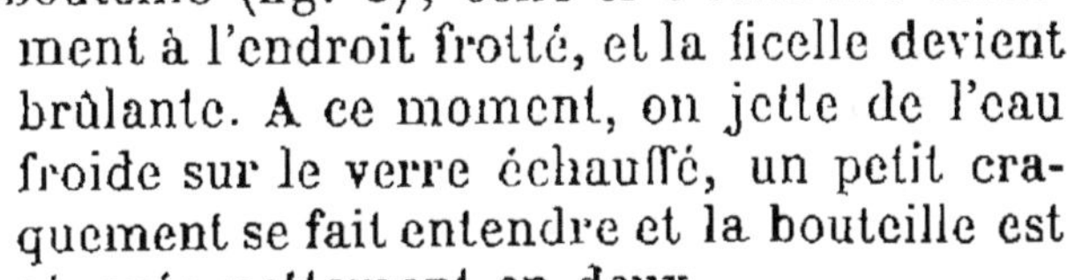

Fig. 6. Bouteille coupée, la partie C forme une cloche, le fond V un vase à précipité.

La section nette d'une bouteille, d'une bonbonne, etc., peut également s'obtenir au moyen d'un fil imbibé de pétrole et placé exactement à l'endroit où le verre doit se rompre : il suffit d'enflammer le fil.

On pourra, par ces moyens, préparer divers ustensiles fort utiles pour les expériences de chimie : le haut de la bouteille forme un entonnoir, ou une cloche en fermant le goulot d'un bouchon (fig. 6); le bas, si le fond est plat, un vase à précipité (fig. 6); les bords tranchants sont facilement émoussés par frottement sur un grès ou sur un pavé mouillé, saupoudré de sable.

Travail des bouchons. — Le bouchon destiné à fermer un flacon ou un ballon sera choisi de bonne qualité et un diamètre un peu supérieur à celui de l'ouverture qu'il doit clore; au moyen d'une râpe à bois, on usera régulièrement le bouchon sur son pourtour, de manière à le rendre légèrement conique jusqu'à ce qu'il ait atteint le diamètre convenable, et on le *finira* en employant une râpe plus fine dite *demi-ronde bâtarde.*

Pour pratiquer les trous qui donneront passage aux tubes, on enfonce dans le liège, suivant une direction parallèle à l'axe du bouchon, et en tournant comme on le ferait avec une vrille, une lime appelée *queue-de-rat*, jusqu'à ce qu'on éprouve une résistance un peu forte; on retire la queue-de-rat, ce qui entraîne au dehors des fragments de liège; on l'enfonce à nouveau, on la retire, et ainsi de suite, en la maintenant toujours parallèle à l'axe du bouchon jusqu'à ce que celui-ci soit entièrement traversé. On lime ensuite dans le trou obtenu, toujours au moyen de la queue-de-rat, jusqu'à ce qu'on ait obtenu un diamètre uniforme et à peine égal à celui du tube que l'orifice doit recevoir. Les bouchons percés au fer rouge laissent de nombreuses fuites, le perçage ne se fera qu'à la lime et à froid.

Le commerce fournit aujourd'hui, à de bonnes conditions, des bouchons de caoutchouc de toutes dimensions, percés de 1, 2 ou 3 trous et dont l'emploi, à cause de la longue durée, est plus économique que celui des bouchons en liège fin.

Montage des appareils. — Les tubes doivent entrer dans les trous des bouchons, à frottement doux, sans laisser de jeu. Pour les introduire, on les tient *du bout des doigts, le plus près possible du bouchon;* en les saisissant à poignée par l'extrémité opposée à celle qui pénètre dans le liège, on s'expose à briser le tube et, par suite, à se blesser grièvement. Pour les mêmes motifs, le bouchon muni d'un ou de plusieurs tubes, sera ajusté au flacon ou ballon en tenant celui-ci par le col.

Les ballons neufs présentent toujours, intérieurement et à l'entrée du col, une arête vive qui coupe ou déchire les bouchons qu'on y introduit. On émoussera cette arête coupante en la limant avec précaution au moyen de la partie convexe de la *demi-ronde bâtarde.*

Lorsqu'un bouchon muni de tubes sera ajusté dans le goulot d'un flacon ou d'un ballon de verre, on devra, avant toute opération, s'assurer qu'il ne laisse aucune fuite, qu'il *tient bien* ; il suffit, pour cela, d'aspirer par un tube, en fermant l'autre, s'il y a lieu, du bout du doigt; s'il n'entre d'air nulle part, la langue et le doigt sont attirés comme par une ventouse.

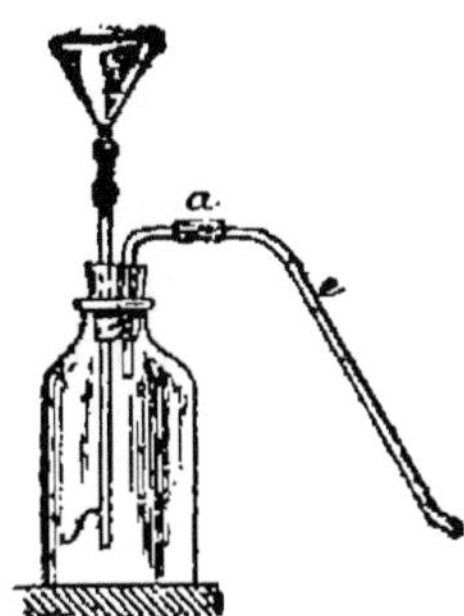

Fig. 7. **Appareil à froid,** pour la préparation de l'acide carbonique, de l'hydrogène, etc.

Voici les appareils qui serviront à nos principales expériences; les indications précédentes permettront de les préparer.

I. **Préparation des gaz à froid.** — Une fiole à bonbons (fig. 7) est fermée par un bouchon traversé de deux tubes : l'un droit *f* relié à un petit entonnoir, l'autre coudé *a* est rattaché à un tube *e* de forme spéciale, deux fois courbé, appelé *tube abducteur;* c'est ce dernier qui amènera le gaz dans les cloches ou les flacons qui doivent le recueillir.

II. **Préparation des gaz à chaud.** — Le vase devant être chauffé, on ne peut plus se servir d'un flacon, mais d'un

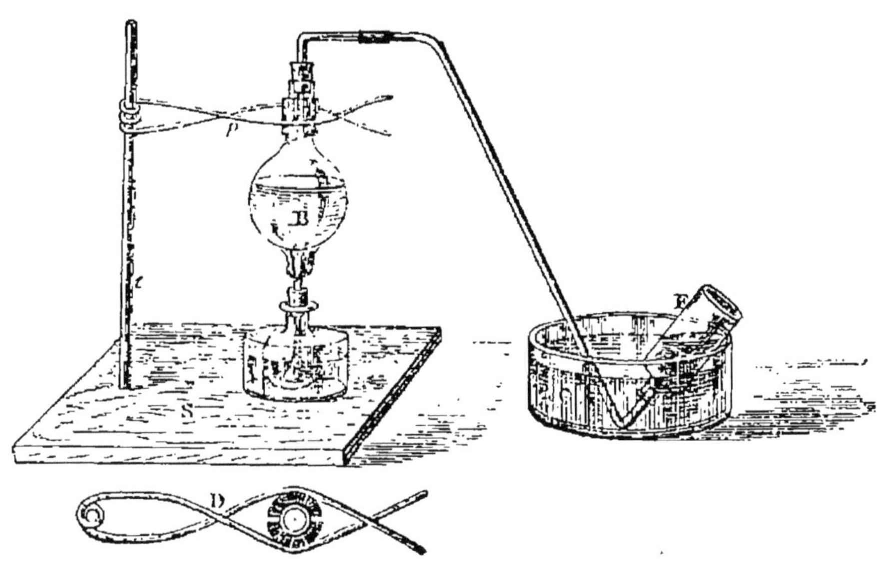

Fig. 8. **Appareil à oxygène,** et pour dégagement à chaud. Le support convient si le ballon B est petit ou s'il est remplacé par un tube à essai; si B est lourd, il faut en outre le supporter par le trépied de la figure 9.

ballon, d'un tube à essai ou d'une cornue, c'est-à-dire d'un récipient en verre *mince* et d'épaisseur uniforme. Le ballon sera soutenu de deux manières, soit en le plaçant sur un trépied (fig. 9) soit en le soutenant au moyen d'un support (fig. 8), soit, pour plus de stabilité, en employant le trépied et le support.

III. **Distillations.** — Voici un appareil qu'il faudra monter avec beaucoup de soin ; ce sera du temps gagné, l'appareil devant servir assez souvent. On ajuste d'abord le

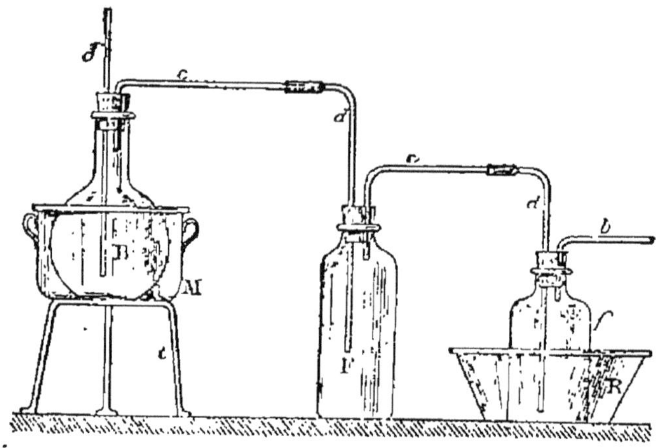

Fig. 9. Appareil général pour la distillation de l'eau, des liquides alcooliques, la préparation ou l'extraction de l'ammoniaque, etc. La marmite M se remplit d'eau ordinaire, d'eau salée ou de sable, selon la température qu'on veut obtenir.

bouchon muni de ses tubes à chaque récipient de verre, et on essaie, pour chacun, si l'appareil *tient bien*. On ajuste ensuite, par un caoutchouc, les tubes *c* aux tubes *d*, après les avoir glissés à hauteur convenable dans les bouchons ; puis, fermant du doigt le tube droit *f*, on aspire en *b* pour s'assurer qu'il n'existe de fuite nulle part. Cet essai de l'appareil doit être renouvelé toutes les fois qu'on veut s'en servir.

IV. **Supports.** — Le support en bois de l'appareil (fig. 8) n'est pas difficile à construire. Il est formé d'une planchette percée d'un trou rond dans lequel s'ajuste une baguette cylindrique de la grosseur d'une canne, d'un manche de parapluie. Sur cette tige cylindrique s'enroule un fil de fer d'un millimètre et demi à deux millimètres de diamètre faisant ressort et dont les deux extrémités recourbées en demi-cercle comme l'indique la figure 8, en D, pressent deux moitiés de bouchon arrondies en dedans et qui s'appliquent exactement sur le col du ballon, ou sur le tube à essai qu'il s'agit de chauffer.

Le trépied de la figure 9 doit être construit avec du fil de fer de 2 millimètres au moins de diamètre, sans quoi il fléchit sous le poids de la marmite quand la chaleur le fait rougir.

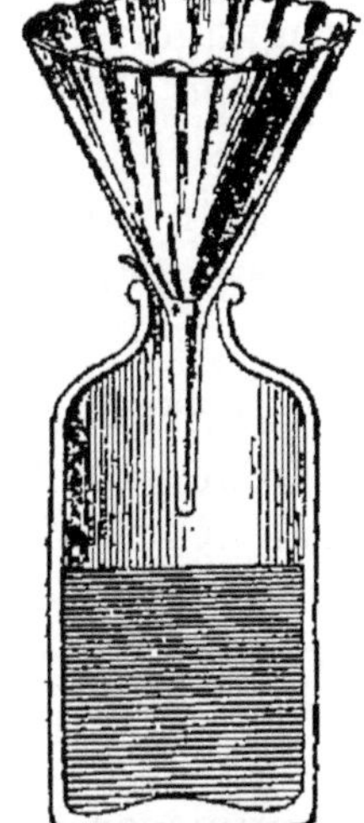

Fig. 10. Filtrage. Le filtre, l'entonnoir et son support.

Un support spécial pour entonnoir est inutile, il est avantageusement remplacé par un *goulot* (on appelle ainsi un flacon à large col) que l'on dispose comme l'indique la figure 10.

Quand l'entonnoir ferme exactement le col du flacon servant de support, l'air, en s'échappant, fait refluer au dehors les gouttes de liquide adhérentes au verre; cet inconvénient est supprimé par l'introduction, entre le col et l'entonnoir, d'un fragment de bois ou de ficelle.

V. **Le filtre.** — Nous aurons souvent besoin d'un filtre en papier; voici comment on le prépare.

Une feuille de papier *buvard* est pliée d'abord en deux, suivant AOG, par exemple (fig. 11), ensuite en quatre par

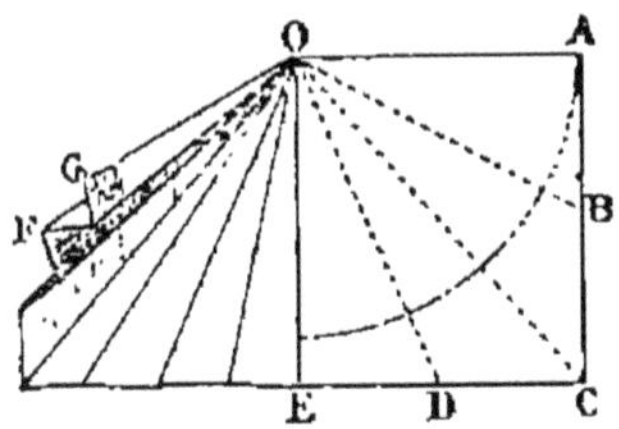

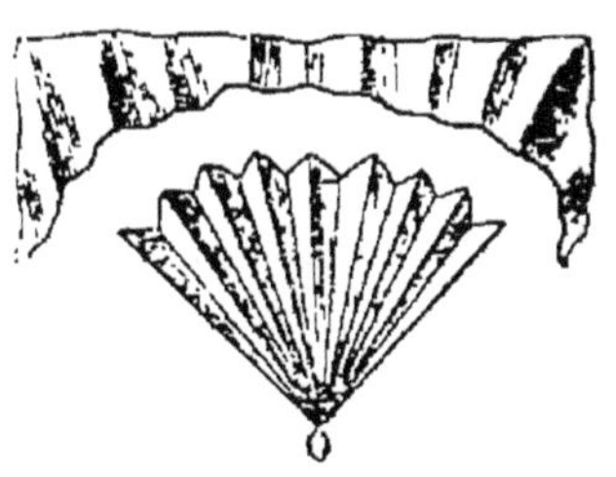

Fig. 11. Préparation d'un filtre.

un second pli suivant OE; on ouvre ce dernier pli et on exécute, sur chaque moitié, trois plis partant tous de O — OC d'abord, puis OB, enfin OD — et partageant l'angle droit AOE en quatre parties égales. L'angle droit EOG est partagé de même.

Les sept plis obtenus sont tous dans le même sens; on en fait, en sens contraire, huit autres qui partagent en deux parties égales chacun des huit angles déjà formés. La figure montre, à gauche, deux de ces plis voisins de F. L'ensemble plié en éventail fermé est rogné; la figure montre, à droite, ce qu'on obtient en ouvrant l'éventail après le rognage.

Le filtre ne doit pas être plus grand que l'entonnoir dans lequel il sera placé (fig. 10); le papier qui dépasse est inutile, il expose l'opérateur à répandre une partie du liquide versé dans le filtre, au cas où le niveau s'élèverait, dans le papier, au-dessus des bords de l'entonnoir.

Conseils sur le chauffage des appareils en verre. — Les bouteilles et les flacons ne doivent jamais être exposés à l'action directe d'un foyer : ils seraient infailliblement brisés; on peut cependant, sans craindre trop leur rupture, élever progressivement leur température en les plaçant dans le bain-marie ou le bain de sable de l'appareil (fig. 9).

Les tubes à essai, les ballons et les cornues, comme on l'a dit précédemment, vont au feu; cependant il ne faut pas oublier qu'un changement trop brusque de température amène leur rupture. Il faut les chauffer graduellement et régulièrement; on les tient ordinairement, pendant une ou deux minutes, au-dessus et à quelque distance du foyer, en leur imprimant un petit mouvement de rotation autour de la flamme, puis on les pose sur un triangle de fil de fer préalablement disposé au-dessus du foyer. Les chances de rupture sont notablement diminuées par l'interposition d'une toile métallique (mailles de 1 à 2 millimètres) entre l'objet de verre et la flamme.

Lorsqu'un ballon renfermant un liquide est chauffé au-dessus d'une flamme assez longue pour qu'elle lèche les parois de verre jusqu'au niveau du liquide intérieur, la portion de verre qui touche le liquide reste à peu près à la température de ce dernier, celle qui est au-dessus du liquide s'échauffe bien plus rapidement et la différence de température des deux portions de la paroi chauffée produit presque toujours la rupture du vase. On veillera donc à ce que la flamme ne s'élève jamais à la hauteur du niveau du liquide.

OBJETS NÉCESSAIRES

POUR LA CONFECTION DES APPAREILS

On se procure sans difficulté un verre, une bouteille, une carafe, une terrine, le fil de fer nécessaire à la fabrication d'un trépied, etc., même un fourneau à charbon ou une lampe à alcool; mais pour avoir un tube, un ballon de verre, du caoutchouc, des produits chimiques, etc., il faut s'adresser à des marchands qui ne s'installent guère que dans les grandes villes.

La verrerie et les produits qu'il faudra nécessairement acheter ne sont pas d'un prix élevé, toutefois l'achat au détail, à cause des frais d'expédition, ne serait pas avantageux; aussi donnerais-je aux instituteurs le conseil suivant dont l'application leur permettrait de tirer le meilleur parti des maigres ressources dont ils peuvent disposer :

« Que plusieurs maîtres s'entendent pour faire une commande collective à une maison sérieuse qui leur expédiera, en petite vitesse, l'ensemble des objets dont chacun a besoin : dans ces conditions, les frais d'envoi seront insignifiants et l'on bénéficiera des avantages des prix de gros. »

Voici, pour les objets les plus indispensables, des prix que je me suis procuré à la Société centrale, 44, rue des Écoles, à Paris; ils permettront aux maîtres de fixer d'avance assez exactement, et quel que soit du reste le fournisseur, le chiffre des dépenses à prévoir :

	fr. c.
Tubes de verre de 6 à 8 mm. le kilogr. (il y a environ 20 tubes d'un mètre de long au kilogr.)	1 80
Tubes en caoutchouc (même diamètre), le demi-mètre	» 50
Bouchons de caoutchouc à 1, 2 ou 3 trous,	
la pièce nº 4, diamètre 15 mm	» 15
— nº 6 — 20 —	» 25
— nº 9 — 25 —	» 40
Tubes à essai, la pièce	» 10
Ballons à fond rond ou plat, de 100 c.c., la pièce	» 15
— de 250 — —	» 20
— de 500 — —	» 35
— de 1 litre —	» 40
Goulots et entonnoirs, même prix que les ballons pour la même capacité.	
Verres à expérience (à pied et à bec) de 185 c.c., la pièce	» 30
— — de 250 — —	» 45
— — de 1/2 litre —	» 75

Lime triple pour bouchons de liège........................	1 25
Lampe à mèche plate (fig. 3)............................	1 »
Lampe Balard (fig. 4), en cuivre, avec accessoires..........	3 50
Bec Leblanc —	3 50

(La lampe à alcool Balard et le bec à gaz Leblanc sont construits sur le même modèle; tous deux sont pourvus d'un chalumeau central, d'un couronnement pour flamme large et plate, d'un trépied, d'un triangle, d'une toile métallique et d'une pince.)

Sous le nom de *Nécessaire expérimental des écoles primaires*, on trouve, à l'adresse précitée, une petite caisse renfermant les objets suivants :

5 ballons, 3 goulots à *cols de même diamètre*, 4 bouchons de caoutchouc, 2 entonnoirs, 2 verres à expériences ; le tout de grandeurs assorties ; 250 gr. de tubes de verre et de tubes de caoutchouc, 6 tubes à essai, une lampe Balard, une lime triple pour bouchons, du papier à filtrer et les produits suivants : chlorate de potasse, ox. de manganèse, acide chlorhydrique, ammoniaque, chlorhydrate d'ammoniaque, zinc métallique, sodium coulé dans un flacon et fragments pour l'usage, tournesol[1].

La caisse expédiée *franco* en colis postal coûte 20 francs; son contenu suffit aux principales expériences décrites dans une brochure illustrée jointe à l'envoi (*s'adresser*, 44, *rue des Écoles*).

COLLECTION D'ENGRAIS.

Toutes les écoles rurales devraient posséder une petite collection des engrais chimiques les plus employés.

Voici les principaux échantillons qu'il sera utile de rassembler.

Engrais azotés. — Suie, tourteaux, sulfate d'ammoniaque, nitrate de soude (salpêtre du Pérou).

Engrais phosphatés. — Os blancs (calcinés), noir des raffineries, phosphate précipité, phosphates naturels, superphosphate, scories de déphosphoration.

Engrais potassiques. — Cendres, sulfate de potasse, chlorure de potassium (sels de Stassfurt), salpêtre ordinaire ou nitrate de potasse (cet engrais est aussi azoté).

---

1 Ce produit est généralement vendu solide ; pour préparer la *teinture de tournesol*, il suffit d'écraser dans de l'eau du tournesol *en grains* et de décanter. Le liquide obtenu se conserve bien dans des flacons *mal fermés ;* en vase hermétiquement clos, la teinture de tournesol se décompose. Si la décomposition n'est pas trop avancée, on peut régénérer la liqueur de tournesol en l'exposant à l'air; il suffit de la laisser, par exemple, dans une assiette pendant plusieurs heures. — Le *papier de tournesol* se prépare en trempant du papier buvard blanc dans de la teinture concentrée de tournesol bleu ou rougi par un acide ; on laisse sécher le papier et on le découpe en bandelettes

Engrais calcaires. — Chaux et plâtre; les engrais phosphatés renferment aussi de la chaux.

Ce sont là des matières qu'on trouve, ou qu'on trouvera bientôt dans toutes les campagnes; partout où existe un syndicat agricole ou un marchand d'engrais, on se procurera facilement et gratuitement un kilogramme de chaque substance, c'est tout ce qu'il en faut.

A défaut de syndicat, ou d'un marchand généreux, on pourra s'adresser à la *Société centrale* précitée pour obtenir une quantité suffisante des produits suivants : nitrate de soude, sulfate d'ammoniaque, superphosphate, chlorure de potassium et sulfate de fer. Ces produits sont réunis en paquets proportionnellement aux doses indiquées plus loin (page 117), et expédiés franco, dans toute gare, contre reçu du prix d'emballage et de transport, savoir : 2 francs pour un colis de 3 kilogrammes et 2 fr. 50 pour un colis de 5 kilogrammes.

On peut se procurer également les engrais recommandés par M. Grandeau (v. page 118) aux conditions suivantes :

	En colis postal de	
	3 kilos.	5 kilos.
Engrais pour jardin potager	7 fr.	10 fr.
— plantes d'appartement	8 »	12 »

La brochure de M. Grandeau, *Fumure des Champs et des Jardins*, est jointe gratuitement à l'envoi de tout colis d'une valeur d'au moins 7 francs[1].

Répétons que les échantillons, les produits ou spécimens obtenus dans les expériences, ainsi que les appareils, doivent être conservés et rangés avec le même soin que les pièces les plus importantes du musée scolaire.

R. L.

1. **Avis important.** — La librairie André ne fournit aucun matériel scientifique ; pour toute commande de produits, ustensiles, verrerie, etc., s'adresser à la Société centrale, 44, rue des Écoles, à Paris, ou à toute autre maison similaire.

INTRODUCTION

GRAINE ET PLANTE

Tant qu'une graine n'est pas mûre, elle reste solidement fixée à la plante mère qui lui fournit, par sa sève, les matériaux nécessaires à son organisation. La graine mûre, ou le fruit qui la renferme, se détache facilement de la plante et tombe à terre après avoir été quelquefois portée au loin soit par les vents, soit par les oiseaux, etc.; cette graine renferme une plante en miniature : le germe ou *embryon;* elle contient en outre la première nourriture nécessaire à la vie de cet embryon.

1. Graine et œuf. — Un œuf renferme ce qui est nécessaire à la formation d'un petit oiseau; mais cet oiseau ne se formera et ne sortira de sa coquille que si certaines conditions sont remplies. De l'œuf de la poule sort un petit poussin si cet œuf a été maintenu, pendant 21 jours, à une douce chaleur, à une température à peu près égale à celle de notre corps. Cette chaleur est fournie par la poule qui couve ; ou bien on la produit au moyen d'une *couveuse artificielle* appelée *incubateur :* c'est une caisse renfermant une bouillotte où l'eau est constamment maintenue à une température d'environ 40 degrés; on met les œufs dans un tiroir placé sur la bouillotte. Mais cette condition n'est pas la seule nécessaire; l'œuf n'éclorait pas s'il était mis, par exemple, dans l'eau de la bouillotte ou bien s'il était enfermé dans une boîte hermétiquement close, ou recouvert d'un vernis, d'un corps gras : il lui faut *de l'air* qui pénètre dans son intérieur par de très petits orifices invisibles à l'œil et dont la coquille est perforée en mille endroits.

La graine du végétal peut être comparée à l'œuf de l'oiseau, c'est un œuf végétal qui renferme ce qu'il faut pour former une jeune plante semblable à celle qui a porté la graine; mais la nouvelle plante se formera seulement si certaines conditions sont remplies.

2. **Germination.** — *Expérience* 1. Dans une couche de gros sable ou de petit gravier, de trois ou quatre centimètres d'épaisseur, on enfonce à demi quelques haricots. Le sable placé dans une assiette, par exemple, sera maintenu humide par des arrosages à l'eau ordinaire. S'il ne fait pas froid dans la salle où a lieu l'expérience, les haricots commenceront à lever au bout de huit jours. Voici ce qu'on aura pu observer :

Fig. 12. Germination. Les cotylédons s'écartent, l'embryon devient très apparent, puis la radicule se développe d'abord.

La peau ou *tégument* se laisse traverser par l'eau; l'intérieur de la graine se gonfle et l'augmentation de volume fait éclater la peau qui se soulève. Bientôt deux masses charnues, les *cotylédons*, s'écartent (fig. 12) comme les deux pièces d'une charnière; à leur point de jonction on distingue nettement l'*embryon* qui se développe en deux filets cylindriques se dirigeant, l'un de haut en bas, c'est la *radicule*, l'autre de bas en haut, c'est la *tigelle;* la radicule se développe d'abord en une *racine* principale; un peu plus tard la tigelle s'accroît à son tour en forme de crosse, les cotylédons restant encore dans le sable; puis la crosse se

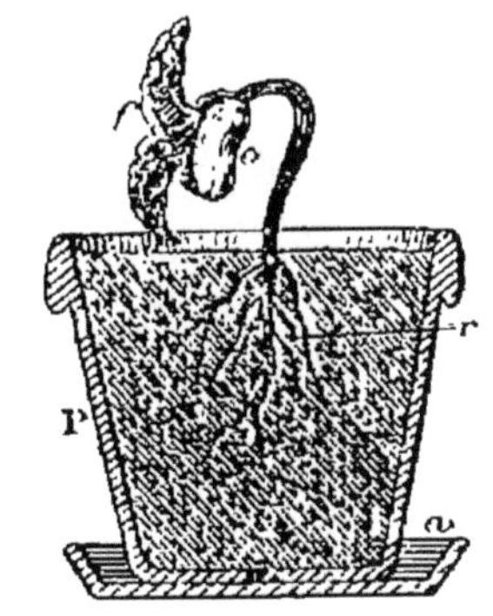

Fig. 13. Germination d'un haricot. 2e phase : La gemmule se développe et donne des feuilles normales.

redresse avec les cotylédons qui s'ouvrent en laissant apparaître la *gemmule;* celle-ci s'accroît à son tour, développe des feuilles et la *tige* est constituée. Dès lors la jeune plante est esquissée (fig. 13) et elle grandira si les conditions de chaleur et d'humidité sont maintenues.

Une troisième condition a été nécessaire à la germination de la graine, c'est la présence de l'air ; en effet, si les haricots avaient été placés, par exemple, au fond d'un verre rempli de sable mouillé, ils n'auraient pas germé, ils auraient pourri. Il en est ainsi de toutes les graines trop profondément enfouies dans le sol : elles ne germent pas, de plus elles pourrissent si la terre est humide.

Expérience 1. (Suite.) — Faire germer, comme les haricots, des graines de cresson, de radis, de blé ; observer le développement.

Pour suivre facilement le développement des jeunes plantes, on procède de la manière suivante :

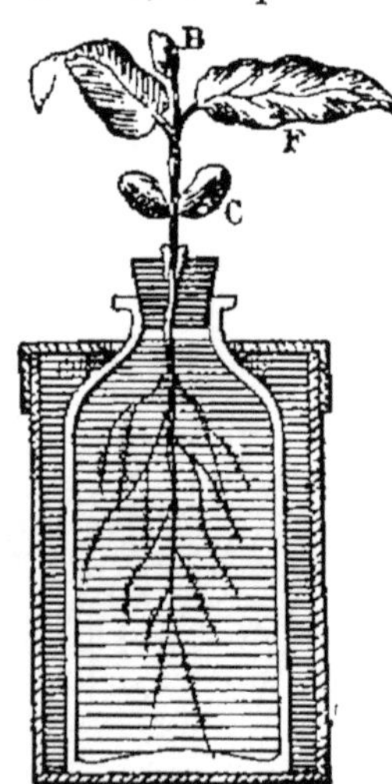

Fig. 14. **Haricot poussant dans l'eau.** Quand l'expérience doit se continuer, il faut préserver le liquide où baignent les racines de l'action de la lumière.

Au moyen d'un couteau, on sépare et on enlève la petite motte de sable humide qui renferme les racines d'un plant de haricot, par exemple ; en la plaçant dans un verre rempli d'eau, le sable se détachera des racines sans les endommager.

On disposera ensuite la jeune plante comme l'indique la figure 14. Quand elle aura poussé deux ou trois paires de feuilles, les cotylédons ridés, desséchés, presque vides, se détacheront de la jeune plante (dans le radis, les cotylédons se transforment en feuilles). Leur rôle de nourricier est alors terminé : ils renfermaient une provision de nourriture que la nature avait placée à la portée de l'embryon ; sous l'action de l'eau d'arrosage et de l'air qui a pu se renouveler autour de la graine, l'amidon qu'elle renfermait est devenu une sorte de sucre, l'eau a dissous ce sucre ainsi que d'autres matières contenues dans les cotylédons, et elle a distribué le tout aux diverses parties de l'embryon pour former les tissus des racines, de la tige et des feuilles.

Si le flacon (fig. 14) ne contient que de l'eau pure, la plante deviendra bientôt languissante, elle se desséchera et mourra de faim. Les autres plantes, poussées dans le sable ou le gravier, auront le même sort si on ne leur donne que de l'eau pure.

Si, au contraire, on ajoutait à l'eau certaines substances pareilles à celles que renferme la plante devenue grande et qu'on retrouve en grande partie dans ses cendres quand on la brûle, la végétation continuerait et s'achèverait, c'est-à-dire que la plante grandirait, donnerait des fleurs et enfin des graines semblables à celle employée pour l'expérience.

Toutefois, il serait nécessaire de maintenir le végétal à l'air, à la lumière même, comme nous le verrons plus tard, et à la chaleur : ces diverses conditions sont difficiles à réunir en hiver, aussi renverrons-nous la suite de notre expérience au printemps prochain.

De ce qui précède, voici ce qu'il faut retenir :

La graine renferme un germe ou embryon, et en outre la nourriture nécessaire à la jeune plante pendant la première partie de son existence.

Pour que la graine germe, il lui faut de l'eau, de l'air et de la chaleur.

Une graine saine pourra donc germer et commencer à se développer, comme dans notre expérience, quel que soit le terrain où elle sera semée, pourvu que les conditions précédentes soient remplies ; mais quand la jeune plante aura épuisé la nourriture que contenait la graine, il lui faudra nécessairement de nouveaux aliments pour continuer à vivre ; et puisqu'elle ne peut se déplacer, comme le fait l'animal, il est indispensable qu'elle trouve ces aliments à sa portée notamment dans le sol où plongent ses racines.

Si donc le sol est dépourvu d'aliments convenables, ou si ces aliments ne sont pas en quantité suffisante, la végétation s'arrêtera ou sera chétive. Les plantes fixées dans ce sol ressembleront au bétail dont le râtelier serait vide ou insuffisamment pourvu.

Il n'est aucun agriculteur qui songerait à élever ses animaux sans leur donner de nourriture ; il en est un grand nombre qui soignent leurs récoltes comme si les plantes n'avaient besoin d'aucune alimentation, ou tout au moins comme si le sol était un grenier inépuisable pouvant fournir indéfiniment aux végétaux la nourriture dont ils ont besoin : le sol est comme le râtelier, comme le grenier, il s'épuise si on ne l'approvisionne pas ; mais comme l'épuisement se constate moins facilement dans le sol que dans le grenier, il en résulte que les végétaux sont généralement moins bien soignés que les animaux. Ceux-ci du reste sont doués de mouvement, ils nous montrent leurs goûts, leurs préférences, ils se plaignen même quand la nourriture leur manque ; tandis que la plante immobile, muette, ne manifeste son état que par ses apparences. Les savants ont pu reconnaître néanmoins les besoins, les préférences des végétaux, mais la science agricole est toute récente : on sait, depuis un demi-siècle à peine, que les plantes ne peuvent puiser dans le sol que des matières minérales ; en 1840, la plupart des agronomes niaient encore l'efficacité des sels minéraux employés en agriculture, ils affirmaient que l'unique alimentation des végétaux consistait dans des débris putréfiés d'êtres ayant vécu. Aujourd'hui l'expérience a prouvé que les matières ayant subi la putréfaction doivent surtout leurs propriétés fertilisantes aux minéraux qu'elles renferment, que ces minéraux se retrouvent dans les plantes dont elles forment le squelette, et qu'il suffit de maintenir dans le sol une proportion convenable de quatre seulement de ces éléments minéraux pour assurer une nourriture abondante aux végétaux qui y croîtront.

La connaissance de ces quatre éléments, de leur action sur les plantes cultivées doit donc être le point de départ de toute science agricole; elle est indispensable à tout agriculteur qui veut marcher avec le progrès, car elle seule le guidera sûrement s'il veut obtenir économiquement la plus grande quantité possible des éléments fertilisants indispensables à sa culture. Elle seule lui permettra en effet de reconnaître, et par suite d'empêcher la déperdition des principes utiles contenus dans les engrais qu'il pourra produire et recueillir — il s'en perd annuellement en France pour un demi-milliard. En outre l'agriculteur qui connaîtra bien les éléments utiles des engrais saura ajouter celui ou ceux dont la proportion serait trop faible; en un mot il saura se procurer, à bon marché, une abondante provision d'excellentes substances fertilisantes qu'il fournira à ses terres : c'est la première condition nécessaire au succès.

L'Agriculture *est une* **science** *et un* **art** *dont le but final est* **de tirer économiquement du sol,** *avec et sans le concours des animaux domestiques,* **la plus grande quantité possible de matières utiles à l'homme.**

L'art ne s'acquiert que par la pratique; la science, par l'étude et l'observation. Le minimum des connaissances scientifiques nécessaires pour commencer toute étude agricole sérieuse est relativement restreint; on a essayé de le condenser, tout en le précisant, dans les dix chapitres qui vont suivre.

Exercices. — *Rédaction* ou *exposé oral.* — Description succincte de la suite des phénomènes observés dans l'expérience de germination : 1° d'un haricot; 2° du cresson; 3° du blé, etc — Indiquer les observations faites et prouvant que plusieurs conditions sont nécessaires à la germination d'une graine. — Que faut-il pour que la plante continue à vivre après la germination ?

Promenade. — Examiner la semaille des blés, la profondeur des semis, le nombre de grains par mètre carré, etc.

CHAPITRE PREMIER

GÉNÉRALITÉS ET DÉFINITIONS

---

3. Etat solide et état liquide. — Tout le monde sait faire la différence entre un corps solide et un corps liquide : le premier est dur, il a une forme déterminée; le second *s'écoule* si on ne le renferme pas dans un vase fait d'un corps solide.

Il y a des corps qui sont tantôt solides, tantôt liquides : l'eau est ordinairement liquide; quand il gèle, elle devient solide, c'est de la glace. La matière blanche qui forme les bougies est solide, elle devient peu à peu liquide à mesure que la bougie brûle, elle est peu à peu fondue par la chaleur de la flamme; elle fondrait tout entière rapidement si on la mettait dans un vase placé sur le feu; c'est à l'état liquide qu'on l'a coulée dans le moule à bougie.

Un corps solide peut donc devenir liquide et réciproquement : c'est la chaleur qui est la cause du changement d'état. En donnant de la chaleur à un solide, c'est-à-dire en le chauffant, on peut le faire passer à l'état liquide; inversement en retirant de la chaleur à un liquide, c'est-à-dire en le refroidissant, il devient solide.

Certains corps sont dits *réfractaires* à la chaleur, ce qui veut dire qu'au moyen du feu le plus violent produit dans les fourneaux de fonderie, on ne parvient pas à les liquéfier, telles sont les briques dont les fours eux-mêmes sont construits. Les roches les plus dures ont été fondues autrefois, car la terre tout entière était en fusion à son origine; si nous ne parvenons pas à fondre les corps dits réfractaires, c'est parce que nous ne savons pas produire la chaleur qui serait nécessaire à leur fusion.

Enfin il est des corps qui ne résistent pas à la chaleur, qui ne peuvent être dits réfractaires, mais qui ne fondent pas : ils brûlent. Le bois, par exemple, est dans ce cas; quand on le chauffe, il se carbonise, c'est-à-dire qu'il devient noir comme du charbon, puis il s'enflamme, il paraît se dissiper en fumée, et finalement il ne reste qu'un peu de cendres.

Toutes les substances qui ont été vivantes, c'est-à-dire qui ont appartenu au corps d'un animal ou d'un végétal, se comportent comme le bois, quand on les chauffe. Ces substances qui ont fait partie d'un organe, membre, estomac, foie, etc., s'il s'agit d'un animal, branche, feuille, fruit, etc., s'il s'agit d'un végétal, s'appellent *substances organiques* (qui ont été organisées, qui ont fait partie d'un organe), pour les distinguer de celles qui proviennent des minéraux et qu'on appelle *substances inorganiques* ou *minérales*,

C'est là une définition importante que nous appliquerons souvent, aussi faut-il bien s'en pénétrer :

Les substances organiques proviennent du règne animal ou du règne végétal; elles noircissent par la chaleur et s'enflamment, elles laissent pour résidu des cendres (matières minérales); ajoutons de plus qu'elles sont presque toutes susceptibles d'entrer en putréfaction, de pourrir.

Les substances minérales proviennent du règne minéral; elles ne noircissent pas par la chaleur; elles ne s'enflamment pas et ne pourrissent pas.

4. **État gazeux.** — Il est facile de se faire une idée des deux états, *solide* ou *liquide*, sous lesquels se présentent ordinairement les corps; il n'en est pas de même du troisième état, l'*état gazeux*. Les gaz, sauf deux ou trois exceptions, n'ont pas de couleur, ce qui les rend souvent invisibles; on ne constate en effet leur présence que quand ils manifestent leurs propriétés. Nous ne

voyons pas l'air dans lequel nous sommes plongés, mais nous constatons son existence quand il est en mouvement. Nous constaterons très bien cette existence par l'expérience suivante :

Expérience 2. — Prenez ce verre, tenez-le l'ouverture en bas. Que contient-il? — Rien; il est vide. — Vide veut dire ici qui ne renferme ni solide, ni liquide; mais dans ce verre il y a quelque chose. En effet, plongez-le dans ce bocal plein d'eau. Est-ce que l'eau entre dans le verre? — Non, l'air s'y oppose. — Pour que l'eau entre dans le verre, il en faut chasser l'air; c'est ce que vous obtenez en inclinant le verre : l'air sort en bulles que nous *voyons* monter dans l'eau. Ici, l'air est visible; mais une fois hors de l'eau, on ne le voit plus. Insistons sur cette expérience et réalisons-la autrement.

Montons l'appareil indiqué par la figure 7 et remplaçons le tube abducteur par un tube effilé en face duquel nous placerons une bougie allumée. Si nous versons de l'eau par le tube à entonnoir, l'air emprisonné dans le flacon s'échappera par le tube effilé, ce que nous indiquent les mouvements de la flamme de la bougie (fig. 15).

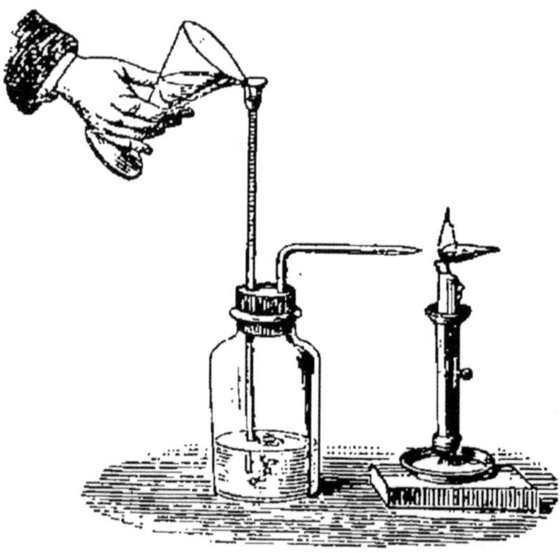

Fig. 15. L'air invisible contenu dans le flacon est chassé par l'eau ; en s'échappant il souffle sur la flamme et l'incline.

Voici encore une disposition simple permettant de constater la présence d'un gaz invisible, elle permet même de transvaser ce gaz, de le mesurer, ce qui démontre surabondamment son existence.

Préparez deux cloches de verre comme il a été dit page 12 (fig. 5 et 6). Enfoncez l'une de ces cloches dans

2.

l'eau d'un bocal ou d'un seau : l'eau y pénètre sans difficulté parce que l'air s'échappe par le goulot; fermez celui-ci d'un bouchon traversé par un tube, l'air s'échappera par le tube avec une vitesse plus grande que par le goulot, puisque l'orifice de sortie est devenu plus étroit : vous constaterez la présence de l'air, comme précédemment, en approchant une bougie allumée ou simplement la main.

Recommençons en prenant deux cloches disposées comme l'indique la figure 16. En enfonçant la cloche C dans l'eau du seau S, l'air qu'elle renferme passera par les tubes t' et t et s'échappera sous la cloche C' qui était d'abord pleine d'eau. Il n'y aura pas de gaz perdu, la quantité d'air passée dans la seconde cloche sera égale à ce qu'elle était dans la première.

Fig. 16. Transvasement d'un gaz. Le gaz de la cloche C passe dans la cloche *c'*.

L'air qui entre et sort de nos poumons, quand nous respirons, n'est pas visible; par un grand froid, cependant, on voit bien la buée qui l'accompagne, quand il s'échappe par la bouche ou les narines, mais ordinairement on ne voit rien. Nous rendrons cet air visible en opérant comme précédemment.

Après avoir rempli d'air les poumons (inspiration), on rejette cet air (expiration). Supposons qu'on le rejette dans la cloche C, par exemple par l'extrémité du tube *t* retiré de l'eau de la terrine T, on *verra* cet air prendre la place de l'eau dans la cloche et remplir celle-ci peu à peu.

Exercices. — *Devoir écrit* ou *oral*. Trouver, dans la vie usuelle, des exemples du passage de l'état solide à l'état liquide et du passage inverse. — Citer des exemples de matières minérales, de matières organiques. — Dire comment on fait pour reconnaître les unes ou les autres.

Expérience. — Mesurer le volume d'air introduit dans les poumons à chaque respiration; on fera une seule inspiration et une seule expiration, mais toutes deux complètes.

5. Changements d'état. — Quand on chauffe suffisamment un solide, avons-nous dit, il fond, le solide devient liquide; quand on chauffe un liquide, il bout, le liquide devient *vapeur*. Une vapeur n'est autre chose qu'un *gaz;* en la refroidissant, elle redevient liquide, de même qu'un liquide refroidi redevient solide.

On peut résumer ces changements d'état par le schéma suivant qui se lit dans le sens indiqué par les flèches ·

	Vapeur ou gaz		Vapeur ou gaz
	=		—
	Chaleur.		*Chaleur.*
	+		=
	Liquide.		Liquide.
↑	=	↓	—
	Chaleur.		*Chaleur.*
	+		=
	Solide.		Solide.

Il existe une demi-douzaine de gaz très difficiles à liquéfier, à plus forte raison à solidifier; mais aucun ne résiste aux grands froids que l'on sait produire si, en même temps qu'on les refroidit, on les comprime très fortement : tous deviennent liquides.

Fig. 17. La vapeur d'eau est invisible.

Les gaz obtenus par l'ébullition d'un liquide ordinaire s'appellent plus ordinairement vapeurs, on les liquéfie facilement. L'eau va nous en fournir un exemple.

Expérience 3. — La glace apportée dans ce vase, il y a un moment, est fondue en presque totalité; il fait plus chaud ici que dehors, la chaleur de la salle a fondu le solide qui est devenu liquide.

Mettons ce liquide (ou toute autre eau) dans un ballon

(fig. 17) et chauffons. Quand l'eau sera en ébullition, nous verrons une buée s'échapper par le tube. — C'est la vapeur d'eau, dites-vous? — Non ; la vapeur est invisible, comme l'air. Regardez plutôt dans le ballon, la vapeur le remplit assurément et vous ne la voyez pas, il n'y a pas de buée ; celle que vous voyez, non dans le tube, mais au bout du tube, dehors, dans l'air, c'est déjà de l'eau. La vapeur s'est en effet refroidie dans l'air et une partie s'est liquéfiée en une infinité de petites gouttelettes qui forment un brouillard bien apparent; ce brouillard disparaît, c'est-à-dire redevient vapeur, si on l'échauffe par exemple au moyen d'une lampe.

Au lieu de laisser échapper la vapeur dans l'air, relions le ballon à des flacons disposés comme l'indique la figure 18 (le montage de cet appareil a été indiqué (fig. 9), nous recueillerons en B d'abord, en C ensuite qui est mieux refroidi, de l'*eau distillée*. Cette eau, reportée dehors, au froid, redeviendrait glace, c'est-à-dire solide.

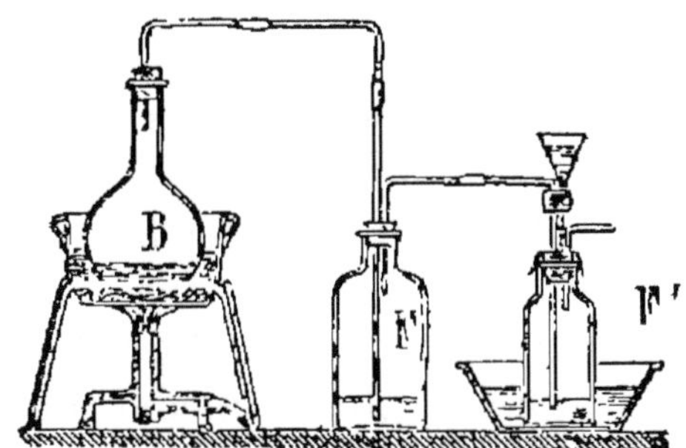

Fig. 18. Un appareil à distiller. Le dernier flacon F' est refroidi par de l'eau qu'on verse dans un entonnoir obstrué partiellement, et qui s'écoule peu à peu sur les parois extérieures du flacon.

L'opération que nous venons de faire s'appelle une distillation; dans l'industrie, elle se réalise au moyen d'un *alambic*.

Dans certains cas, la fusion d'un solide s'effectue sans l'intervention *apparente* de la chaleur. C'est ainsi que le sucre, le sel, et beaucoup d'autres substances, fondent quand on les met dans l'eau, sans qu'il soit besoin de chauffer. Cependant c'est encore la chaleur qui a produit la fusion, car l'eau s'est refroidie, elle a perdu de la chaleur, et c'est précisément cette chaleur qui a servi à fondre le sel ou le sucre. Pour constater le refroidissement du liquide on se sert du *thermomètre*.

Également, sans intervention apparente de chaleur, un liquide peut devenir gaz ou vapeur : l'eau répandue sur le pavé de la classe, quand on l'arrose, finit par disparaître; le linge mouillé sèche à l'air. Vous savez tous que si le linge mouillé par transpiration, par exemple, reste sur le corps, il en résulte un refroidissement dangereux ; ce refroidissement provient de ce que notre corps fournit au liquide, à la sueur, la chaleur nécessaire à son évaporation.

En résumé, *un solide devient liquide : par l'action de la chaleur, c'est la* FUSION IGNÉE (*de ignis*, feu); *ou bien, en se dissolvant dans un liquide approprié, c'est la* FUSION PAR DISSOLUTION. *Un liquide devient gaz ou vapeur : par la chaleur, c'est la* VAPORISATION PAR ÉBULLITION; *ou en s'évaporant à l'air, c'est l'*ÉVAPORATION.

EXERCICE. — Citer des exemples, pris dans la vie usuelle, de *fusion ignée*, de *dissolution*, de *vaporisation* par ébullition, d'*évaporation*.

6. **Le gaz de la craie.** — Les solides et les liquides sont pesants, personne n'en doute. Un corps à l'état gazeux diffère surtout du même corps à l'état liquide en ce qu'il occupe un volume beaucoup plus considérable : ainsi un litre d'eau qui pèse un kilogramme, donne 1,700 litres de vapeur qui pèsent aussi un kilogramme. Le litre de vapeur pèse donc 1,700 fois moins que le litre d'eau, mais *il est pesant*. Il en est de même de tous les gaz.

Un grand nombre de corps solides sont formés d'un gaz intimement uni à un corps solide ou à un corps liquide. Voici de la craie, elle est formée d'un gaz et d'un solide : 1° d'un gaz pareil à celui qu'on obtient en brûlant du charbon et qu'on appelle *acide carbonique* (de *carbone*, nom chimique du charbon pur) ; 2° d'un solide, la *chaux*, corps employé par les maçons dans la préparation du mortier.

Il est facile de mettre en évidence la présence de ces deux corps dans la craie.

Expérience 4. — Mettons la craie dans un verre contenant du vinaigre : une sorte d'ébullition qu'on appelle *effervescence* se produit ; cette effervescence est due au dégagement du gaz contenu dans la craie. Observons bien le phénomène : de petites bulles gazeuses se forment sur le morceau de craie, elles grossissent, puis se détachent de la craie, montent dans le vinaigre et viennent crever à sa surface en produisant une mousse qui pétille.

Si l'on remplace le vinaigre, qui est un acide, par un acide plus fort, plus énergique, tel que ceux qu'on appelle, en chimie, *acide azotique, acide sulfurique, acide chlorhydrique*, etc., l'effervescence est bien plus vive, la mousse s'élève dans le verre et déborde.

Vous allez répéter l'expérience et la disposer de façon à recueillir le gaz qui se dégage, comme vous avez recueilli le gaz sorti des poumons.

Mettez, dans un flacon, de la craie et de l'eau additionnée d'acide *chlorhydrique*, le gaz va s'échapper par le col ; fermez celui-ci d'un bouchon traversé par un tube, l'acide carbonique sortira par le tube. Pour le recueillir, il suffira de disposer l'expérience comme l'indique la figure 19 ; si dans la fiole remplie de gaz, on plonge une allumette enflammée, elle s'éteint, ce qui prouve que le gaz obtenu est asphyxiant.

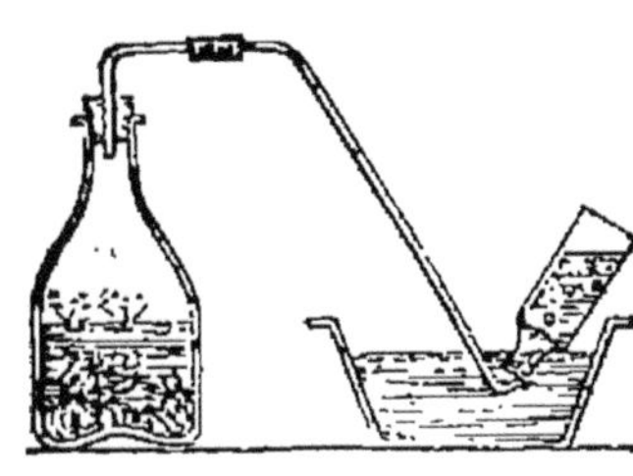

Fig. 19. Moyen de recueillir un gaz.

Recueillons plusieurs flacons de ce gaz et conservons-les comme il est indiqué figure 20.

Examinons de plus près le phénomène.

Au contact de l'acide, la craie se couvre de bulles d'un gaz qu'elle renfermait assurément, non à l'état de gaz, car un centimètre cube de craie peut fournir environ un demi-litre d'acide carbonique, soit un volume 500 fois plus grand, mais uni intimement à un autre corps, la chaux. Avec la chaux, le gaz carbonique forme un composé

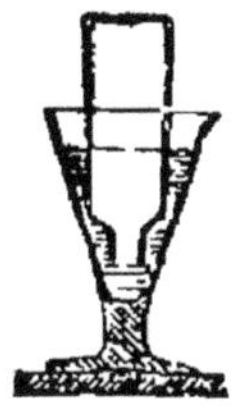

Fig. 20. Moyen de conserver un gaz.

solide, que les chimistes appellent du *carbonate de chaux*, et qui constitue la craie, le marbre et toutes *les pierres calcaires* reconnaissables précisément à ce qu'elles *font effervescence par les acides.*

Dans notre expérience, nous ne retrouvons pas la chaux, l'acide versé l'a prise pour former un corps nouveau qui fond dans l'eau, et qui se trouve dissous dans l'eau du flacon.

Mais on peut procéder autrement et chasser l'acide carbonique sans employer de vinaigre ou d'autre acide : il suffit de chauffer la craie dans un feu vif, alors l'acide carbonique se dégage sans qu'on le voie et la chaux reste.

Expérience 4 bis. — Choisissez dans la boîte de craie deux morceaux pareils, mettez chacun dans un des plateaux d'une balance et usez le plus lourd de façon qu'il pèse juste autant que l'autre.

Placez l'un d'eux dans le poèle à l'endroit où le feu est le plus vif, au sein des charbons bien rouges, et attendez une demi-heure. Retirez la craie cuite et si le morceau est divisé en fragments, recueillez-les tous, laissez-les refroidir et reportez sur la balance : la craie cuite pèse beaucoup moins que la craie qui n'a point subi l'action du feu. Si vous déterminez la perte de poids, vous trouverez qu'elle est à peu près des deux cinquièmes, c'est-à-dire que 10 grammes de craie, par exemple, ont perdu 4 grammes. Ces 4 grammes représentent l'acide carbonique dégagé, ce qui aurait donné, dans l'expérience précédente, environ 2 litres de gaz (le litre d'acide carbonique pèse environ 2 grammes ; exactement $1^{gr},98$).

EXERCICE. — *Rédaction ou exposé oral.* Décrire deux expériences prouvant : l'une que la craie renferme un gaz ; l'autre que, ce gaz enlevé, il reste de la chaux.

Calcul. Quel poids de chaux vive peut donner un kilogramme de craie ? — Quel volume de gaz carbonique pourrait-on faire sortir de cette craie ?

Expérience. Préparer, à la maison, dans le poèle ou dans le foyer, un morceau de chaux (ou en demander à un maçon) et le rapporter en classe pour faire l'expérience 5.

7. Chaux vive et chaux éteinte. — Le résidu de l'opération précédente (*expér. 4 bis*), c'est-à-dire la craie cuite, est de la CHAUX ; voyons en quoi elle diffère de la craie : nous savons d'abord qu'elle pèse moins que la craie d'où elle provient ; la craie a perdu quelque chose, et ce qui reste possède des propriétés nouvelles tout à fait différentes de celles de la craie primitive.

Expérience 5. — Mettez, sur une assiette, un morceau de craie ordinaire et un morceau de craie cuite ou de chaux, puis arrosez-les d'un peu d'eau. Au bout d'un moment, quelquefois une minute, quelquefois un quart d'heure, une buée se dégage de la chaux, comme d'une marmite en ébullition ; la chaux s'échauffe fortement et se transforme en une poudre aussi blanche et aussi fine que de la farine.

Le morceau de craie n'a pas changé ; il est mouillé, voilà tout.

Vous avez vu des maçons éteindre de la chaux pour faire du mortier, ils font en grand notre petite expérience ; mais comme ils emploient beaucoup plus d'eau, toute proportion gardée, ils obtiennent une bouillie épaisse. La craie cuite est de la *chaux vive* qui, au contact de l'eau, foisonne, se délite et se transforme, en prenant presque la moitié de son poids d'eau, en une poudre blanche, sèche, appelée *chaux éteinte*. La chaux vive ou éteinte diffère de la craie en ce qu'elle ne renferme plus d'acide carbonique ; traitée par le vinaigre, elle se dissout mais il n'y a pas d'effervescence, c'est-à-dire pas de dégagement gazeux.

8. Analyse et synthèse. — En décomposant la craie en deux parties : *acide carbonique* et *chaux*, nous avons fait une opération qu'on appelle, en chimie, une ANALYSE. Cette analyse est incomplète, car l'acide carbonique peut se décomposer à son tour ; il est formé de charbon et d'un gaz que contient l'air et qu'on appelle *oxygène ;* la chaux peut se décomposer aussi, c'est la rouille d'un métal ; elle est formée d'un métal appelé *calcium* uni à l'oxygène. Mais le charbon, le gaz oxygène, le métal calcium ne peuvent pas être décomposés. Ce sont des CORPS SIMPLES. On comprend qu'un CORPS COMPOSÉ est celui qui est formé de plusieurs corps simples.

Etant donné d'une part de l'*acide carbonique*, d'autre part de la *chaux*, nous allons nous proposer de *refaire* la craie que nous avons décomposée.

L'opération qui a pour résultat de reconstituer un corps composé en réunissant ses éléments, s'appelle une SYNTHÈSE, c'est l'inverse de l'*analyse*.

La chaux fond dans l'eau, mais beaucoup moins bien que le sel, ou le sucre, par exemple : un litre d'eau ne dissout pas tout à fait 2 grammes de chaux éteinte.

Expérience 5 bis. — Mettons un peu de chaux éteinte dans un verre d'eau et agitons, nous obtenons un liquide laiteux qu'on appelle *lait de chaux;* il est formé de chaux en suspension dans l'eau et d'un peu de chaux *dissoute.* Filtrons ; la chaux non dissoute sera arrêtée par le papier buvard ; le liquide clair passé au filtre est de l'EAU DE CHAUX (ce serait de l'eau de sucre, de l'eau de sel, etc., si au lieu de chaux on avait pris du sucre, du sel, etc.).

Vous avez gardé, d'une expérience précédente, un flacon plein d'acide carbonique, versez-y de l'eau de chaux et agitez en fermant le flacon de la paume de la main : le gaz carbonique est absorbé, le vide se fait dans la fiole, la main est attirée comme par une ventouse, et le liquide clair s'est troublé par suite de la formation d'une petite quantité de craie. On reconnaîtra celle-ci en la mettant en contact avec du vinaigre après l'avoir recueillie : il y aura effervescence.

L'acide carbonique, que nous avons retiré de la craie, pourrait être fabriqué de toutes pièces, c'est-à-dire avec du charbon et de l'oxygène : on allume un morceau de charbon ou simplement un fragment de bois et on l'introduit dans un flacon où il s'éteint bientôt. Le flacon contenait de l'air dont une partie s'est combinée au charbon de bois. Ce charbon a disparu partiellement, mais la nature de l'air du flacon a changé ; d'abord le copeau de bois s'y est éteint, une allumette s'y éteindrait également, enfin l'eau de chaux y devient trouble ; c'est à cela qu'on reconnaît l'acide carbonique (*expérience 5 bis*).

Par la combustion du charbon, nous avons réalisé la *synthèse* de l'acide carbonique.

Quand on dit que l'acide carbonique est un gaz incolore, qu'il éteint les corps en combustion, qu'il trouble l'eau de chaux, etc., on énonce quelques-unes des propriétés, quelques *caractères* de l'acide carbonique. L'eau de chaux est un **réactif** de ce gaz, c'est-à-dire qu'elle donne lieu à une **réaction** permettant de le reconnaître.

9. Phénomènes physiques, phénomènes chimiques. — Parmi les expériences que nous venons de faire, les unes ne changent pas la nature des corps employés, on peut toujours les retrouver tels qu'ils étaient avant l'expérience : ainsi quand on fait fondre la glace, l'eau obtenue peut redevenir glace ; de même la vapeur d'eau refroidie redevient de l'eau. Le sucre qui fond dans l'eau, comme le sel, etc., peut être retrouvé en entier : il suffit de faire évaporer l'eau qui a servi à le fondre, le sucre reste comme résidu, il a changé d'état, puis de forme, mais *il n'a pas changé de nature*.

Au contraire, quand la craie a été attaquée par le feu, par un acide, quand le charbon ou le bois a brûlé, le corps soumis à l'expérience a été profondément modifié, *sa nature a changé.*

Il y a ici une importante distinction à faire : *Une expérience ou un phénomène qui ne change pas la nature des corps appartient à la* PHYSIQUE.

L'expérience ou le phénomène qui a eu pour résultat de produire un autre corps appartient à la CHIMIE.

10. Corps simples. — Nous savons déjà que les corps qu'on n'est point parvenu à décomposer s'appellent corps simples, par opposition à ceux desquels on a pu tirer plusieurs substances distinctes et qu'on appelle corps composés.

Les corps composés, c'est-à-dire formés de plusieurs corps simples, sont extrêmement nombreux, on les compte par milliers.

On connaît seulement 70 corps simples, encore plus de la moitié, qui se rencontrent rarement, sont-ils sans usage. Ceux qu'on emploie pour la confection d'outils, d'ustensiles, de machines tels que le **fer**, le **cuivre**, l'**étain**, le **zinc**, le **plomb**, sont connus de tous, ainsi que l'**or** et l'**argent** des monnaies et des bijoux ; *ils acquièrent*, quand on les frotte avec un corps dur, *un brillant, un poli particulier appelé éclat métallique*, ce sont des **métaux**.

Le plus lourd de tous les métaux et le moins fusible est le **platine** (densité 21), l'un des plus légers est l'**aluminium** (densité 2,7) dont la rouille, nommée *alumine*, entre dans la composition de l'argile. Le **mercure** est liquide à la température ordinaire, les autres sont solides. Il en est qui sont mous, qu'on peut couper au couteau comme de la cire et qui prennent feu quand on les jette dans l'eau, on conçoit qu'ils ne peuvent servir à la confection d'objets, d'ustensiles d'aucune sorte. Mais ils sont fort importants à d'autres points de vue :

Le CALCIUM dont nous avons parlé, et dont l'oxyde (la rouille) est la *chaux*, le POTASSIUM dont l'oxyde s'appelle *potasse*, existent dans *tous* les végétaux; ceux-ci ne pourraient pas vivre dans une terre qui serait dépourvue de chaux ou de potasse.

Ces deux métaux, le premier surtout, coûtent très cher, parce qu'il est très difficile de désoxyder leur rouille, le SODIUM qui leur ressemble est d'un prix abordable; il est blanc et brillant comme l'argent quand il est fraîchement coupé, mais on ne peut le conserver à l'air, en quelques minutes il s'oxyde, la rouille qui le recouvre est blanche, c'est de la *soude* dont le carbonate se vend chez tous les épiciers. On conserve le sodium dans le pétrole qui est un liquide privé d'oxygène et qui par conséquent n'oxyde pas.

Voici encore quelques détails qui seront utiles si l'on possède un échantillon de ce curieux métal.

Un fragment de sodium placé sur une feuille de papier mouillée prend feu et brûle avec une flamme jaune; le résidu est de la soude qui, avec de l'acide carbonique, formerait du carbonate de soude. L'expérience de l'inflammation du sodium n'est pas sans danger, il peut se produire une petite explosion ; on se mettra à l'abri de toute blessure en plaçant le papier mouillé au fond d'un verre que l'on couvre aussitôt qu'on a laissé tomber le fragment de sodium, et en ne touchant celui-ci qu'avec des objets ou les doigts bien secs.

Le sodium jeté dans beaucoup d'eau s'échauffe fortement et finit par disparaître, mais il ne s'enflamme pas, à moins que le fragment soit de la grosseur d'un pois au moins.

Les corps simples dépourvus de l'éclat métallique tels que le charbon, *s'appellent des* **métalloïdes.** Le **soufre** et le **phosphore** sont des métalloïdes solides, comme le charbon, à la température ordinaire. Il y a des métalloïdes gazeux, l'**oxygène** en est un, c'est *le plus important de tous les corps simples ;* on le rencontre à peu près partout, dans l'air, dans l'eau, dans la plupart des corps composés.

EXERCICE. — Dire comment on obtient de la chaux vive, de la chaux éteinte un lait de chaux, de l'eau de chaux. — En prenant pour exemple la craie, définir la synthèse et l'analyse. — Comment reconnaît-on les pierres calcaires. — Citer les corps simples que l'on connaît et dire leur aspect, leur couleur.

Chaque élève apportera un fragment de tous les corps simples qu'il aura pu se procurer : une petite collection résultera du choix des apports.

L'OXYGÈNE

11. Préparation de l'oxygène. — Ce gaz se prépare ordinairement en chauffant un mélange fait en parties égales de deux substances, l'une en cristaux blancs appelée *chlorate de potasse*, l'autre pulvérisée, noire, nommée *bioxyde de manganèse*. L'oxyde de manganèse ne fournit pas d'oxygène et son emploi n'est pas indispensable, mais il empêche le chlorate de fondre et rend le dégagement plus rapide et plus régulier; il est bon de le calciner préalablement. Le sable peut remplacer le bioxyde.

Expérience 6. — Sur la flamme d'une lampe à alcool, on chauffe avec précaution un tube à essai (fig. 21) renfermant un ou deux grammes de chlorate de potasse et à peu près autant de bioxyde de manganèse ou de sable grossièrement mélangés, *le tout bien sec et exempt de matières étrangères inflammables*.

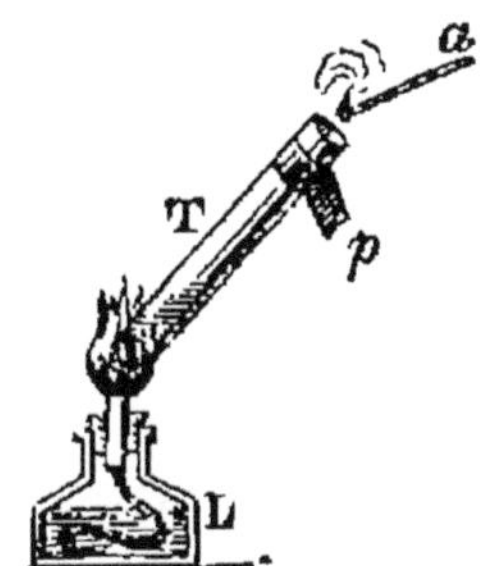

Fig. 21. Caractère de l'oxygène. — L'allumette se rallume. T, tube à essai tenu par une bande de papier *p* et renfermant le mélange producteur d'oxygène.

Un gaz se dégage bientôt et se répand dans l'air; on ne le reconnaît pas parce qu'il est incolore et inodore; si l'on introduit dans le tube une allumette presque éteinte, mais présentant encore un point rouge, elle se rallume et brûle avec un vif éclat, c'est là le **moyen de reconnaître l'oxygène**.

En fermant le tube à essai d'un bouchon traversé d'un tube ordinaire et recourbé comme l'indique la figure 22, on pourra recueillir l'oxygène. La lampe à alcool peut être remplacée par le fourneau à charbon (fig. 22).

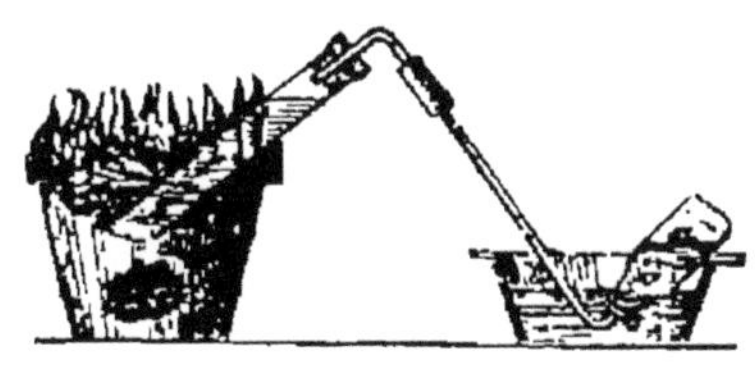
Fig. 22. L'oxygène est recueilli dans une fiole.

Pour obtenir une plus grande quantité d'oxygène, on remplace le tube à essai par un

petit ballon de verre (fig. 23). 20 grammes du mélange indiqué suffisent pour préparer 2 litres d'oxygène.

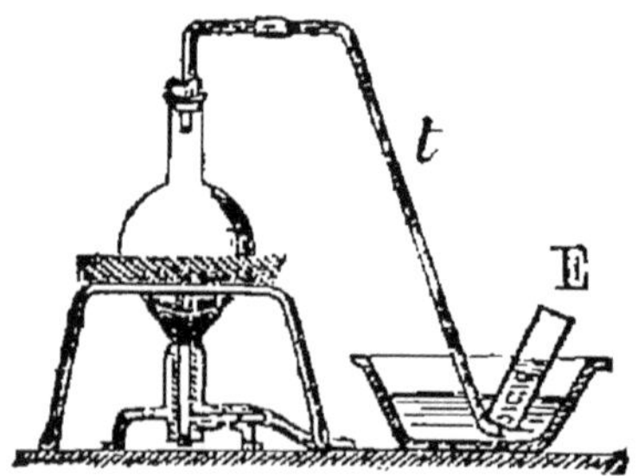

Fig. 23. Appareil fournissant plusieurs litres d'oxygène.

Lorsque le dégagement gazeux se ralentit, avant d'éteindre le feu, on retire de l'eau le tube abducteur *t;* car, par l'abaissement de température, le gaz contenu dans le ballon diminue de volume; la pression atmosphérique continuant à s'exercer sur l'eau, celle-ci viendrait combler le vide du ballon qui pourrait être brisé, à cause de la différence de sa température et de celle de l'eau; en deux mots il y aurait ***absorption*** de l'eau de la terrine dans le ballon.

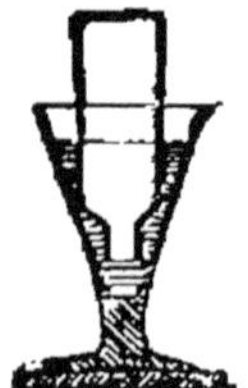

Fig. 24. Oxygène conservé.

Plusieurs flacons seront remplis d'oxygène et conservés comme il est indiqué (fig. 24).

12. **Propriétés de l'oxygène.** — L'oxygène n'est pas un gaz combustible; comme le gaz de l'éclairage par exemple, il ne prend pas feu au contact d'une flamme; mais il entretient la combustion, ce qu'on exprime en disant qu'*il est comburant*. L'expérience de l'allumette qui se rallume prouve que l'oxygène active très énergiquement les combustions.

13. **Combustions dans l'oxygène.** — *Expérience 6 bis.* Au bout d'un fil de fer, on fixe un morceau de charbon que l'on allume, et on le plonge ensuite dans un flacon plein d'oxygène (fig. 25). Le charbon qui brûlait difficilement dans l'air devient très brillant dans l'oxygène; puis il s'éteint quand le gaz comburant fait défaut. Ce dernier est remplacé par de l'acide carbonique qui n'est ni combustible, ni comburant, il éteint les allumettes allumées et il trouble l'eau de chaux; en versant de l'eau

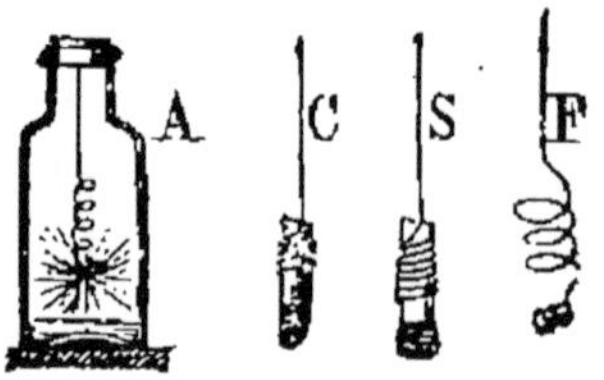

Fig. 25. Combustion dans l'oxygène.
A, fer brûlant dans l'oxygène.
C, disposition du charbon.
S — — soufre.
F — — fer.

de chaux dans le flacon qui a servi à l'expérience, on obtient un précipité par l'agitation, et le doigt qui fermait le flacon est poussé de l'extérieur vers l'intérieur.

L'acide carbonique, formé par le charbon et l'oxygène disparus, s'est combiné à la chaux qui l'a absorbé, de là le vide ; il s'est formé du carbonate de chaux ou craie, insoluble dans l'eau, de là le trouble. C'est la répétition d'une des expériences précédentes.

En remplaçant le charbon par une allumette soufrée ou un copeau de bois trempé dans du soufre fondu, on obtient du gaz sulfureux. L'eau de chaux ne s'y trouble pas, parce que la chaux forme, avec le gaz sulfureux, un composé suffisamment soluble.

L'acide sulfureux se reconnaît à son odeur ; on peut aussi le reconnaître au moyen de la *teinture de tournesol* (V. page 19) ; la teinture bleue versée dans le flacon où a brûlé le soufre prend une couleur rouge.

L'acide carbonique rougirait peu le tournesol; il est moins énergique que l'acide sulfureux.

Le phosphore en brûlant l'oxygène donne naissance à un composé appelé *acide phosphorique*, plus énergique encore que l'acide sulfureux, et rougissant très fortement le tournesol; le phosphore des allumettes chimiques peut servir à l'expérience.

Introduisons quelques allumettes chimiques rassemblées en un petit paquet dans un flacon plein d'oxygène; puis, les tenant d'une main, prenons, de l'autre main, une allumette presque éteinte, mais présentant encore un point rouge, et touchons le phosphore du paquet d'allumettes; l'inflammation a lieu ; si le volume d'oxygène n'est pas trop grand pour le nombre des allumettes, le phosphore seul brûle, et l'on voit se former d'épaisses fumées blanches, c'est de l'acide phosphorique. S'il y avait excès d'oxygène, il se formerait en outre de l'acide sulfureux par la combustion du soufre des allumettes.

Versons de l'eau dans le flacon ; par l'agitation, les fumées blanches disparaissent, l'acide phosphorique est soluble dans l'eau ; ajoutons du tournesol bleu, il devient rouge pelure d'oignon.

Les corps combustibles tels que le charbon, le soufre, le phosphore brûlent donc beaucoup mieux dans l'oxygène que dans l'air. Les métaux qui ne sont pas considérés comme corps combustibles peuvent aussi brûler dans l'oxygène, le fer porté au rouge dans l'oxygène y brûle avec un très vif éclat; cette remarquable expérience peut être réalisée de la manière suivante :

Autour d'un tube de verre ou d'un crayon, on enroule un fil de fer mince, de manière à former un hélice ; à l'une des extrémités, on fixe un petit morceau d'amadou ou de liège qu'on allume; puis on plonge rapidement le tout dans un flacon rempli d'oxygène. La chaleur due à la combustion de l'amadou ou du liège rougit le fer qui brûle à son tour, en projetant de vives étincelles. Du fil, se détachent des globules de fer en fusion, à demi oxydés, qui s'incrustent au fond du flacon, malgré la couche d'eau de 1 ou 2 centimètres qu'on a eu soin d'y laisser (fig. 25 A). Il s'est formé une poussière d'oxyde de fer ou rouille sans action sur le tournesol, parce qu'elle est insoluble dans l'eau.

On pourrait brûler, dans l'oxygène, un fragment de sodium; l'oxyde obtenu ou soude est soluble dans l'eau et agit sur le tournesol qu'il *bleuit* très fortement, ou qu'il ramène au bleu si le tournesol a été préalablement rougi par un acide. L'eau de chaux, qui est un oxyde en solution, agit de même.

14. Corps composés. — Le phénomène de la combustion d'un corps dans l'oxygène est nommé *oxydation;* le corps obtenu en oxydant un *métalloïde* s'appelle ordinairement un **acide**, celui que donne l'oxydation d'un *métal* s'appelle **oxyde**. On distingue les acides des oxydes, *quand ils sont solubles dans l'eau*, au moyen de la teinture de tournesol que les acides rougissent et que les oxydes ramènent au bleu. Voilà le résumé de ce que nous démontrent les expériences précédentes :

Le charbon (ou carbone) en s'oxydant forme de l'*acide carbonique*,

le phosphore, en s'oxydant, forme de l'*acide phosphorique*,

le soufre — — de l'*acide sulfureux.*

On pourrait obtenir aussi de l'*acide sulfurique*, de l'*acide phosphoreux*, et une sorte d'*acide carboneux* appelé *oxyde de carbone;* ce n'est pas ici le lieu d'examiner la question en détail; contentons-nous de savoir que quand l'oxydation d'un métalloïde est incomplète, le nom de l'acide obtenu se termine par **eux**, il se termine par **ique** dans le cas contraire; ainsi l'*acide sulfur***eux** peut encore être oxydé, il forme alors de l'*acide sulfur***ique**, liquide dangereux, appelé dans le commerce *huile de vitriol* ou simplement *vitriol.*

Quelques métaux fournissent des oxydes qui peuvent être oxydés à nouveau; les nouveaux oxydes s'appellent **bioxydes** (oxydé deux fois), **peroxydes** (le plus oxydé), etc.

Les acides et les oxydes agissent d'une façon opposée sur le tournesol; si l'on mêle ensemble un acide et un oxyde solubles, le nouveau corps obtenu pourra être sans action sur le tournesol bleu ou rougi.

Expérience 7. — Prenons, comme acide, du vinaigre ou *acide acétique*, comme oxyde, de l'eau de chaux; si dans un verre contenant de l'eau de chaux nous versons peu à peu du vinaigre rougi par du tournesol, le liquide devient bleu d'abord; en continuant à ajouter l'acide, la couleur redevient rouge. A ce moment, si l'on ajoute quelques gouttes d'eau de chaux, le liquide redevient bleu, mais on peut verser une juste quantité de l'un ou de l'autre des deux liquides pour que la teinte soit violacée, c'est-a-dire ni franchement rouge, ni franchement bleue: on dit alors que l'oxyde *neutralise exactement* l'action de l'acide sur le tournesol.

On pourrait faire la même expérience avec un acide quelconque et un oxyde quelconque, pourvu qu'ils soient solubles; toutefois il y aurait danger pour l'expérimentateur si l'acide et l'oxyde étaient concentrés : il résulterait de leur mélange une forte chaleur qui ferait brusquement bouillir le liquide et le projetterait violemment au dehors du vase qui le renferme.

L'acide sulfurique par exemple et la soude (oxyde de sodium) sont deux substances très corrosives; lorsqu'elles ont réagi l'une sur l'autre en proportion convenable pour que le tournesol reste violet, le produit qui en résulte n'est plus corrosif : c'est un **sel**, du *sulfate de soude*, nom qui rappelle l'acide et l'oxyde qui le forment. Dans l'expérience précédente, le produit obtenu, qui est aussi un sel, s'appelle *acétate de chaux*.

Ainsi *un sel est composé d'un acide et d'un oxyde;* l'oxyde qui entre dans la composition d'un sel s'appelle aussi **base**.

Quelques sels rougissent le tournesol, exemple, le *sulfate de fer* ou *vitriol vert*, le *sulfate de cuivre* ou *vitriol bleu*, et en général tous les sels dont la base est insoluble. D'autres sels, tels que le *carbonate de soude*, bleuissent au contraire le tournesol.

Le tournesol ne suffira donc pas pour reconnaître un sel, mais il permettra de distinguer un acide d'une base, à la condition qu'ils soient solubles. Un sel, à l'état solide, est généralement cristallisé.

En résumé, l'**oxygène** *s'unit à un* **métalloïde** *pour donner un* **acide**, *à un* **métal** *pour former un* **oxyde**; l'**oxyde** *et* l'**acide** *en s'unissant forment un* **sel**.

Un *métal* et un *métalloïde autre que l'oxygène* peuvent aussi s'unir, le composé qui en résulte s'appelle **corps binaire.**

Ce qui peut s'exprimer par le schéma suivant :

Corps binaire < *Métalloïdes* / Oxygène / *Métal* > **Acide** / **Oxyde** > **Sel.**

Les corps binaires sont les seuls corps composés qui ne renferment pas d'oxygène; par leurs propriétés générales, ils sont analogues aux sels. Le sel marin en est un, il est fait du métal *sodium* uni à un métalloïde gazeux, le *chlore;* son nom chimique est *chlorure de sodium :* la terminaison *ure* indique toujours un corps binaire, privé d'oxygène. Les corps binaires du chlore s'appellent chlorures; ceux du soufre, sulfures, etc.

Il est des acides, peu nombreux du reste, qui ne renferment pas d'oxygène; ils sont composés d'un métalloïde combiné à l'hydrogène; exemple, *l'acide chlorhydrique* fait de chlore et d'hydrogène. Ils rougissent le tournesol.

Les hydracides se combinent avec les oxydes, forment des corps binaires et en outre de l'eau. L'acide chlorhydrique, ou *esprit de sel*, qui se dégage gazeux quand on verse de l'acide sulfurique sur du sel marin, reforme, avec du carbonate de soude, du sel marin ou chlorure de sodium.

Expérience 7 bis. — Dans une solution de carbonate de soude bleuie par un peu de tournesol, on verse peu à peu de l'acide chlorhydrique; lorsque le dégagement d'acide carbonique cesse, le tournesol vire au rouge. Il ne faut plus ajouter d'acide, la soude du carbonate qui a laissé échapper son acide carbonique est **neutralisée**. Si l'on évapore le liquide, qui est salé, on obtient comme résidu du sel marin; il est bon de faire bouillir le liquide dans un ballon de verre d'abord, l'acide en excès s'évapore et on peut alors achever l'évaporation dans une casserole métallique, autrement le métal du vase serait attaqué par l'excès d'acide.

15 Mélange et combinaison. — Un corps composé est la réunion intime de plusieurs corps simples; cette union intime s'appelle **combinaison**, elle est toujours le résultat d'une action chimique, et il est facile de ne la point confondre avec un simple **mélange**. L'expérience suivante va nous montrer la différence.

Expérience 8. — On mêle intimement de la limaille de fer très fine et du soufre en fleur, le mélange est gris; au moyen d'un verre grossissant, on pourrait distinguer les parcelles de soufre des fragments de fer. En soufflant doucement dessus, le soufre est emporté par le courant d'air et le fer plus lourd est peu déplacé; la séparation se fera mieux encore au moyen d'un aimant qui, promené sur le mélange, attirera le fer et laissera le soufre. Le métal et le métalloïde étaient simplement mélangés.

Refaisons ce mélange et imbibons-le d'eau tiède; la température s'élève bientôt, ce qui indique une action chimique, et la masse devient toute noire; le souffle ni l'aimant ne pourraient plus rien séparer; on n'a plus ni soufre, ni fer, mais du *sulfure de fer*. En chauffant le mélange de soufre et de fer dans une coupelle métallique ou une cuillère, ou dans un tube de verre, l'action chimique serait beaucoup plus rapide; il se produit quelquefois, dans ce cas, un phénomène lumineux par suite de la forte élévation de température.

Si, sur le sulfure de fer obtenu, on verse un acide étendu d'eau, il se dégage un gaz à odeur infecte rappelant celle des œufs pourris. Sur un mélange de soufre et de fer, l'acide n'attaque que le fer; le gaz qui se dégage est de l'hydrogène dont l'odeur est faible, et serait nulle si le fer employé était pur.

L'action chimique a donc uni intimement le fer et le soufre, ils sont combinés, et forment un corps nouveau, ce qui est le résultat déjà bien connu de tout phénomène chimique. Ainsi la combinaison est toujours accompagnée d'un phénomène chimique, tandis que le mélange ne l'est pas.

Deux substances peuvent être mêlées en proportion quelconque, mais quand elles se combinent, la combinaison se fait toujours en **proportions définies** et toujours les mêmes, pour les mêmes corps composés. Par exemple, on peut mélanger une quantité quelconque de fer et une quantité quelconque de soufre; mais si l'on chauffe pour opérer la combinaison, 7 parties en poids de fer s'uniront à 4 parties en poids de soufre et formeront 11 parties en poids de sulfure de fer. S'il y avait 5 grammes de soufre et 7 grammes de fer, 1 gramme de soufre resterait sans entrer dans la combinaison, et on pourrait le séparer en chauffant la masse obtenue, il se volatiliserait; tandis que les 4 grammes com- combinés resteraient intimement unis aux 7 grammes de fer dans les 11 grammes de sulfure. S'il y avait 4 grammes de soufre et 8 grammes de fer, 1 gramme de fer resterait sans emploi.

De même quand on calcine 50 grammes de craie, de marbre ou de calcaire pur, on obtient 28 grammes de chaux et il se dégage 22 grammes (environ 11 litres) d'acide carbonique renfermant 6 grammes de charbon, ni plus ni moins.

En deux mots, **dans un corps composé**, quelle que soit sa provenance, **les éléments** ou corps simples **qui le constituent s'y rencontrent toujours dans la même proportion.**

Exercice. — Écrire : 1° le nom des acides que donne l'oxygène en se combinant avec les métalloïdes : charbon, soufre, azote, phosphore ; 2° le nom des oxydes du potassium, du sodium, du calcium, du fer. — Écrire le nom des sels qu'on peut obtenir en combinant chacun de ces acides avec chacun de ces oxydes.

Dire quel est l'acide et quelle est la base (l'oxyde) des sels dont les noms suivent; le nom entre parenthèses est le nom vulgaire du sel : *azotate de potasse* (salpêtre ordinaire), *azotate de soude* (salpêtre du Pérou) ; *sulfate de fer* vitriol vert, *sulfate de cuivre* (vitriol bleu) ; *carbonate de soude* (cristaux de soude) ; *phosphate de chaux* (phosphates fossiles, superphosphates. etc.).

Expérience. — Faire dissoudre du sulfate de cuivre dans cinq fois son poids environ d'eau bouillante ou très chaude, filtrer la dissolution, l'abandonner dans une assiette ou une soucoupe : on obtiendra de très beaux cristaux. Les faire dessécher sur un entonnoir (fig. 36), les renfermer dans un tube ou un flacon bien sec, boucher soigneusement, étiqueter et ranger dans le musée scolaire.

Questions pour le Certificat d'études. — *A la fin de chacun des chapitres suivants, on trouvera l'énoncé des principales questions scientifiques qui peuvent faire l'objet d'une composition écrite à l'examen du Certificat d'études. — Ces questions ont été développées dans la* « Rédaction au Certificat d'études », *publiée par la librairie Hachette.*

CHAPITRE II

L'AIR ET L'EAU

I. L'AIR ATMOSPHÉRIQUE

16. Oxygène de l'air. — La terre est entourée d'une atmosphère gazeuse que nous appelons l'AIR. Ce gaz est *inodore,* quand il est pur, et *incolore;* cependant, sous une grande épaisseur il paraît bleu, c'est la couleur de l'azur du ciel. Il remplit tous les vases que nous disons être vides, comme le ferait l'eau si ces vases y étaient plongés.

Nous allons chercher de quoi est fait l'air que nous respirons; nous savons déjà qu'*il renferme de l'oxygène,* constatons-le encore expérimentalement.

Expérience 8. — Voici un flacon qui ne renferme que de l'air, si l'on y introduit une allumette au moment où elle commence à s'allumer, le soufre brûlera au sein de l'air du flacon; la combustion se fera comme dans l'oxygène, elle sera moins vive, voilà toute la différence. Le *soufre* est un *métalloïde,* en brûlant, c'est-à-dire en se combinant à l'oxygène de l'air, il va former un *acide* que nous reconnaîtrons au moyen de la teinture bleue de tournesol : on en verse quelques gouttes dans le flacon où le soufre vient de brûler, on agite et la teinte bleue vire au rouge; conclusion : s'il s'est formé un acide, c'est que l'air du flacon renferme de l'oxygène.

EXERCICE. — Répéter l'expérience précédente en introduisant l'allumette après avoir laissé brûler totalement le soufre, verser du tournesol bleu; recommencer en remplaçant le tournesol par de l'eau de chaux. Dire ce qu'on observe et l'expliquer

17. **Chalumeau.** — *C'est parce que l'air contient de l'oxygène qu'il peut entretenir les combustions;* elles sont moins vives dans l'air que dans l'oxygène, l'air n'étant pas de l'oxygène pur. Cependant en renouvelant rapidement l'air autour d'un corps qui brûle, la combustion est activée; le soufflet est destiné à cette usage. En soufflant sur une bougie, on l'éteint; dans ce cas, la trop grande masse d'air abaisse la température au-dessous de celle nécessaire à l'incandescence.

Expérience 9. — En diminuant la section de l'orifice par lequel l'air arrive, en soufflant par exemple sur la flamme d'une bougie au moyen d'un tube effilé, qu'on nomme dans ce cas un **chalumeau**, on élève considérablement la température. Une pipe en terre constitue un bon chalumeau. Si l'on projette de la limaille de fer dans le dard enflammé ainsi obtenu, la combustion du métal se fait comme dans l'oxygène pur (fig. 26).

Fig. 26. La limaille de fer projetée dans le dard du chalumeau donne de brillantes étincelles.

Cette expérience réussit très bien au moyen d'une des lampes indiquées (fig. 3 et fig. 4).

Dans le feu de la forge, le fer peut brûler de la même manière et se transformer plus ou moins complètement en oxyde brun; c'est une expérience qu'ont faite tous les apprentis forgerons.

Combustion du zinc. — L'oxydation du zinc à l'air se fait avec production d'une vive lumière d'un blanc verdâtre, si la température est suffisamment élevée; cette brillante expérience peut se réaliser très simplement.

Expérience 9 bis. — Dans une coupelle C (fig. 27) confectionnée d'un débris de boîte de conserves, ou un couvercle de boîte à cirage, on place quelques rognures de zinc et on chauffe fortement, soit sur la lampe chalumeau, soit sur un fourneau à charbon très bien allumé, jusqu'à ce que le zinc, non seulement fonde mais *soit porté au rouge.* En écartant d'une tige de fer *t* la couche d'oxyde qui s'est formée à la surface du métal fondu, celui-ci prend feu.

Il suffit de remuer la masse pour la brûler complètement, c'est-à-dire d'amener successivement les différentes portions du métal au contact de l'air qui fournit l'oxygène.

Dans cette opération, le zinc augmente considérablement de volume et aussi de poids; 33 grammes de zinc fournissent 41 grammes d'oxyde de zinc. Cependant, si on pesait le zinc employé et l'oxyde obtenu, on ne trouverait pas cette proportion; cela tient à ce qu'une partie de l'oxyde de zinc formé s'est échappé sous forme de poussières ou de flocons blancs répandus un peu partout et difficiles à recueillir.

Fig. 27. Le zinc s'enflamme à l'air quand on le chauffe au rouge. La coupelle en tôle mince contenant le zinc est placée dans le feu le plus vif.

Exercice. — Préparer de l'oxyde de zinc ou *blanc de zinc,* l'échantillon le mieux réussi sera placé dans le musée scolaire.

18. **Analyse de l'air.** — Si, dans un volume déterminé d'air, on produit une combustion qui use tout l'oxygène, la diminution de volume fera connaître la proportion du gaz comburant, et en mesurant le gaz qui reste, en constatant ses propriétés, sa nature, on aura réalisé l'analyse de l'air.

Nous ne pouvons exécuter cette analyse avec précision, il nous faudrait un matériel de laboratoire; nous nous bornerons à une expérience très simple qui suffira, quoique peu précise, à démontrer que *l'air est composé d'environ un cinquième d'oxygène et de quatre cinquièmes d'un autre gaz, l'***azote**.

Expérience 10. — Allumons une bougie ou une chandelle, et fixons-la verticalement dans une assiette par quelques gouttes de suif fondu que nous ferons tomber en l'inclinant. Versons de l'eau dans l'assiette et coiffons la bougie allumée d'une carafe, en ayant soin de descendre rapidement le col de la carafe dans l'eau de l'assiette; sans cette précaution une partie de l'air échauffé par la flamme de la bougie s'échapperait au dehors.

L'air dans lequel la combustion va se faire est isolé de l'air extérieur, et la bougie en brûlant va lui prendre son oxygène; sa flamme s'allonge bientôt, pâlit et s'éteint. A ce moment, une certaine quantité d'eau monte dans la carafe (fig. 28). Nous verrons (expérience 15) que la bougie en brûlant donne de l'acide carbonique et de la vapeur d'eau qui se dissolvent tous deux dans l'eau.

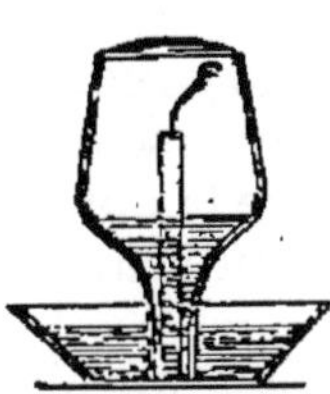

Fig. 28. L'eau monte dans la carafe quand la bougie s'éteint.

Le volume de l'eau montée dans la carafe est égal à celui de l'oxygène disparu. Mesurons ce volume, puis nous le comparerons à celui de la carafe.

A cet effet, on saisit la carafe d'une main, l'assiette de l'autre et on retourne brusquement le tout; l'eau restée dans l'assiette sera renversée et on pourra verser celle de la carafe dans un verre. On marque le niveau de l'eau dans le verre en collant au dehors une petite bande de papier; puis on reverse l'eau dans la carafe; on remplit le verre, jusqu'à la marque, d'une nouvelle quantité d'eau qu'on ajoute à celle de la carafe, et l'opération est répétée jusqu'à ce que cette dernière soit entièrement pleine, ce qui arrive quand le contenu du verre a été versé 5 fois. La conclusion est qu'un cinquième de l'air avait disparu par la combustion, **l'air est donc formé d'un cinquième environ d'oxygène**.

Le reste, ou les quatre cinquièmes, est un gaz qui *n'est ni comburant* puisque la bougie s'y est éteinte, *ni combustible*, puisqu'il ne s'est pas enflammé; *ce gaz inerte s'appelle* **azote**, mot qui veut dire *n'entretenant pas la vie*.

19. L'azote. — L'expérience précédente nous permet d'en obtenir, voyons ses propriétés.

Expérience 10 bis. - Répétez l'expérience précédente, seulement, au lieu d'eau ordinaire, mettez de l'eau de chaux dans l'assiette; puis, après avoir retourné la carafe, remplacez l'assiette par la paume de la main et agitez, l'acide carbonique sera ainsi totalement absorbé.

La carafe étant toujours fermée par la paume de la main, plongez-la l'ouverture en bas dans un seau plein d'eau; en l'inclinant suffisamment, si la main est retirée, l'azote s'échappe en bulles que l'on reçoit dans des fioles à large col préalablement remplies d'eau et renversées l'ouverture en bas (fig. 29). Si le col de la fiole était étroit, il serait avantageux d'y introduire un entonnoir (V. fig. 42).

Fig. 29. L'azote est transvasé dans des flacons plus petits, après avoir été purifié.

Si, dans un flacon plein d'azote, on plonge une allumette allumée, elle s'éteint, cela est démontré par la bougie; versez dans le flacon du tournesol bleu, il ne change pas de couleur; du tournesol rouge, pas davantage; de l'eau de chaux, elle ne se trouble pas. L'azote est un gaz inerte; à quoi sert-il dans l'air? Il modère l'action trop vive de l'oxygène pur. Il sert aussi à la nourriture de certaines plantes telles que celles de la famille des légumineuses (luzerne, trèfle, sainfoin, lupin, etc.). L'azote n'est pas un poison, puisque nous en respirons continuellement; mais de même qu'il arrête les combustions, il arrête aussi la vie; un animal plongé dans l'azote y périt asphyxié. C'est que la respiration des animaux et la combustion des corps combustibles sont deux phénomènes identiques au fond; une partie des aliments que nous mangeons est brûlée dans le sang par l'oxygène de l'air que nous respirons. La combustion se fait lentement, sans flamme, elle entretient la chaleur animale.

L'air est un **mélange** et non une combinaison; en ajoutant 1 volume d'oxygène à 4 volumes d'azote, on refait de l'air, et le mélange obtenu présente à la fois les propriétés de l'oxygène et celles de l'azote; il n'y a pas production d'un corps nouveau; enfin le mélange se fait sans la moindre élévation de température, par conséquent il n'y a pas combinaison chimique, pas plus que si l'on mêlait de l'eau à du vin.

L'azote entre dans la composition de la chair des animaux et des tissus végétaux. Toutes les substances animales ou végétales qui en renferment sont susceptibles d'entrer en putréfaction; il se forme, entre autres composés d'odeur très désagréable, un gaz piquant qui provoque les larmes, et dont la dissolution dans l'eau est connue sous le nom d'**ammoniaque** ou *alcali volatil*. Ce *gaz ammoniac* est composé d'azote et d'hydrogène qui peuvent brûler, c'est-à-dire se combiner à l'oxygène, le dernier en formant de l'eau, le premier en produisant de l'*acide azotique* appelé aussi *acide nitrique*, parce qu'il existe dans le *nitre* ou *salpêtre* (nitrate ou azotate de potasse).

L'azote s'appelle quelquefois *nitrogène* (qui engendre le nitre).

En résumé, l'azote se rencontre : dans l'air où il ne semble jouer aucun rôle actif; dans les substances animales ou végétales capables de se putréfier ; dans l'ammoniaque où il est combiné à l'hydrogène ; enfin, combiné à l'oxygène, dans l'acide azotique et les azotates. Nous y reviendrons plus loin (38).

20. Vapeur d'eau et acide carbonique de l'air. — Outre l'azote et l'oxygène, l'air atmosphérique renferme de la vapeur d'eau en proportion variable, mais faible (de 4 à 40 grammes par mètre cube), et environ un demi-millième d'acide carbonique.

Une bouteille froide et sèche, pleine de vin ou d'eau, apportée de la cave dans une pièce chaude, se couvre rapidement d'une buée formée de fines gouttelettes analogues à de la rosée, et dues à la présence de la vapeur d'eau dans l'atmosphère : cette vapeur se refroidit au contact de la bouteille et une partie se condense comme dans l'expérience 3.

Pour constater que l'air renferme de l'acide carbonique, il suffit d'observer de l'eau de chaux contenue dans un verre ou tout autre vase ouvert : au bout de quelque temps, l'eau de chaux se trouble comme dans l'expérience 5 *bis*.

L'acide carbonique de l'atmosphère joue un rôle très important ; dans les mortiers, par exemple, il s'unit à la chaux pour la durcir en la transformant en craie ; mais il sert surtout à la nourriture des végétaux : c'est dans l'acide carbonique de l'air que les plantes puisent, au moyen de leurs feuilles, tout le charbon qu'elles renferment (V. page 67).

Exercice. — *Devoir écrit ou oral*. Dans un mètre cube d'air, combien y a-t-il de litres d'oxygène? Combien d'azote? Combien d'acide carbonique? — Que se produit-il quand on badigeonne un mur d'un lait de chaux? — Un flacon contient de l'oxygène, un autre de l'azote, une troisième du gaz carbonique, comment les reconnaître? — A quoi se reconnaît une substance organique azotée? — Citer des substances qui renferment de l'azote. — A quoi sert l'azote de l'air?

II. L'HYDROGÈNE ET L'EAU

21. Préparation et propriétés de l'hydrogène. — Quand on verse de l'eau acidulée par de l'acide sulfurique sur du fer, il se dégage un gaz inflammable.

Expérience 11. — A de l'eau, on ajoute de l'acide sulfurique ou chlorhydrique, puis du fer, des clous par exemple; le fer est attaqué par l'acide, il se dissout avec effervescence, et un gaz inflammable se dégage; en approchant une allumette allumée (fig. 30), ce gaz prend feu et brûle avec une flamme très pâle, c'est de l'**hydrogène**.

Fig. 30. Le fer disparaît dans l'acide et il se dégage un gaz inflammable.

Quand on mêle de l'eau et de l'acide sulfurique, le liquide s'échauffe beaucoup, ce qui indique une action chimique; il faut verser peu à peu l'acide dans toute l'eau qu'on veut employer, mais non l'eau dans l'acide sulfurique; dans le premier cas la température s'élève progressivement et on n'a pas à craindre la rupture du vase, ce qui pourrait arriver dans le second cas.

L'acide sulfurique et quelques autres acides énergiques produisent, au contact de certaines substances, une réaction chimique violente et dangereuse; mêlés à un *alcali*, par exemple, l'élévation de température est considérable et il en résulte une ébullition brusque qui projette le liquide de tous côtés.

On n'oubliera pas qu'on ne saurait prendre trop de précautions dans le maniement de ces liquides corrosifs.

Recommençons la préparation en disposant l'appareil de manière à pouvoir recueillir le gaz.

Expérience 11 *bis*. — Mettons dans un flacon du fer, ou mieux des rognures de zinc et de l'eau, puis disposons le flacon comme l'indique la figure 31.

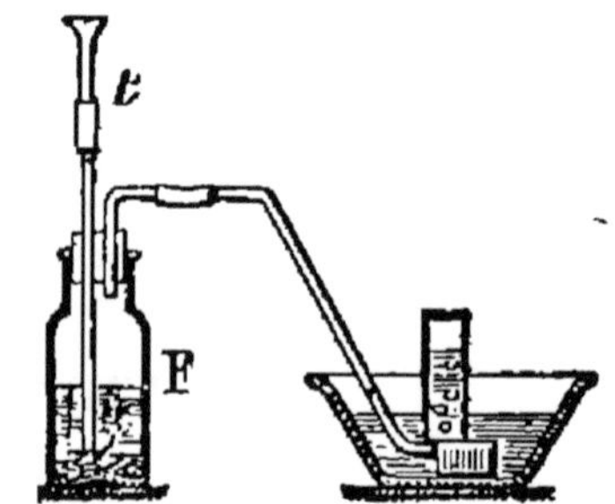

Fig. 31. **Préparation de l'hydrogène.** *F*, **flacon contenant l'eau et le métal; on verse l'acide par le tube à entonnoir** *t*.

Dans un verre contenant de l'eau, ajoutons peu à peu de l'acide sulfurique, le dixième environ du volume d'eau, et versons cette eau acidulée dans le flacon. L'acide chlorhydrique peut remplacer l'acide sulfurique.

L'hydrogène se dégage et remplit l'éprouvette; si l'on

approche une allumette allumée de l'ouverture de l'éprouvette retirée de l'eau, le gaz s'enflamme en produisant une petite détonation, l'hydrogène est mêlé à l'air que contenait le flacon. Quand cet air est expulsé, l'hydrogène brûle sans détonation avec une flamme très pâle, visible seulement dans un endroit obscur.

Lorsque l'inflammation des éprouvettes recueillies dans la préparation de l'hydrogène ne se fait plus brusquement, quand on voit la flamme bleuâtre s'avancer progressivement jusqu'au fond de l'éprouvette, c'est que le gaz qui sort de l'appareil ne contient plus d'air. *C'est seulement dans ces conditions* qu'on peut enflammer le gaz hydrogène à sa sortie de l'appareil comme l'indique la figure 32.

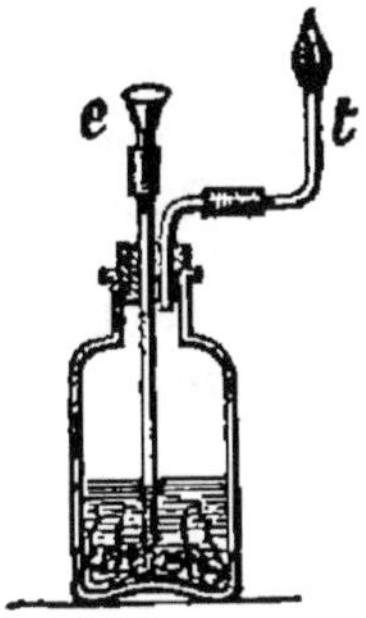

Fig. 32. La lampe à hydrogène. En versant quelques gouttes de pétrole par l'entonnoir *e*, la flamme à l'extrémité du tube *t* devient éclairante.

Le gaz brûle d'une façon continue au bout du tube, grâce à l'oxygène de l'air; car pour que l'hydrogène puisse brûler, il faut de l'oxygène, comme pour toute combustion. C'est ce que va nous prouver la curieuse expérience suivante :

Expérience 12. — On remplit d'eau un grand flacon qu'on ferme de la paume de la main ou d'un carré de papier et qu'on retourne dans la terrine de l'appareil précédent à la place de l'éprouvette, le flacon se remplit d'hydrogène. Si le gaz d'éclairage vient dans la classe, on en remplira le flacon. Lorsqu'on me le feu, la flamme ne descend pas jusqu'au fond, et tout l'hydrogène n'est pas brûlé, l'oxygène manque. Mais si l'on verse de l'eau dans le flacon, après avoir allumé l'hydrogène, l'eau n'éteindra pas la flamme, elle l'activera au contraire, en chassant le gaz hors du flacon au contact de l'air.

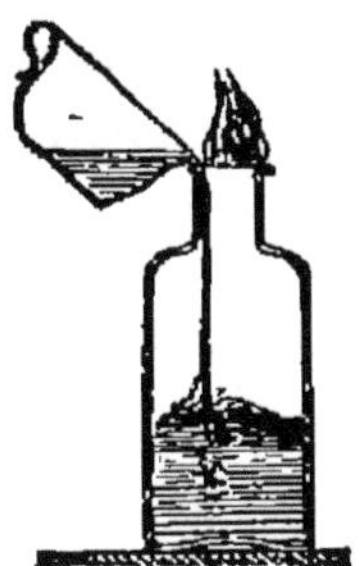

Fig. 33. L'hydrogène ne brûle pas si l'oxygène manque.

En mettant le feu à un mélange d'hydrogène et

d'oxygène, il se fait une explosion. La combustion de l'hydrogène est instantanée et cela se conçoit : chaque partie du gaz *combustible* est entourée du *comburant* nécessaire et l'inflammation se fait partout à la fois. C'est ainsi que des copeaux de bois sec s'enflamment d'autant mieux et plus rapidement qu'ils sont plus minces et mieux divisés, en d'autres termes, que le combustible est mieux en contact avec le comburant. La bûche qui a servi à former les copeaux se serait enflammée bien plus difficilement qu'eux.

22. Mélange détonant. — L'inflammation du mélange explosif ou détonant d'hydrogène et d'oxygène doit se faire avec certaines précautions sans lesquelles elle serait dangereuse.

Le mélange explosif formé de 1/3 d'oxygène et de 2/3 d'hydrogène, ou de 2/3 d'oxygène et 1/3 de gaz d'éclairage sera fait dans un petit flacon (environ 1 décilitre) ; autour de ce flacon on enroulera un linge qui en fera plusieurs fois le tour et ne laissera dépasser que le goulot où l'on doit mettre le feu. Si le flacon est brisé par l'explosion, les éclats resteront dans le linge.

23. Composition de l'eau pure. — Un moyen très élégant de faire l'analyse de l'eau consiste à la décomposer par la pile : on trouve qu'elle est formée de deux gaz dans les proportions suivantes : *2 volumes d'hydrogène combinés à 1 volume d'oxygène*. Nous nous bornerons, à défaut d'une pile et des accessoires, à faire une synthèse très élémentaire de l'eau, à prouver que l'*hydrogène en brûlant donne de la vapeur d'eau*.

Expérience 13. -- Reprenez l'appareil à hydrogène fig. 32) et *après vous être assuré qu'il est purgé d'air*, enflammez le gaz qui se dégage. Placez, au-dessus de la flamme, un verre propre, sec et froid (fig. 35), il se couvrira immédiatement d'une buée due à la vapeur d'eau condensée. En prolongeant l'expérience, le verre s'échauffe et la buée, se vaporisant à nouveau, disparaît.

Fig. 35. **L'eau résulte de la combinaison de l'hydrogène avec l'oxygène.**

L'eau obtenue par combustion de l'hydrogène est pure comme l'eau distillée de l'expérience **3.**

Exercices. — *Devoir écrit.* Décrire succinctement la préparation de l'hydrogène et montrer que cette expérience prouve qu'en décomposant de l'eau (analyse) on obtient de l'hydrogène. — Expliquer comment, en brûlant de l'hydrogène (synthèse) on obtient de l'eau.

Expérience. Ajuster au tube coudé de l'appareil à hydrogène un tube en caoutchouc assez long terminé par un tube droit en verre, ou une pipe ; préparer de l'eau de savon épaisse ; faire fonctionner l'appareil et gonfler des bulles de savon avec l'hydrogène qui se dégage ; enflammer quelques bulles lorsqu'elles s'élèvent dans l'air (fig. 34). Déduire, de ces expériences, quelques propriétés et quelques applications de l'hydrogène.

Si l'on dispose du gaz d'éclairage, l'employer pour la même expérience.

Fig. 34. Les bulles de savon gonflées à l'hydrogène s'élèvent dans l'air comme de petits ballons.

24. Eau naturelle. — L'eau telle qu'on la trouve dans la nature n'est pas pure, elle renferme des sels en dissolution.

Quand on évapore de l'eau salée, l'eau seule, c'est-à-dire l'eau pure, se transforme en vapeur, le sel reste. L'évaporation continuelle qui se fait à la surface des mers donne donc de la vapeur d'eau pure, sauf cependant quelques poussières et quelques gaz tels que l'acide carbonique, qu'elle a pu entraîner ou dissoudre dans l'atmosphère. Mais l'eau de pluie, avant d'arriver aux sources, traverse le sol qui renferme toujours des substances un peu solubles dans l'eau, d'où il résulte que les eaux de sources contiennent de ces substances en dissolution ; la proportion atteint rarement 1 gramme par litre.

Les **eaux potables**, c'est-à-dire bonnes à boire, n'en renferment pas plus de 2 ou 3 décigrammes.

On peut se rendre compte de la présence de ces matières en chauffant de l'eau ordinaire dans une casserole bien propre ; lorsque toute l'eau sera vaporisée, il restera dans le vase un mince dépôt semblable à de la craie, formé de sels de chaux ; ceux-ci peuvent être précipités, dans l'eau ordinaire, d'une manière fort simple.

Expérience 14. — Dans un vase plein d'eau de fontaine, on ajoute une dissolution de carbonate de soude, 1 gramme de carbonate suffit pour un litre d'eau, et on agite ; peu à peu le liquide devient louche, laiteux, puis il se clarifie au bout de quelques heures en laissant un dépôt blanc de craie. L'acide carbonique du réactif s'est combiné à la chaux des sels en dissolution dans l'eau, et a formé de la craie insoluble qui s'est lentement précipitée.

Quand on veut se procurer de l'eau pure, on distille de l'eau ordinaire ; l'opération s'exécute comme il a été indiqué (exp. 3).

L'eau distillée est très fade et n'est pas bonne à boire ; il lui manque les sels qui donnent de la saveur à l'eau de source et en outre de l'air en dissolution.

Si l'on met pendant quelques heures au soleil une carafe remplie de bonne eau de fontaine, on voit apparaître contre le verre une infinité de petites bulles gazeuses, c'est l'air que l'eau tenait en dissolution. Les gaz sont d'autant moins solubles que la température est plus élevée ; l'eau légèrement échauffée par les rayons solaires abandonne la plus grande partie des gaz qu'elle tient dissous.

En chauffant de l'eau dans un ballon, ces bulles se dégagent rapidement. Il suffit de remplir complètement d'eau un ballon, de le fermer d'un bouchon traversé d'un tube abducteur qui ne le dépasse pas intérieurement, et de chauffer jusqu'à l'ébullition pour pouvoir recueillir et mesurer les gaz qui sont dissous dans l'eau. Un litre d'eau fournit ainsi de 20 à 30 centimètres cubes d'un gaz analogue à l'air, mais plus riche que lui en oxygène.

25. Résidus de préparation de l'hydrogène. — Revenons à l'expérience 11 et examinons ce qui s'est produit dans l'appareil à hydrogène.

Le liquide qu'il renferme est acide, surtout lorsque le métal est complètement dissous ; on le neutralise en ajoutant du métal, zinc ou fer, et en faisant bouillir ; la réaction s'achève et la solution se concentre. Le liquide chaud occupant un volume d'environ un décilitre pour 20 grammes de métal dissous, est filtré et ensuite abandonné dans une assiette ou un verre. Des cristaux se forment, on les sépare, un jour ou deux après, par décantation, et on les fait égoutter et sécher en les plaçant dans un entonnoir (fig. 36).

Fig. 36. Dessiccation des cristaux obtenus.

Le liquide restant (*eau-mère*) peut être concentré à nouveau par évaporation, il se formera de nouveaux cristaux. Le sel obtenu est du *sulfate de zinc* (vitriol blanc), ou du *sulfate de fer* (vitriol vert), selon le cas, quand on a employé de l'acide sulfurique. Si l'on a employé l'acide chlorhydrique, la cristallisation se fait difficilement, surtout pour le zinc ; le *chlorure de zinc* a une consistance butyreuse qui lui a fait donner le nom de *beurre de zinc*.

En employant du zinc, de l'eau et de l'acide sulfurique, on a donc obtenu du sulfate de zinc et de l'hydrogène. Le **sulfate de zinc** est un sel formé d'acide sulfurique et d'*oxyde* de zinc. La base de ce sel est faite du zinc employé et de l'oxygène de l'eau décomposée dont l'hydrogène s'est dégagé.

De sorte que le métal se combine d'abord avec l'oxygène de l'eau, **un corps simple ne se combine qu'à un corps simple ;** puis l'oxyde formé s'unit à l'acide employé, **un corps composé ne se combine qu'à un corps composé.** Le corps simple, zinc ou fer, ne s'est donc pas combiné directement à l'acide qui est un corps composé, mais bien à un autre corps simple d'abord, à l'oxygène de l'eau; l'hydrogène de cette dernière n'étant plus combiné, a repris son état ordinaire, qui est l'état gazeux, et il s'est dégagé. Ce n'est que l'eau qui a fourni l'hydrogène, et elle a été décomposée parce qu'à côté d'elle se formait un corps qui avait besoin d'oxygène.

La légende suivante explique la réaction :

Eau =	Hydrogène (s'est dégagé)		
	Oxygène. .	oxyde de zinc.	sulfate de zinc.
Zinc			
Acide sulfurique			

La proportion (qui est *définie* puisqu'il s'agit d'une combinaison chimique) dans laquelle le métal, l'eau et l'acide se combinent est la suivante : 33 grammes de zinc, 9 d'eau et 40 d'acide ; on obtient 81 grammes de sulfate de zinc et 1 d'hydrogène, le tout compté en poids ; il n'y a donc rien de perdu. Pratiquement, on emploie beaucoup plus d'eau, il en faut pour dissoudre le sulfate de zinc qui se forme.

Retenons ceci seulement, 33 grammes de zinc permettent d'obtenir 1 gramme d'hydrogène, soit environ 11 litres. Les cristaux obtenus, si l'on a tout recueilli, pèseront toutefois plus de 81 grammes, on en pourra avoir **144** ; cela tient à ce que de l'eau se *combine* au sulfate de zinc pour former les cristaux. En chauffant un cristal de sulfate de zinc, l'*eau de critallisation* s'évapore, et il reste du sulfate de zinc *anhydre*, c'est-à-dire privé d'eau, et amorphe, sans forme, ou non cristallisé.

Le **sulfate de fer** se comporte de même; seulement si on le chauffe encore après l'évaporation de l'eau, l'acide sulfurique se dégage à son tour. C'est avec le sulfate de fer ou *vitriol vert* obtenu en exposant pendant plusieurs mois à l'air du sulfure de fer naturel, la *pyrite*, qu'on préparait autrefois l'acide sulfurique; et comme le liquide est filant, on lui donnait le nom d'*huile* de vitriol.

Questions pour le Certificat d'études. — I. *Décrivez les expériences que vous avez vu faire au sujet de l'oxygène et dites ce que vous savez de ce gaz.*

II. *De quoi est fait l'air; dites dans quel cas et comment on l'emploie pour utiliser l'oxygène qu'il renferme.*

III. *D'ou vient la pluie, et pourquoi pleut-il ?*

IV. *D'ou vient l'eau des sources ? Est-elle pure ? Que peut-elle renfermer ? Où puisez-vous l'eau que vous buvez ? Est-elle saine ? Y en a-t-il de meilleure dans le voisinage ?*

CHAPITRE III

LES COMBUSTIONS

26. Combustion vive. — Il résulte de plusieurs des expériences précédentes que, pour produire une combustion, deux choses sont nécessaires : *il faut un* COMBUSTIBLE *et un* COMBURANT.

Le comburant par excellence est l'oxygène ; les principaux combustibles renferment du charbon et de l'hydrogène.

L'hydrogène est plus combustible que le charbon, aussi brûle-t-il le premier. Le carbone reste un moment en suspension dans la flamme, il brûle à son tour à mesure que, montant dans la flamme, il trouve l'oxygène nécessaire à sa combustion. Pendant ce temps, il est porté au rouge et c'est lui qui rend la flamme éclairante.

On a remarqué que la flamme de l'hydrogène seul est à peine visible dans l'expérience **11** ; on la rend éclairante en versant dans l'appareil (fig. 32) quelques gouttes d'essence de pétrole, liquide formé d'hydrogène et de carbone : ce dernier porté au rouge dans la flamme la rendra brillante. Il sera facile de mettre en évidence la présence du carbone dans cette flamme ou dans celle d'une bougie, d'une lampe : il suffira d'y introduire un corps froid qui se couvrira immédiatement d'un petit dépôt de charbon très divisé connu sous le nom de *noir de fumée.*

La flamme de l'hydrogène n'est donc pas autre chose qu'un gaz porté à l'incandescence par la chaleur de combustion. Une flamme éclairante est formée de gaz et de charbon incandescents : telle est la flamme d'une lampe, d'une bougie. Quand on allume une bougie, la portion de suif voisine de la mèche fond, puis se volatilise, et c'est la vapeur formée qui prend feu.

Les produits de la combustion des bougies, des lampes, **sont de la vapeur d'eau et de l'acide carbonique.**

Expérience 15. — On introduit une bougie allumée dans une carafe bien sèche (fig. 37), il se forme aussitôt une buée de vapeur d'eau sur les parois froides du verre. Après quelques minutes, on enlève la carafe et, par l'eau de chaux et le tournesol, on caractérise l'acide carbonique.

Fig. 37. La bougie en brûlant produit de la vapeur d'eau.

Lorsque l'oxygène qui se renouvelle autour d'une flamme arrive en quantité insuffisante pour la combustion complète du carbone, la flamme devient *fuligineuse* (fumeuse) ; c'est ce qui se produit si l'on prolonge l'expérience précédente, l'air ne se renouvelle pas assez vite dans la carafe, la flamme s'allonge, et il se dépose un peu de noir de fumée sur le fond de la carafe.

27. Gaz d'éclairage. — Les végétaux renferment du charbon et de l'hydrogène ; quand on chauffe suffisamment un morceau de bois, de l'hydrogène se combine à un peu de charbon et il en résulte un gaz combustible qui se dégage. C'est ce qui se produit quand vous jetez une bûche dans le foyer : le bois se dessèche d'abord, de la buée s'échappe, mais bientôt succède à celle-ci un gaz qui prend feu et fournit la flamme. Ce gaz prend feu parce qu'il y a de l'air, par conséquent de l'oxygène, c'est-à-dire le comburant nécessaire à la combustion. Mais si l'on opère à l'abri de l'air, le gaz combustible pourra être recueilli, et brûlé quand on le voudra.

Expérience 16. — Remplissez aux trois quarts un tube à essai de fragments de bois ou mieux de sciure sèche, fermez d'un bouchon traversé d'un tube effilé, tenez le petit appareil au moyen d'une bande de papier p (fig. 38) et chauffez, au moyen d'une lampe l, voici ce que vous observerez : d'abord il se dégage une buée de vapeur d'eau d'une odeur caractéristique; puis le bois noircit fortement dans le tube; approchez une allumette allumée de l'extrémité effilée, le gaz prend feu. Après l'opération il reste dans le tube du *charbon de bois* et, contre les parois qui ont été le moins chauffées, ainsi que dans

Fig. 38. Le bois, ou mieux le liège, chauffé en vase clos, fournit du gaz d'éclairage.

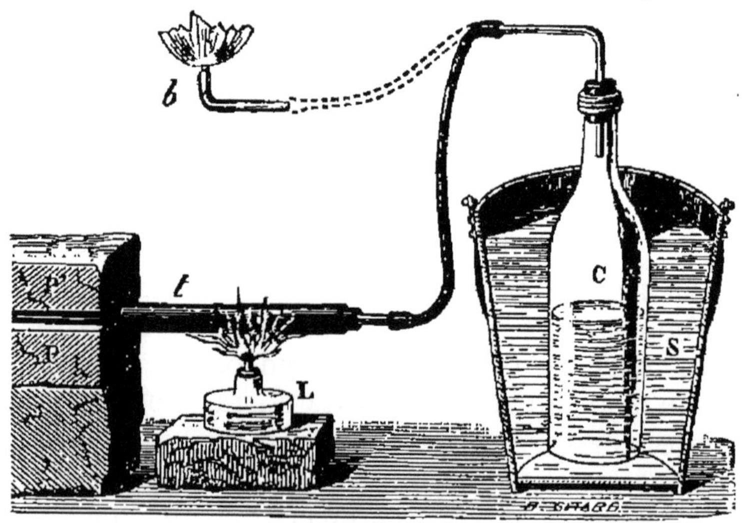

Fig. 39. L'usine à gaz en petit. Pièces principales nécessaires à la disposition : une lampe L, ou un fourneau (v. fig. 1, 2 et 3); un tube en laiton ou en fer tel qu'un canon de pistolet (jouet ou arme), assujetti entre deux briques, ou deux pierres PP'; une cloche (fig. 6) plongeant dans un seau. La cloche sera reliée par un tube de caoutchouc, d'abord au tube t, ensuite au bec b.

le tube effilé, quelques gouttelettes roussâtres de *goudron*. Cette expérience réussit fort bien en remplaçant le bois par des fragments de liège sec, on obtient rapidement du gaz très éclairant.

Exercices : 1° Etablir une disposition représentant les parties principales d'une usine à gaz. On pourra se borner à représenter la cornue (un tube à essai *t* ou un ballon), le gazomètre (la cloche c préparée comme il est dit p. 12), un bec de gaz *b* (fig. 39).

2° Remplir de houille le fourneau d'une pipe en terre; fermer le fourneau par un tampon d'argile ou de plâtre, laisser sécher; placer le fourneau de la pipe dans un foyer ardent : le gaz d'éclairage sortira par le tuyau de la pipe; on pourra le recueillir dans la cloche *c* ou l'enflammer dès sa sortie de la pipe.

3° *Excursion :* S'il y a lieu, visiter une usine à gaz.

28. **Charbon de bois.** — Le bois complètement brûlé dans un foyer ne laisse qu'un faible résidu de *cendres ;* quand on arrête la combustion lorsqu'il n'y a plus ni flamme ni fumée, on obtient de la **braise** facile à rallumer; les boulangers *étouffent* les charbons incandescents, retirés du four, dans de grandes boîtes de tôle appelées *étouffoirs.* Si la combustion du bois est limitée en ne laissant arriver qu'une juste quantité d'air pour brûler les gaz qui se dégagent, le résidu est du **charbon de bois.** La braise et le charbon de bois sont du *carbone* impur, ils renferment les cendres du bois.

Expérience 17. — En recouvrant peu à peu d'un tube fermé à une extrémité, un morceau de bois allumé par un bout, on voit le bois brûler avec flamme à l'extérieur, et laisser un résidu de charbon à l'intérieur du tube (fig. 40.)

Fig. 40. Production du charbon de bois.

Ce tube se remplit de fumées analogues à celles du début de l'expérience précédente. Il s'est formé du gaz d'éclairage; sa combustion, qui produit la flamme, a été limitée par le défaut d'oxygène; le charbon formé a été *étouffé* dans le tube.

Le charbon de bois se prépare en grand, dans les forêts, par un procédé qui repose sur le même principe. Le bois est mis en meules qu'on couvre de mousse et de terre pour limiter l'accès de l'air de façon que le charbon soit étouffé quand les gaz combustibles cessent de se dégager.

29. Combustions lentes. — La branche de bois sec qui se détache de l'arbre, dans la forêt, se consume lentement et finit par ne laisser que des cendres, celle qu'on jette dans le four d'un boulanger brûle rapidement, et laisse aussi des cendres ; dans les deux cas, la quantité de chaleur résultant de la combustion est la même ; seulement, tandis que dans la forêt la combustion dure

Fig. 41. Inflammation du gaz des marais.

plusieurs années, dans le four, elle se fait en quelques minutes ; l'élévation de température est insensible dans le premier cas, elle est considérable au contraire dans le second.

Une combustion sans flamme se nomme **combustion lente** ; *c'est une* **combustion vive**, *s'il y a production de lumière.*

Le bois enfoui dans la terre humide se pourrit peu à peu; il subit une combustion lente mais incomplète, comme celle qui donne naissance au charbon de bois. Le résultat est encore du charbon et quelques gaz combustibles qui se dégagent.

Exercice. — *Questions orales.* En quoi le charbon de bois diffère-t-il du bois comment s'y prennent les charbonniers pour le préparer? — Dire la différence entre une combustion lente et une combustion vive, citer des exemples. — Expliquer la production de la flamme sur la bûche jetée dans le foyer.

Excursion : Voir, en forêt, la fabrication du charbon de bois.

30. Gaz des marais. — En agitant la vase d'une mare au moyen d'un bâton, on voit s'élever des bulles d'un gaz qu'on peut enflammer à leur arrivée à la surface de l'eau (fig. 41).

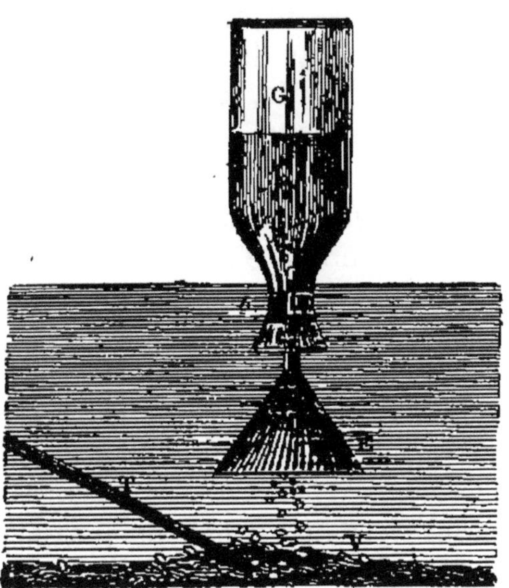

Fig. **42.** Moyen de recueillir du gaz des marais.

Le gaz des marais provient de la décomposition ou combustion incomplète que subissent les matières organiques entraînées au fond de l'eau et contenues dans la vase.

Ce gaz est analogue au terrible *grisou* des mines de houille.

Exercice. — *Expérience.* Recueillir un ou plusieurs flacons de gaz des marais. On fixera un entonnoir, au moyen d'un fragment de bouchon, dans le col d'une carafe, on plongera la carafe dans l'eau de manière à la remplir de liquide et on la retournera comme l'indique la figure 42. En agitant la vase au-dessous de l'entonnoir, les bulles de gaz monteront dans la carafe. Celle-ci pleine de gaz sera hermétiquement bouchée et ensuite rapportée en classe où on l'enflammera, comme pour l'expérience représentée par la figure 33.

31. Charbons divers. — Quand les débris végétaux s'accumulent en grande quantité dans les endroits marécageux, leur décomposition laisse un résidu combustible, un charbon très impur appelé **tourbe.**

La **houille** est un charbon naturel produit par la combustion lente de végétaux enfouis dans le sol depuis des milliers de siècles. Ces végétaux qui ressemblaient les uns à de colossales fougères, les autres à nos sapins actuels, ont disparu de la surface de la terre. A l'époque où ils vivaient, personne ne les exploitait, car l'homme n'avait pas encore paru; ils tombaient de vétusté dans les sols humides où ils étaient nés ; enfouis dans la vase, ils se trouvaient à l'abri de l'oxygène de l'air. Les débris d'un grand nombre de générations de ces gigantesques végétaux se sont ainsi accumulés de siècle en siècle. Puis sont venus des bouleversements du sol qui les ont enfouis plus profondément ; ces dépôts, dont quelques-uns atteignent 20 mètres d'épaisseur, constituent les *houillères.*

En calcinant de la houille en vase clos, on obtient du **coke**, et il se dégage, comme nous le savons, du gaz d'éclairage.

En traitant de même des *os*, la matière grasse et les tissus charnus sont détruits, mais une partie de leur charbon n'est pas brûlée; la masse qui reste pour résidu est du **noir animal.** Les gaz qui se dégagent ont une odeur infecte.

Si les os étaient calcinés à l'air, toute la matière organique brûlerait et le résidu serait blanc. Les os blancs, ainsi que le noir animal qui a servi aux raffineries, sont employés comme engrais à cause du phosphate de chaux qu'ils renferment ; nous y reviendrons.

Le caractère commun à tous les charbons est le suivant : *leur combustion complète donne de l'acide carbonique.*

Quand l'oxygène de l'air n'arrive pas en suffisante quantité sur le charbon qui brûle, il se forme de l'acide carbonique et de *l'oxyde de carbone;* ce dernier est aussi un gaz, il renferme moins d'oxygène que l'acide carbonique, il peut donc encore en prendre, c'est-à-dire brûler. C'est un gaz très dangereux à respirer, il est non seulement asphyxiant mais délétère, c'est-à-dire qu'il empoisonne; l'acide carbonique est seulement asphyxiant.

EXERCICES. *Questions orales.* — A quoi reconnaît-on le charbon ou une matière qui en renferme ? — Quels gaz peut produire la combustion du charbon ou des matières organiques ? — Indiquer les différences entre les deux composés oxygénés du carbone.

32. Propriétés de l'acide carbonique. — L'acide carbonique se produit non seulement dans les combustions vives, mais aussi dans les combustions lentes. Chacun de nous, chaque animal, est le siège d'une combustion lente qui entretient la chaleur intérieure : le comburant est l'oxygène de l'air que nous respirons, le combustible est dans le sang, il est fourni par ce que nous mangeons. Les produits de cette combustion intérieure sont encore de l'eau et de l'acide carbonique. L'air expiré contient environ 4 pour cent d'acide carbonique; un homme en fournit de 15 à 20 litres à l'heure.

Expérience 18. — En soufflant sur une vitre froide, une buée apparaît : c'est de la vapeur d'eau. En soufflant, au moyen d'un tube, ou d'une paille, dans de l'eau de chaux, il se forme du carbonate de chaux, ce qui caractérise l'acide carbonique.

L'acide carbonique est soluble dans l'eau.

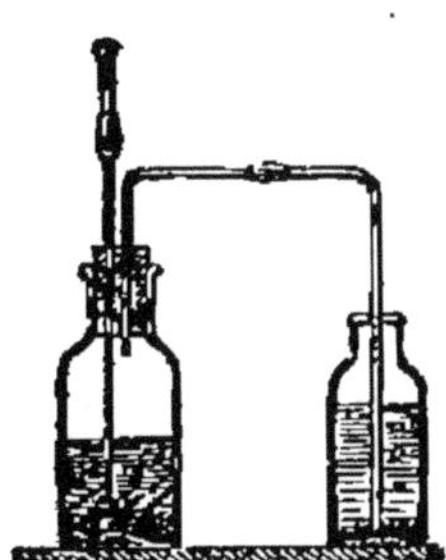

Fig. 43. Eau gazeuse.

Expérience 18 (suite). — Préparez l'appareil qui nous a servi dans l'expérience 11 *bis*. Disposez-le de manière à faire dégager le gaz carbonique dans l'eau d'un flacon (fig. 43). Cette eau acquerra une saveur agréable légèrement piquante.

Si, au moyen d'une pompe, on comprimait l'acide carbonique dans l'eau, il s'en dissoudrait beaucoup et on obtiendrait de l'*eau de seltz*.

L'eau chargée d'acide carbonique dissout un peu de craie.

Expérience 18 (suite). — L'eau gazeuse de l'expérience précédente se trouble par une addition d'eau de chaux, il se forme du carbonate de chaux (craie) insoluble.

Faisons à nouveau passer l'acide carbonique, le liquide s'éclaircit; la craie qui troublait l'eau s'est dissoute. Ainsi, un peu d'acide carbonique trouble l'eau de chaux, une plus grande quantité d'acide carbonique redissout la craie formée. Un litre d'eau chargée d'acide carbonique peut dissoudre environ un gramme de carbonate de chaux.

Cette expérience nous indique l'**origine de la craie des eaux de sources :** l'eau de pluie dissout d'abord de l'acide carbonique dans l'atmosphère, puis une minime quantité de carbonate de chaux dans les sols qu'elle traverse avant de sourdre à la surface de la terre.

En faisant bouillir de l'eau contenant de la craie dissoute à la faveur de l'acide carbonique, celui-ci se dégage, la craie reprend l'état solide et se précipite, nous l'avons vu déjà, à propos des eaux potables (page 56). Les ustensiles de cuisine dans lesquels on fait ordinairement bouillir de l'eau s'incrustent d'une croûte calcaire si l'eau employée est elle-même calcaire. Les chaudières des machines à vapeur sont dans le même cas, ce qui peut causer des accidents.

L'acide carbonique a une autre propriété beaucoup plus importante que les précédentes : SOUS L'ACTION DE LA LUMIÈRE, LA MATIÈRE VERTE DES FEUILLES LUI PREND SON CHARBON, L'OXYGÈNE EST REJETÉ DANS L'AIR. Nous vérifierons ce fait en été.

EXERCICE. *Devoir écrit.* — Résumer les principales propriétés du gaz acide carbonique.

Expérience. — Se procurer une carafe ternie par le dépôt calcaire que l'eau y a laissé ; on le fait disparaître instantanément en y versant du vinaigre fort ou quelques gouttes d'acide chlorhydrique étendu.

33. Résidus de préparation de l'acide carbonique. — La réaction qui s'est produite dans l'appareil à acide carbonique est utile à connaître ; son étude facilitera l'intelligence de ce qui sera dit dans la suite.

Nous avons mis, dans l'appareil, de la craie, ou du marbre, ou simplement des pierres calcaires, et nous y avons versé de l'acide chlorhydrique étendu d'eau : l'acide carbonique du carbonate de chaux a été chassé par l'acide plus énergique que lui que nous avons ajouté ; quant à la chaux, elle s'est combinée à l'acide énergique et a donné un sel nouveau qui est resté en dissolution dans l'appareil.

L'acide azotique, l'acide sulfurique, peuvent remplacer l'acide chlorhydrique dans cette préparation. Avec l'acide sulfurique le résidu est fort trouble, le sel produit (*sulfate de chaux* ou *plâtre*) étant peu soluble dans l'eau.

Les légendes suivantes indiquent les réactions.

Avec l'acide azotique :

CRAIE = { acide carbonique (qui se dégage).
{ chaux. }
ACIDE AZOTIQUE..... } azotate de chaux (soluble).

Avec l'acide chlorhydrique :

CRAIE = { acide carbonique (qui se dégage).
chaux = { calcium......... (métal) / oxygène... } eau
ACIDE CHLORHYDRIQUE = { hydrogène. } eau / chlore.......... (métalloïde)
calcium + chlore → chlorure de calcium (soluble) (corps binaire)

Si, à la solution d'azotate de chaux ou de chlorure de calcium, on ajoute de l'acide sulfurique, il se précipite du sulfate de chaux (plâtre) ; les acides chlorhydrique et azotique sont chassés par l'acide sulfurique qui est plus énergique qu'eux.

Voici la réaction pour l'azotate :

AZOTATE DE CHAUX = { acide azotique (reste dans le liquide). / chaux
chaux + ACIDE SULFURIQUE.......... } sulfate de chaux (plâtre) insoluble, se précipite.

Avec le chlorure de calcium, l'eau intervient dans la réaction :

CHLORURE de calcium = { calcium .... / chlore..... } acide chlorhydrique (reste dissous)
EAU......... = { hydrogène . } acide chlorhydrique / oxygène ....
calcium + oxygène } chaux
chaux + ACIDE SULFURIQUE .... } sulfate de chaux.

EXERCICE. — *Expérience et devoir écrit.* Filtrer le liquide resté dans l'appareil à acide carbonique, ajouter au liquide clair une dissolution de carbonate de soude. Filtrer à nouveau. Indiquer ce qu'on a obtenu et exprimer la réaction par une légende analogue aux précédentes.

Questions pour le Certificat d'études. — I. *Que faut-il pour produire du feu et de la flamme ? Expliquer ce qui se passe quand on brûle une bûche ? Que voit-on ? Dire pourquoi la bûche brûle moins bien que les copeaux fabriqués avec une bûche semblable.*

II. *Racontez comment vous faites, à l'école ou à la maison, pour allumer du feu, et expliquez pourquoi.*

III. *Les charbons naturels et les charbons artificiels : où trouve-t-on les uns et comment obtient-on les autres ?*

IV. *Comment se produit l'acide carbonique, à quoi le reconnaît-on ? Indiquez les expériences vues à ce sujet. Rôle de l'acide carbonique dans la nature.*

Selon les expériences ou les visites faites, on pourra également donner un devoir écrit sur les combustions lentes, le gaz d'éclairage, etc. Ce qui importe, c'est de faire décrire aux enfants des *choses vues.* (V. la *Rédaction au Certificat d'études primaires.* — Librairie Hachette.)

CHAPITRE IV

SUBSTANCES MINÉRALES

SERVANT A LA NOURRITURE DES PLANTES

Les notions simples de chimie exposées dans les trois chapitres précédents suffiront, si elles ont été comprises, à rendre fructueuse et facile l'étude des connaissances fondamentales que doivent posséder aujourd'hui tous ceux qui veulent faire de la culture avec profit. Avant tout, le futur agriculteur doit connaître les substances qui servent à la nourriture des plantes qu'il veut cultiver. Ces substances sont nécessairement celles qui constituent le végétal lui-même, celles qu'il puise, pour s'accroître, dans l'atmosphère par ses feuilles et dans le sol par ses racines, elles sont les mêmes pour tous les végétaux, il n'existe de différences que dans leurs proportions.

Si nous déterminons la nature des éléments qui composent une plante, nous saurons, par suite, de quoi doivent être formés les engrais convenables pour l'alimentation des végétaux, car ceux-ci ne peuvent vivre et se développer que dans un milieu capable de leur fournir les éléments dont ils sont composés.

La nécessité d'étudier ces éléments est donc de toute évidence.

34. Composition de la cendre des végétaux. — Les organes des plantes sont formés (V. p. 28) de substances qu'on peut diviser en deux catégories bien distinctes : les **matières organiques** formées des trois éléments *carbone*, *hydrogène*, *oxygène*, auxquels s'ajoute souvent l'*azote*; et les **matières minérales** constituant les cendres.

Les matières organiques disparaissent par la combustion; la plus grande partie des matières minérales reste sous forme de cendres.

Les produits de la combustion des matières organiques sont ceux des combustions ordinaires, c'est-à-dire qu'ils sont formés d'acide carbonique et de vapeur d'eau; il se dégage, en outre, des vapeurs qui renferment de l'azote et qui se condensent en partie dans la suie des cheminées. Nous les étudierons un peu plus loin; occupons-nous d'abord des cendres.

Leur proportion varie suivant les diverses plantes et même suivant les différentes parties d'un même végétal. Tandis qu'un kilogramme de bois de chêne laisse de 20 à 40 grammes de cendres, ses feuilles et son écorce en fournissent le double; la paille de blé, les sarments de vigne en donnent de 40 à 60 grammes les fanes de pommes de terre 150 grammes.

La quantité de cendres varie donc de 2 à 15 pour cent du poids de la matière végétale *préalablement desséchée*.

Une partie des cendres est soluble dans l'eau.

Expérience 19. — On choisit des cendres de bois bien blanches, c'est-à-dire ne renfermant pas ou presque pas de débris de braise ayant échappé à la combustion. On en remplit à demi une marmite de fonte, on ajoute de l'eau pour que le vase soit aux deux tiers plein et on fait bouillir pendant quelques minutes (fig. 44). On retire du feu, les cendres se déposent peu à peu et le liquide peut être décanté; un filtrage au moyen d'un filtre en papier buvard placé dans un entonnoir (V. fig. 10) permettra de l'obtenir clair (fig. 45).

Fig. 44. Préparation de la lessive de cendres.

On fait bouillir cette lessive dans la marmite bien nettoyée. Le liquide diminue de volume à mesure que l'ébullition se prolonge, et finit par disparaître; il ne reste plus qu'une matière visqueuse d'un gris sale. Il faut alors activer le feu et remuer la matière au moyen d'une tige de fer; on obtient bientôt une poudre blanche qui est presque entièrement formée de *carbonate de potasse.*

Fig. 45. **La lessive de cendres est filtrée ; le liquide obtenu bleuit le tournesol et fait effervescence par les acides.**

En effet, si l'on verse quelques gouttes d'un acide sur une petite quantité de la substance obtenue, il se produit une effervescence due au dégagement d'acide carbonique : donc la *matière est un carbonate.* Ce carbonate est *soluble dans l'eau;* il est *alcalin,* puisqu'il bleuit le tournesol rougi préalablement par une *trace* d'acide. Or trois carbonates seulement jouissent de cette double propriété, la solubilité et l'alcalinité : ce sont ceux de potasse, de soude et d'ammoniaque. La matière que nous voulons reconnaître ne peut être du carbonate d'ammoniaque, car celui-ci se décompose par la chaleur en dégageant une forte odeur ammoniacale, et nous n'avons rien remarqué de semblable; ce ne peut donc être que du *carbonate de potasse* ou du *carbonate de soude.*

Les réactifs qui permettent de distinguer l'un de l'autre nous font défaut, mais nous pouvons tourner la difficulté. Dans un godet à dessin, nous plaçons quelques pincées du carbonate alcalin à reconnaître, dans un autre godet un peu de carbonate de soude qu'on trouve chez tous les épiciers, et nous abandonnons à l'air pour jusqu'à la leçon prochaine. Voici ce que nous observerons alors : le carbonate de soude sera effleuri, c'est-à-dire transformé en poudre blanche, sèche au toucher et il aura diminué de poids ; la matière tirée des cendres sera devenue, au contraire, pâteuse, elle aura absorbé l'humidité de l'air, son poids aura augmenté. La différence vient de ce que le carbonate de potasse (on l'appelle simplement *potasse* dans le commerce) est *déliquescent*, tandis que le carbonate de soude (la *carbonade* ou *cristaux* des épiciers) est *efflorescent*.

La conclusion de notre expérience est la suivante : *Les cendres des végétaux renferment une matière soluble dans l'eau et composée en grande partie de carbonate de potasse.*

Donc **les végétaux renferment de la potasse.** — Ils renferment aussi un peu de soude. Dans les végétaux marins, il y a plus de soude que de potasse.

Il ne faudrait pas dire que les végétaux renferment du *carbonate de potasse*. Si l'on verse un acide sur des débris végétaux, sur des sciures, par exemple, il ne se produit pas d'effervescence : il n'y a donc pas de carbonate tout formé dans le végétal ; l'acide carbonique du carbonate de potasse des cendres s'est produit quand on a brûlé le végétal, et il s'est combiné à la potasse pour former du *carbonate de potasse indécomposable par la chaleur*. Le carbonate de soude est aussi indécomposable par le feu : tous les autres carbonates se décomposent au rouge; exemple : la craie, qui donne pour résidu de la chaux.

35. **Potasse caustique.** — Pour avoir la potasse seulement du carbonate de potasse, il faut enlever à ce dernier son acide carbonique; l'opération est des plus simples.

Expérience 19 (suite). — A une lessive de cendres préparée comme la précédente, on ajoute un lait de chaux. Celui-ci se prépare en délayant, dans un peu d'eau, un poids de chaux vive ou éteinte, égal au dixième environ de celui des cendres lessivées.

Le mélange de lessive et de lait de chaux est chauffé dans la marmite jusqu'à ce qu'un peu du liquide *clair* ne fasse plus effervescence par les acides ; c'est une preuve que la chaux lui a pris tout son acide carbonique pour former du carbonate de chaux ou craie qui se rassemblera au fond de la marmite, si l'on abandonne le mélange au repos. Le liquide clair surnageant sera une dissolution de potasse *caustique* (qui brûle, qui ronge); on ne peut le filtrer, il détruirait le filtre. Abandonné dans un vase mal fermé, il *perd* sa causticité en *reprenant* de l'acide carbonique à l'atmosphère qui en renferme toujours; en d'autres termes, il redevient du carbonate de potasse.

Le carbonate de soude se caustifie comme celui de potasse. Si l'on dissout 25 grammes de *cristaux* de carbonate de soude dans un demi-litre d'eau, qu'on y ajoute un lait de chaux contenant environ 15 grammes de chaux éteinte et qu'on traite le mélange comme précédemment, on obtiendra une lessive de *soude caustique.*

C'est au moyen de lessives caustiques et de corps gras, huiles ou suif, qu'on prépare les savons : avec la potasse on obtient le savon mou; avec la soude, le savon dur.

36. **Matières insolubles des cendres.** — Un lavage complet des cendres leur enlève la totalité de la potasse, ce qui reste est formé surtout d'une autre base, la *chaux*, et de deux acides, l'*acide silicique* ou *silice* et l'*acide phosphorique.* Les expériences suivantes vont nous le prouver.

Expérience 20. — Placez des cendres lavées dans un verre où vous verserez ensuite peu à peu de l'acide chlorhydrique étendu d'eau : une effervescence se produit, elle est due à un dégagement d'acide carbonique; quand elle cesse, c'est que l'acide ajouté est en quantité suffisante.

Le mélange est alors agité, puis versé sur un nouveau filtre; celui-ci arrête la partie insoluble dans l'acide : *c'est de la silice* ou sable, facile à reconnaître à l'aspect et au toucher.

Le liquide filtré renferme la chaux combinée à l'acide versé. On le prouve en y ajoutant une dissolution de carbonate de soude, comme on l'a fait pour le liquide résultant de la préparation de l'acide carbonique.

En effet, pour séparer l'*acide* versé sur les cendres et combiné à la *chaux* dans le liquide filtré, il faut une *base*, la *soude* par exemple; si, au lieu de soude, nous employons du *carbonate de soude*, du même coup nous fournirons la base nécessaire et nous rendrons l'*acide carbonique* à la *chaux* avec laquelle il reformera de la craie ou carbonate de chaux insoluble.

C'est ce que l'expérience démontre : on obtient un précipité blanc facile à séparer par le filtre.

Un peu de ce précipité, mis au fond d'un verre, fait effervescence par les acides : c'est de la craie.

Donc **les végétaux renferment de la chaux.**

En résumé, des cendres des végétaux nous avons extrait :

1° De la **potasse** soluble dans l'eau (carbonate alcalin);

2° De la **chaux**, sous forme de craie, insoluble dans l'eau, soluble dans les acides (carbonate de chaux);

3° De la **silice** ou sable, insoluble dans l'eau et dans les acides (acide silicique).

37. **L'acide phosphorique** — Des opérations plus minutieuses et plus délicates feraient trouver d'autres substances, en particulier de l'*acide phosphorique*.

Dans les cendres de certaines graines, du blé (ou du pain) par exemple, l'acide phosphorique est en proportion assez notable pour qu'on puisse facilement en déceler la présence. Mais il y en a davantage dans les os des animaux ou dans les phosphates qui servent d'engrais ; nous expérimenterons sur les cendres de pain et sur celles d'os, la comparaison sera intéressante.

Expérience 21. — Calciner des os dans un feu vif, les pulvériser ensuite en les écrasant avec un marteau sur un pavé. Mettre la poudre blanche obtenue dans un verre et y verser de l'acide chlorhydrique : il se produit une effervescence due à l'acide carbonique qui se dégage, car la cendre d'os renferme du carbonate de chaux. Quand l'effervescence a cessé, on ajoute de l'eau, on agite et on filtre.

Le liquide ainsi obtenu, et qui contient du phosphate de chaux dissous, est mis à part.

2° Couper du pain en tranches minces, placer celles-ci au centre d'un foyer très ardent (poêle à coke, par exemple). Éviter de remuer le feu. Quand les cendres de pain, qui gardent la forme de la tranche incinérée, ont été portées au rouge pendant un quart d'heure, on retire les fragments avec des pincettes et on les pulvérise après refroidissement. La cendre obtenue, d'un gris d'autant moins foncé que l'opération a été mieux faite, est traitée comme la cendre d'os.

Les deux liquides obtenus, l'un provenant des os, l'autre du pain, sont traités séparément : on ajoute à chacun une dissolution de potasse ou de soude caustique (35) et on obtient, dans les deux cas, un précipité blanc gélatineux de *phosphate de chaux*. Ce précipité ne peut être confondu avec la craie; il ne fait pas effervescence par les acides.

Nous résumerons ce qui précède en disant que *les végétaux renferment de la* **potasse,** *de la* **chaux,** *de la* **silice** *et de* **l'acide phosphorique.**

EXERCICES. — On se procurera quelques tubes à essai, ou quelques fioles à pilules ou petits flacons en verre blanc, et on y recueillera, en quantités proportionnelles à celles qu'on a obtenues, pour une même quantité de cendres, les produits (ou *témoins*) des expériences précédentes après les avoir bien desséchés.

Le premier flacon ou tube renfermera des cendres brutes, le second une quantité de cendres égale à la première, mais ayant été lavées ensuite. Le troisième renfermera la potasse qui manque aux cendres du deuxième.

Le quatrième contiendra le résidu siliceux et le cinquième la craie régénérée.

Enfin, dans un sixème et un septième flacon, on mettra de la cendre d'os et de pain et, dans un huitième, le phosphate obtenu par précipitation.

Ces huit tubes ou flacons seront fixés sur un carton portant une légende : le tableau ainsi préparé formera le meilleur résumé des expériences qui précèdent, et l'une des plus intéressantes pièces du musée scolaire.

Questions. Les élèves devront y répondre en indiquant d'abord la nature (sel, acide ou oxyde) des corps dont il s'agit : pour le sel on désignera son acide et sa base, pour l'acide et la base on dira de quels corps simples ils sont formés.

Parmi les substances composant la cendre des végétaux, indiquer celles qui sont solubles : 1° dans l'eau, 2° dans les acides; et celles qui sont insolubles.

Dire la différence entre la potasse du commerce et la potasse caustique; idem pour la soude. A quoi servent ces substances? Comment les prépare-t-on? écrire les légendes expliquant les réactions.

38. **Matières azotées.** — Les expériences sur les combustions nous ont montré que tous les végétaux renferment du charbon (*carbone*) et les éléments de l'eau (*hydrogène* et *oxygène*). A ces trois corps simples, il convient d'en ajouter un quatrième, l'*azote*, qui se rencontre dans tout organisme vivant.

On trouve bien dans les organes des végétaux à l'état solide ou liquide, et on en sépare facilement des substances telles que l'amidon, le sucre, les huiles, etc., dont la composition est seulement ternaire; mais il n'est aucun végétal, aucun organe de végétal qui ne soit azoté.

L'azote, contrairement à ce que semble indiquer son nom, est indispensable à toute manifestation de la vie, soit végétale, soit animale; son rôle dans la nature, son importance au point de vue agricole en font un élément de premier ordre. Ainsi que nous le verrons plus tard, tandis que les végétaux trouvent en grande abondance, dans l'air et l'eau, les éléments des matières hydrocarbonées (formées d'eau et de charbon) qui les constituent, ils ne puisent guère l'azote que dans des sels que la terre arable renferme toujours, mais rarement en quantité suffisante et que l'agriculteur doit leur fournir sous forme d'engrais. L'étude de l'azote présente donc un intérêt tout particulier; nous connaissons déjà quelques propriétés de ce gaz (18); mais ce qu'il nous faut surtout connaître, ce sont les principales substances qui le renferment et qui sont employées comme engrais.

Les expériences qui permettent, soit par synthèse, soit par analyse, de mettre en évidence la présence de l'azote dans les végétaux ou dans les engrais, sont délicates; elles ne peuvent guère se réaliser à l'école primaire. Qu'il nous suffise de savoir que l'*azote est indispensable aux végétaux*, puisque tous en renferment. Nous apprendrons ensuite à reconnaître les engrais qui en sont formés.

La proportion d'azote contenu dans les végétaux est généralement faible; elle varie notablement suivant les espèces végétales et les organes d'un même végétal; tandis qu'elle ne dépasse guère 2/10 000 dans les sarments de vigne, par exemple; elle atteint 2/100 dans la graine du blé et jusqu'à 5/100 dans celle de quelques légumineuses.

39. **L'ammoniaque.** — *Toute substance organique azotée est susceptible d'entrer en putréfaction.* Quand elle pourrit, elle laisse dégager des gaz de mauvaise odeur qui renferment toujours un composé d'azote et d'hydrogène appelé **ammoniaque.**

Une matière organique, nous le savons, renferme toujours les éléments de l'eau (*hydrogène* et *oxygène*) et du charbon (*carbone*); si elle se putréfie, c'est qu'elle renferme, en outre, de l'*azote*. Par la putréfaction, qui est une combustion lente (29), cet azote s'unit à de l'hydrogène et forme de l'*ammoniaque*, c'est un corps composé qui se comporte comme un *oxyde*, comme la potasse, la soude ou la chaux, et peut devenir la *base* d'un *sel*. Grâce à l'acide provenant de la combinaison d'une partie du carbone avec de l'oxygène de la matière organique qui se consume lentement, il se forme un *sel* dont l'*acide* est l'acide carbonique et la *base* l'ammoniaque : c'est du **carbonate d'ammoniaque**.

Le carbonate d'ammoniaque se produit en quantité notable dans la putréfaction de l'urine; l'*urée* contenue dans l'urine fraîche se transforme, par la putréfaction, en acide carbonique et en ammoniaque qui se combinent l'un avec l'autre.

Le *purin* du fumier est l'urine putréfiée des animaux de l'étable, il contient donc du carbonate d'ammoniaque, et c'est même à ce sel qu'il doit surtout ses propriétés fertilisantes.

Quand on brûle des végétaux, il se forme aussi du carbonate d'ammoniaque. Ce sel volatilisé par la chaleur est entraîné dans la fumée ; en se refroidissant, il reprend l'état solide; aussi se dépose-t-il en grande partie avec la suie dans la cheminée. Il est soluble dans l'eau ; par conséquent, la suie traitée par l'eau abandonnera son carbonate d'ammoniaque, de même que les cendres (exp. 19) ont abandonné leur potasse.

Pour reconnaître la présence d'un sel ammoniacal dans une substance, on fait dégager l'ammoniaque. Voici quelques expériences à exécuter à ce sujet.

40. **Propriétés de l'ammoniaque.** — Si l'on ajoute de la chaux à un sel ammoniacal, cette base plus fixe que l'ammoniaque s'emparera de l'acide du sel,

et l'ammoniaque devenue libre se dégagera, surtout si l'on chauffe.

Expérience 22. — Pulvérisez du chlorhydrate d'ammoniaque (*sel ammoniac* des rétameurs), il n'a pas d'odeur : ajoutez de la chaux en poudre, également inodore, et mêlez le tout dans une soucoupe, un godet ou un verre : il se dégagera une vive odeur d'ammoniaque, suffocante, provoquant les larmes et que l'on reconnaîtra toujours quand on l'aura perçue une fois. Le dégagement de *gaz ammoniac* est surtout abondant si l'on arrose le mélange d'un peu d'eau bouillante.

Si vous approchez une baguette trempée dans l'acide chlorhydrique, vous verrez apparaître d'épaisses fumées blanches dues au chlorhydrate d'ammoniaque qui se reforme; c'est un moyen de reconnaître l'ammoniaque, même lorsqu'elle se dégage en très petite quantité.

Le papier rouge de tournesol vire au bleu quand on le met en contact avec les vapeurs ammonicales, ce qui prouve que l'ammoniaque agit comme les bases alcalines telles que la potasse, la soude, la chaux.

Expérience 22 *bis*. — Pour recueillir l'ammoniaque, il faut se servir de l'appareil dont la construction a été décrite (fig. 9), ou d'un autre analogue. Le ballon B (fig. 46) est rempli au tiers environ d'une dissolution à 20 0/0 d'un sel ammoniac ou d'une lessive concentrée de suie, et on ajoute un lait de chaux de manière à remplir le ballon à moitié. Au fond de la marmite de fonte, on répand du sable sur une épaisseur d'un ou deux millimètres; le ballon est placé sur cette couche et on achève de remplir la marmite avec du sable. On pourrait chauffer à feu nu, sans bain de sable, mais l'opération est moins régulière.

Les tubes étant ajustés comme l'indique la figure et le dernier flacon étant rempli d'eau au dixième à peine, on chauffe la marmite avec une bonne lampe à alcool ou un bec de gaz. A défaut de ces sources de chaleur, un fourneau à charbon (fig. 1) remplace le trépied et la lampe.

Tout d'abord l'air du ballon B se dilate et des bulles s'échappent dans l'eau du second flacon; peu à peu l'air du ballon est chassé par le gaz ammoniac qui se dégage, alors on ne voit plus de bulles se dégager dans l'eau du second flacon; il semble que l'opération est arrêtée : c'est que le gaz se dissout à mesure qu'il arrive dans l'eau du flacon *f*.

Sur la dissolution d'ammoniaque obtenue en *f*, on constatera, comme il est dit ci-dessus, l'action du tournesol et de la baguette

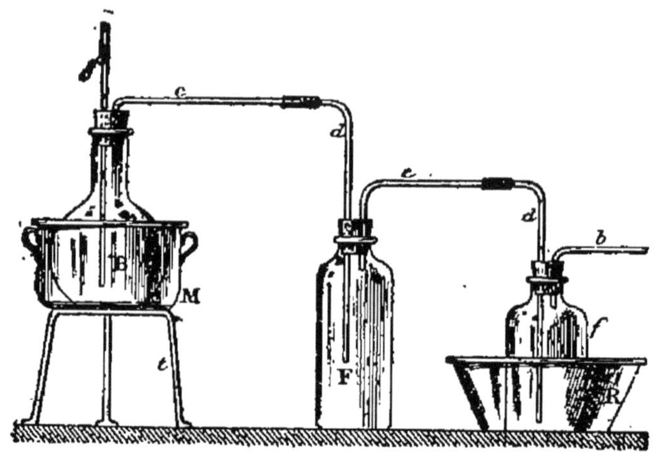

Fig. 46. **Préparation du gaz ammoniac et de l'alcali volatil.** La marmite M renferme du sable ; la terrine R, de l'eau froide qu'on renouvelle de temps en temps. Le premier flacon F se remplit de *gaz ammoniac* dont l'excès vient se dissoudre dans l'eau du second flacon *f* et donne de l'ammoniaque ordinaire ou *alcali volatil.*

imprégnée d'acide chlorhydrique ou de fort vinaigre; on appréciera l'odeur. Avec le flacon F, on se rendra compte, d'une façon curieuse, de l'avidité du gaz ammoniac pour l'eau.

A cet effet, on détachera le tube *c* du flacon *B* en y laissant le caoutchouc qu'on fermera d'un bout d'agitateur ou qu'on liera fortement d'un nœud de ficelle; on retournera ensuite le flacon comme l'indique la figure et, au bout d'un moment, l'eau de la terrine qui monte d'abord doucement dans le tube plongeant se précipite ensuite avec force dans le flacon et le remplit souvent complètement.

Fig. 47. L'eau teintée de tournesol rouge se précipite avec force dans un flacon rempli de gaz ammoniac où elle devient bleue instantanément.

Un litre d'eau peut absorber 1,200 litres de gaz ammoniac, le volume final dépasse alors deux litres et ne pèse pas deux kilogrammes, aussi, à volume égal, l'ammoniaque pèse-t-elle moins que l'eau : elle est moins dense.

On se sert de l'ammoniaque pour cautériser les morsures de vipères et les piqûres d'insectes venimeux. Un litre d'eau additionnée de deux cuillerées d'ammoniaque ordinaire du commerce guérit une vache météo-

risée, c'est-à-dire affectée d'un gonflement du ventre survenant à la suite de rations trop copieuses de luzerne fraîche ou de trèfle. Ce gonflement est produit par le dégagement de gaz carbonique et autres que l'ammoniaque peut absorber en s'y combinant.

Exercices. — *Devoir écrit et expériences.* Présenter sous forme d'une légende analogue à celles de la page 68 : 1° les transformations, en carbonate d'ammoniaque, de l'azote des matières organiques; 2° les réactions produites dans l'expérience 22.

Se procurer une petite casserole hors d'usage, en fer battu, ou une petite marmite de fonte; choisir une bouteille d'un diamètre à peu près égal et pouvant entrer dans la casserole, la couper avec une ficelle (fig. 5); choisir de la suie qui fait croûte dans la cheminée, y ajouter un peu de sel de cuisine, bien mélanger et en placer une couche de deux ou trois centimètres d'épaisseur dans la casserole; couvrir de l'entonnoir provenant de la bouteille coupée, placer sur un fourneau à charbon (fig. 1) et chauffer fortement : l'intérieur de l'entonnoir se couvrira d'une couche de sel ammoniac analogue à celui que les Arabes préparaient autrefois. — Décrire cette expérience et représenter la réaction par une légende.

Dans l'expérience précédente, on pourra remplacer la suie par du sel ammoniac, ou du sulfate d'ammoniaque, et le sel marin par de la craie pulvérisée : on obtiendra un beau sel blanc, le carbonate d'ammoniaque, le seul sel minéral qui ait une odeur marquée.

41. Le salpêtre. — Quand des sels ammoniacaux sont répandus, en petite quantité, dans un sol poreux renfermant une base fixe telle que la potasse, la soude ou la chaux, l'ammoniaque est brûlée (combustion lente) par l'oxygène de l'air qui pénètre le sol, grâce à sa porosité, et il se forme de l'eau (hydrogène de l'ammoniaque + oxygène de l'air) et de l'acide azotique (azote + oxygène). L'acide azotique ou nitrique ainsi formé s'unit à la base, à la potasse, par exemple, pour former de l'*azotate de potasse* ou *salpêtre* qu'on appelle aussi *nitrate* de potasse, d'où le nom de **nitrification** donné à ce phénomène.

Les sels ammoniacaux contenus dans le fumier et dans les divers engrais subissent la nitrification quand ils sont répandus dans le sol. Cette transformation est nécessaire, car il paraît démontré que généralement les plantes n'utilisent l'azote des engrais que sous forme de nitrate; les sels ammoniacaux ne seraient assimilés par les plantes qu'après leur nitrification.

Les matières organiques azotées, quelle que soit leur origine, doivent donc subir deux transformations avant que leur azote puisse être assimilé par les végétaux : d'abord elles entrent en putréfaction, ce qui provoque la combinaison de l'azote avec l'hydrogène sous forme d'ammoniaque, l'ammoniaque est ensuite nitrifiée, autrement dit brûlée, transformée en acide azotique ou nitrique qui forme, avec les bases contenues dans le sol, du nitre ou salpêtre.

Pour se transformer en acide azotique ou nitrique, l'azote se combine à une grande quantité d'oxygène (14 grammes d'azote exigent 40 grammes d'oxygène); l'acide nitrique et par conséquent les nitrates sont riches en oxygène : ils peuvent donc agir comme ce comburant.

Expérience 23. — Quand on projette une pincée d'un nitrate sur un charbon incandescent, la combustion du charbon s'active comme si l'on dirigeait sur lui un jet d'oxygène, il s'enflamme comme la poudre d'une fusée en produisant une sorte de sifflement, ce qu'on exprime en disant que *les nitrates* **fusent** *sur les charbons ardents.*

Cette simple expérience permet de reconnaître les nitrates.

C'est en mélangeant intimement un *combustible* très inflammable, tel que le charbon et le soufre, avec un nitrate jouant le rôle de *comburant,* qu'on fabrique la poudre à tirer : 6 grammes de salpêtre fournissent l'oxygène nécessaire à la combustion d'un gramme de soufre et d'un gramme de charbon; cette proportion représente à peu près la composition de la poudre ordinaire.

Exercices. — *Expérience et devoir écrit.* Pulvériser à part : 1° 10 grammes de nitrate de soude bien sec; 2° 5 grammes de soufre; 3° 2 grammes de charbon. Mélanger très intimement le tout ensemble après y avoir ajouté une pincée de fine limaille de fer ou de zinc; comprimer le tout dans une petite boîte cylindrique en carton : on aura un *feu de Bengale* jaune, avec étincelles colorées. L'allumer le soir, en plein air, en posant dessus un charbon incandescent.

Représenter, par une légende, les réactions produites dans l'expérience et dans l'exercice ci-dessus.

42. Résumé et conclusions. — Les expériences décrites dans ce chapitre nous prouvent que les plantes renferment :

1° Du *carbone*, de l'*hydrogène* et de l'*oxygène*, c'est-à-dire du charbon et les éléments de l'eau ;

2° De **l'azote** faisant partie de la matière *organique* du végétal, mais que celui-ci ne peut s'assimiler que sous forme *minérale ;*

3° Des substances minérales proprement dites, **l'acide phosphorique**, *l'acide silicique* ou sable, la **potasse** et la **chaux.**

L'analyse chimique révèle en outre la présence, dans la cendre des végétaux, des corps suivants : *soufre*, *chlore*, *sodium*, *fer*, *manganèse* et *magnésium*.

Tous les corps autres que ceux qui viennent d'être cités sont absolument inutiles aux végétaux, et parmi les quatorze qui leur sont utiles, dix sont toujours en quantité suffisante dans le milieu où le végétal croît : le charbon et les éléments de l'eau sont fournis par l'atmosphère, le sol renferme des provisions inépuisables des sept autres.

L'agriculteur n'a donc à se préoccuper que des quatre corps suivants : l'**azote**, l'**acide phosphorique**, la **potasse** et la **chaux**.

Nous étudierons bientôt les diverses formes sous lesquelles ces quatre substances fertilisantes peuvent être offertes aux végétaux, voyons d'abord de quoi est fait le sol.

Questions pour le Certificat d'études. — I. *Quand on brûle du bois ou un végétal dans la cheminée, que se passe-t-il ? Montrer la différence entre une matière organique et une matière minérale, entre ce qui s'échappe par la cheminée et ce qui reste dans la cendre du foyer. — Conclusions.*

II. *Différence entre une substance azotée et une qui ne l'est pas ; citer des exemples choisis parmi nos aliments. — Putréfaction : ce que c'est et ce qu'elle produit.*

III. *D'où vient le salpêtre ? Expliquer dans quelles conditions on a vu employer des nitrates en agriculture. — Sauriez-vous distinguer un nitrate d'un sel ammoniacal ? Comment feriez-vous ?*

CHAPITRE V

LE SOL

---

43. Terre végétale. — On désigne, sous ce nom, la couche superficielle du sol dans laquelle les végétaux implantent leurs racines ; la partie supérieure de cette couche, celle qui est remuée par la charrue, la bêche, la pioche, etc., par conséquent *aérée*, se nomme **terre arable.**

La profondeur du *sol* formé de terre végétale est très variable ; le *sous-sol* qui lui sert de support est formé de roches plus ou moins dures, compactes ou volumineuses, dont on distingue très bien la disposition par couches ordinairement horizontales dans les tranchées de chemins de fer ou de routes et dans les carrières. Le sol est généralement de même composition que le sous-sol ; il doit en être ainsi, car l'un provient ordinairement de l'autre.

Chacun a remarqué que, sous l'action des agents atmosphériques, pluie, gelée, chaleur, etc., les bancs de pierre mis à jour dans les carrières ou les tranchées s'émiettent et tombent en pierrailles ; il en est ainsi depuis des milliers de siècles : les pierrailles, comme les roches, se laissent pénétrer par l'eau qui en remplit les interstices et les pores ; la gelée survient, et la glace fendille la pierre qui s'émiette après le dégel ; les fragments entraînés par l'eau des pluies s'usent par le frottement et forment un gravier plus ou moins fin et une boue qui constituent la *terre* proprement dite.

Dans la terre végétale, on distingue les pierres et la terre ; on peut séparer facilement les premières de la seconde en criblant la terre végétale, quand elle est sèche, au moyen d'un tamis ou d'une toile métallique à mailles d'un millimètre. Nous allons chercher de quoi est faite une terre arable préalablement débarrassée de ses pierres.

Expérience 24. — Dans un verre à expérience A (fig. 48) mettons 20 grammes environ de terre, et de l'eau, attendons que la terre soit bien imbibée, puis agitons vivement avec une baguette de verre ou de bois B.

Fig. 48. Séparation de l'argile et du gravier.

Le *gravier* tombe au fond d'une eau bourbeuse ; versons celle-ci dans un plus grand vase et remplaçons-la par de l'eau claire ; la nouvelle eau deviendra encore trouble, on l'ajoutera à la première et on répétera l'opération jusqu'à ce que l'eau reste bien claire dans le verre A, malgré une agitation prolongée. Le poids du gravier retranché de 20 grammes donnera le poids de ce qu'a enlevé l'eau trouble ; ce chiffre n'est qu'approximatif.

L'eau bourbeuse abandonne, par le repos, un limon formé pour la plus grande partie de *terre glaise* ou **argile**. On décante l'eau claire et on égoutte le reste, c'est-à-dire l'argile, sur un filtre.

Le gravier resté au fond du verre A est de même nature que celui que nous avons extrait des cendres (36) ; on en séparera la *silice* et on régénérera le *carbonate de chaux* comme on l'a fait dans l'expérience 20.

La conclusion de notre opération, c'est que *la terre arable renferme de l'***argile**, *et un gravier plus ou moins fin composé de* **silice** *et de* **carbonate de chaux**.

Réduit à ces trois éléments constitutifs, un sol serait

stérile, il ne pourrait en effet offrir aux plantes que l'une des quatre substances (la chaux) indiquées comme indispensables à l'alimentation des végétaux. On rencontre assez souvent des sols dépourvus de calcaire et qui, par conséquent, ne pourraient fournir aucune des quatre substances fertilisantes.

Les matières minérales que nous venons de séparer forment souvent plus des neuf dixièmes de la terre arable, elles servent principalement de support aux végétaux, mais elles ne constituent pas les agents de fertilité. Ce sont les substances renfermant de l'azote, de l'acide phosphorique et de la potasse qui rendent le sol fertile ; on les trouve dans les roches dont les débris ont formé la terre végétale, la terre en contient donc, mais souvent en trop faible quantité (51), c'est à l'*humus* surtout que le sol doit sa fertilité.

Une analyse chimique qui indiquerait exactement la proportion d'argile, de silice et de calcaire que renferme un sol, ne renseignerait donc pas sur son état au point de vue de la fertilité, elle permettrait de prévoir seulement ses qualités physiques (49).

Toutefois, comme la chaux est l'un des quatre éléments fertilisants, il sera nécessaire de savoir si une terre est calcaire ou non (61).

Exercices. — Réunir dans quatre tubes ou flacons : 1° un échantillon de terre arable séparée de ses pierres, 2° l'argile ; 3° la silice ; 4° le carbonate de chaux régénéré, qui proviennent d'un échantillon semblable à celui du premier tube ou flacon.

Promenade. On visitera une tranchée ou une carrière pour examiner la disposition du sol et les couches du sous-sol. Faire un croquis, avec légende explicative, des coupes des terrains visités.

44. L'argile. — Quand elle est pure, c'est une terre blanche compacte, douce au toucher, formant avec l'eau une pâte liante facile à pétrir et à façonner, *elle est plastique.*

Convenablement humectée, l'*argile devient imperméable a l'eau*, en pétrissant de la terre glaise qui est de l'argile impure, on peut faire un vase étanche. *Desséchée, l'argile se contracte et se fendille; cuite, elle devient poreuse et très dure.*

L'argile pure s'emploie, sous le nom de **kaolin**, pour la fabrication de la porcelaine. Les argiles contenant peu de matières étrangères servent à faire la faïence, les poteries, les pipes, etc.; les plus grossières sont utilisées à la confection des briques, des tuiles, des tuyaux, en particulier des tuyaux poreux employés en agriculture pour le *drainage* (49).

Certaines argiles font effervescence par les acides, elles renferment du calcaire, on les appelle **marnes**, d'autres sont jaunes ou **ocreuses**, elles contiennent de l'oxyde de fer.

L'argile est un sel dont l'acide est la silice ou *acide silicique* (métalloïde *silicium* + oxygène), et la base, **l'alumine** ou *oxyde d'aluminium;* le nom chimique de ce sel est **silicate d'alumine.** Il est assez facile d'en séparer l'acide de la base.

Expérience 25. — On pulvérise de l'argile et on la chauffe sur une pelle à feu pour la bien dessécher; après refroidissement on la met dans une assiette ou un verre et on l'arrose d'acide sulfurique ordinaire, non étendu d'eau, de manière à l'imbiber sans qu'il y ait excès d'acide; on abandonne le tout dans un endroit chaud. Après quelques jours, la masse sera couverte d'efflorescences blanches qui indiquent que la décomposition de l'argile est opérée. On ajoute alors de l'eau chaude à la matière, on agite et on filtre. Sur le filtre il reste de la silice; le liquide qui passe contient du *sulfate d'alumine* qui sert à préparer l'*alun* et dont on peut extraire l'alumine en ajoutant du carbonate de soude à sa dissolution : la soude s'empare de l'acide sulfurique, l'alumine se précipite à l'état gélatineux et l'acide carbonique se dégage.

Exercices. — Collectionner, dans trois tubes ou flacons, de l'argile, en outre la silice et l'alumine qui en proviennent.

Promenade. Visiter les carrières de marne, d'argile, de sable, qui pourraient exister dans le voisinage. Recueillir des échantillons à étiqueter et à placer dans le musée scolaire.

45. Le terreau et l'humus. — Nous venons de voir que la terre arable renferme de l'argile, de la silice et du calcaire; quand on calcine un peu de terre prise dans un jardin, il se dégage une odeur d'herbe brûlée, et la terre noircit : nous savons que ce caractère indique la présence de matières organiques. Ces matières proviennent du résidu des végétaux cultivés sur le sol, de débris d'animaux, et, dans les terres en culture, de résidus d'origine animale et végétale apportés par le fumier : elles constituent le TERREAU.

Dans les terres incultes, mais couvertes de végétaux, telles que les forêts, les landes, etc., les débris végétaux qui s'accumulent sur le sol et s'y mêlent peu à peu forment aussi du terreau ; la terre dite de bruyères est ordinairement formée de silice mélangée à une forte proportion de terreau qui lui donne sa teinte foncée.

Le terreau est donc le produit d'une combustion lente (29) *et incomplète des matières végétales et animales enfouies dans la terre;* son principe essentiel est l'**humus** que nous allons étudier.

Les terres ordinaires contiennent peu de terreau, celles des jardins en contiennent généralement beaucoup, notamment celles des planches appelées *couches*. Un coup de bêche dans une couche ancienne nous fournira de la terre riche en terreau avec laquelle nous ferons les expériences suivantes :

Expérience 26. — On sèche et on crible la terre de couche et on en met quelques grammes dans une cuillère de fer ou une coupelle de tôle (couvercle de boîte à cirage) et l'on chauffe sur un fourneau à charbon ou une bonne lampe à chalumeau (fig. 1, 4 et 27) : de l'eau s'évapore d'abord, puis on perçoit une odeur d'herbe brûlée; le terreau paraît de plus en plus noir parce que la matière organique carbonisée, c'est-à-dire incomplètement brûlée, laisse dans la masse un résidu charbonneux.

Pour faire une *calcination,* il faut porter le tout, coupelle et terreau, à la température du *rouge;* au moyen d'un soufflet, ou du chalumeau, selon le foyer employé, on active vivement le feu et on remue le terreau avec une tige de fer; l'opération est terminée quand il ne reste plus que de la terre et des cendres qui ont alors perdu toute teinte foncée.

Ces cendres sont analogues aux cendres de bois, on en séparera de la potasse, de la chaux, de l'acide phosphorique, si l'on répète sur elles les expériences 19, 20 et 21.

La calcination a fait dégager les matières azotées du terreau ; on pourrait prouver que le terreau en renferme en le mélangeant à de la chaux vive et *en le chauffant dans un tube : il se dégagerait de l'ammoniaque* (exp. 22).

46. Séparation de l'humus du terreau. — Le principe essentiel du terreau est l'humus, substance assez mal définie, qui communique à la terre une teinte brune rappelant celle du *purin*, et qui a une *réaction acide*, c'est-à-dire qu'il rougit le tournesol et peut se combiner aux bases; il se dissout dans les carbonates alcalins, ce qui fournit un moyen de l'extraire du terreau.

Expérience 27. — Préparez une dissolution de carbonate de soude concentrée, et ajoutez-y du terreau de manière à faire une bouillie semi-fluide. Abandonnez-la pendant quelques heures dans un endroit chaud, puis ajoutez de l'eau, quatre ou cinq fois le volume de la pâte; agitez ensuite et laissez déposer. Dans le liquide décanté, versez peu à peu de l'acide chlorhydrique pour décomposer le carbonate de soude; la quantité est suffisante lorsque l'effervescence cesse.

Il se forme des flocons bruns qui se précipitent lentement; en décantant la plus grande partie du liquide et filtrant le reste, on recueille ces flocons qui sont de l'humus.

L'analyse chimique de cette substance y a fait reconnaître tous les corps simples dont sont formés les végétaux; l'humus a donc une extrême importance. Au point de vue de la fertilité des terres, on a même cru jusqu'en ces derniers temps qu'*il était l'unique cause de cette fertilité*. L'ancienne théorie de l'humus qui reposait sur cette hypothèse est exagérée; on ne peut la soutenir quand on réfléchit à la façon dont les premiers végétaux ont dû se développer sur la terre : assurément l'humus, qui n'avait pu encore se former, n'a pas servi à leur alimentation.

Quoi qu'il en soit, l'humus constitue la partie fertile du sol arable, il agit physiquement sur le sol en lui donnant une consistance convenable; il agit surtout chimiquement en fournissant une nourriture complète aux végétaux. Le fumier et le purin sont la principale source de l'humus : le cultivateur intelligent devra donc recueillir ces matières avec le plus grand soin.

Exercice. — Préparer dans des tubes ou flacons, et fixer sur un carton une petite collection composée : 1° de terreau simplement desséché (les élèves en apporteront chacun un échantillon, on choisira le plus riche); 2° du même terreau simplement *carbonisé* (plus noir que le précédent); 3° du même terreau parfaitement calciné (couleur des cendres).

Cette collection pourrait se compléter d'un échantillon d'humus; et, en outre, des éléments extraits des cendres du terreau (même opération que pour les cendres ordinaires).

47. Terres franches. — Un sol arable suffisamment profond et composé de silice, d'argile, de calcaire et d'humus dans des proportions qui s'équilibrent, s'appelle une *terre franche:* il convient à toutes les cultures.

Quand on analyse une terre franche, on trouve de 5 à 10 0/0 de terreau, autant de calcaire pulvérulent, un quart ou un tiers d'argile; le reste, c'est-à-dire souvent plus de la moitié, est du sable.

Ces éléments ne sont pas simplement mêlés les uns aux autres, on ne peut les distinguer à l'œil, même armé d'une loupe, dans un grain de terre; ils sont intimement associés comme dans une combinaison chimique, c'est-à-dire qu'on ne reconnaît plus aucun d'eux. En faisant un mélange artificiel de sable, d'argile, de calcaire et d'humus dans les proportions d'une terre franche, on obtiendrait un sol d'une fécondité moindre, dès l'abord, que celle d'une terre naturelle; il faudrait laisser aux éléments le temps de se mêler intimement, de s'associer, pour que chaque parcelle du mélange les contienne tous dans l'état le plus convenable pour les besoins des végétaux. En d'autres termes, il ne suffit pas qu'un certain volume du sol arable renferme, dans des proportions convenables, les éléments dont il vient d'être question; il faut que chaque grain de terre, si fin qu'on le suppose, contienne assez de sable pour être perméable, assez d'argile pour conserver l'humidité, assez de calcaire et d'humus pour suffire aux besoins alimentaires des végétaux; et que l'ensemble se laisse bien pénétrer par l'air pour assurer la nitrification, et aussi par l'eau, sans devenir ni une boue gluante par les pluies, ni un roc par la sécheresse, ce qui s'opposerait à une aération suffisante.

Peu de sols remplissent parfaitement ces conditions; l'agriculteur intelligent travaille ses terres de façon à les en rapprocher le plus possible. Toutefois, on ne peut guère songer, dans la pratique, à transformer tous les sols en terres franches.

Quand le travail n'est pas trop coûteux, on modifie avantageusement les sols en ajoutant, par exemple, de la chaux, de la craie ou de la marne à une terre trop argileuse (60), de l'argile à une terre trop calcaire, etc. L'argile, le calcaire, le sable, etc., ajoutés ainsi à une terre, s'appellent des **amendements**. On ne les confondra pas avec les *engrais* qui seuls concourent à l'alimentation des végétaux.

Quelle que soit la nature des matières, engrais ou amendements, à incorporer à un sol pour l'améliorer, ou lui restituer ce que les récoltes ont enlevé, la première condition à remplir, d'après ce qui vient d'être dit, pour obtenir de ces apports le meilleur effet possible, c'est de les incorporer intimement au sol.

C'est par les façons données au sol que l'on parvient à faire un mélange homogène, c'est-à-dire donnant partout à la terre la même composition ; c'est par les labours répétés qu'on l'ameublit convenablement pour en assurer l'aération et pour permettre aux racines de pénétrer et de se développer facilement dans toute la masse cultivée.

48. **Caractères des différents sols.** — Selon que les proportions d'argile, de silice, de calcaire, ou d'humus dominent dans une terre végétale, celle-ci est qualifiée d'argileuse, de siliceuse (sableuse), de calcaire, d'humifère.

On emploie aussi des dénominations intermédiaires telles que ARGILO-SABLEUSE, ARGILO-CALCAIRE, ARGILO-HUMIFÈRE ; SABLO-ARGILEUSE, SABLO-CALCAIRE, SABLO-HUMIFÈRE, qui indiquent les éléments dominants, le plus important étant mis le premier dans le qualificatif composé.

Fig. 49. Sureau yèble.
(Terres franches.)

On appelle **terre argileuse** celle qui renferme plus d'un tiers d'argile ; celle qui est composée de sable pour plus des trois quarts est une **terre sableuse ;** une **terre calcaire** est formée pour plus de la moitié de carbonate de chaux; enfin, une terre qui renferme un cinquième ou plus de terreau, s'appelle **terre humifère**. Il est des plantes qui poussent exclusivement dans tel ou tel terrain et qui suffisent parfois pour déterminer la nature d'un sol ; c'est ainsi qu'on peut presque affirmer que là où pousse l'*yèble* ou *sureau herbacé* (fig. 49), le sol est une terre franche.

Les **terres argileuses**, qu'on appelle parfois *terres fortes*, possèdent les propriétés de l'argile (44) : elles retiennent l'humidité; par la dessiccation, elles subissent un retrait qui se traduit par de larges crevasses dans le sol. Par un temps humide, les terres argileuses adhèrent fortement aux instruments aratoires (*terres grasses*); par la sécheresse, elles se laissent difficilement entamer.

La *prêle* (fig. 50) caractérise un terrain argileux, elle y pousse

Fig. 50. Prêle. (Terrains argileux et humides.)

Fig. 51. Tussilage. (Terres argileuses et froides.)

Fig. 52. Chicorée sauvage. (Terres franches et argileuses.)

facilement ainsi que le *tussilage* ou *pas d'âne* (fig. 51), la *potentille rampante*, le *populage*. La *chicorée sauvage* (fig. 52) s'y rencontre fréquemment, mais elle croît aussi communément dans les terres franches.

Les **terres sableuses** ou *siliceuses* sont friables, elles manquent de ténacité, de liaison et se dessèchent rapidement; elles se laissent facilement traverser par les racines, et ne présentent pas de résistance aux instruments de culture.

Les *bruyères* (fig. 53) caractérisent les sols siliceux; la *fougère femelle*, le *genêt* poussent communément dans les terres siliceuses. Le *châtaignier* et la *petite oseille* qu'on y rencontre également sont l'indice du défaut de calcaire.

Fig. 53. Bruyère. (Terrains secs et sableux.)

Les **terres calcaires**, qui se reconnaissent d'abord par leur propriété de produire une vive effervescence par les acides, sont généralement de couleur peu foncée, souvent blanchâtre, comme en certains points de la Champagne; ces terres très perméables ne retiennent pas mieux l'eau que les terres sableuses et, comme elles, se dessèchent très facilement.

La *mélampyre rouge* (fig. 54), l'*ononis arête-bœuf* (fig. 55), le *buis*, l'*anémone pulsatille* sont des plantes qui caractérisent les terres calcaires; on y rencontre aussi communément la *lupuline*, l'*alkekenge* ou *coqueret*, le *coquelicot*, etc.

Fig. 54.
Mélampyre rouge.
(Terres calcaires.)

Fig. 55.
Ononis ou arrête-bœuf.
(Terres calcaires.)

Les **terres humifères** ou *sols tourbeux* sont généralement marécageux, ils renferment surtout les débris de végétaux qui se décomposent à l'endroit où ils ont vécu et dont la combustion lente a laissé un résidu charbonneux (**29** et suiv.), de là une teinte noire très prononcée qui caractérise ces terres. Le terreau qu'elles renferment est trop acide et en trop grande quantité, il aurait besoin d'être privé d'eau et il manque d'air.

Les *laîches* ou *herbes coupantes*, qui donnent une si mauvaise qualité au foin, poussent abondamment dans les terrains tourbeux; on y rencontre aussi, comme plantes caractéristiques de la nature du sol, la *menthe poivrée* et la *linaigrette* ou *herbe à coton* (fig. 56).

Fig. 56. Linaigrette.
(Terrains humifères.)

49. Propriétés des sols. — Elles dépendent de celles des éléments constituants. L'argile est tenace, elle absorbe facilement l'eau, mais la restitue difficilement; le sable jouit de la faculté inverse : une terre sera d'autant plus sèche qu'elle sera plus sableuse, et moins sèche qu'elle sera plus argileuse. On peut modifier les qualités d'un sol par l'apport d'amendements appropriés (47).

Les qualités du sous-sol influent sur les propriétés du sol : un sous-sol perméable rendra le sol moins humide, plus perméable à l'air, plus facile à échauffer par le soleil, par conséquent *moins froid;* un sous-sol imperméable rend le sol humide et froid.

La trop grande humidité d'une terre, ou la trop grande sécheresse présentent des inconvénients : tout le monde sait que les plantes à fleurs cultivées en pots jaunissent si on les arrose trop abondamment; elles fanent si l'arrosage est insuffisant.

Quand un sol reste longtemps couvert d'eau, les plantes y pourrissent, la terre devient insalubre par suite de la putréfaction, l'aération ne se fait plus. On remédie à ces inconvénients en pratiquant le **drainage.**

C'est une opération toujours coûteuse qui consiste à établir une canalisation permettant à l'eau de s'écouler comme si le sous-sol était perméable. Les canaux creusés à une profondeur d'environ un mètre, plus ou moins, ont une légère pente et communiquent tous à un collecteur. Au fond des canaux, on place des tuyaux poreux appelés **drains**, qui se laissent pénétrer par l'eau et la conduisent à un fossé ou un ruisseau dont le niveau doit être nécessairement inférieur à celui du drain le plus bas. Cette dernière condition ne peut pas toujours être remplie, notamment dans les terrains humifères qui bordent un cours d'eau dont le niveau est peu inférieur à celui du sol : dans ce cas, le drainage est impossible.

Les inconvénients dus à la sécheresse se font surtout sentir dans les prairies; on y remédie par les **irrigations** quand on peut disposer d'une source, d'un cours d'eau, d'un réservoir dont le niveau est plus élevé que celui du sol à irriguer.

Le tracé des rigoles d'irrigation est une opération de nivellement, et l'une des plus simples; les rigoles principales doivent serpenter le long des lignes de faîte (courbes de niveau les plus élevées), en y suivant la pente la plus faible, de manière à distribuer l'eau aux rigoles secondaires qui doivent la répandre dans la plus grande partie du terrain.

L'irrigation des prairies se fait au printemps et en été; on fait aussi des irrigations importantes en hiver, dans certains vignobles, tels que ceux du Narbonnais, et qui ont pour but de détruire le phylloxera.

Exercice. — *Devoir écrit.* Résumer les caractères d'une bonne terre et les inconvénients des sols qui renferment trop d'argile, de sable, de calcaire ou d'humus.

Promenade. Recueillir, au cours des promenades, un échantillon de chaque espèce principale des sols qui forment le territoire de la commune; une étiquette indiquera la nature du sol et la provenance de chaque échantillon (lieu dit et numéro cadastral de la parcelle). En été, on complétera la collection en y joignant un spécimen de plantes caractéristiques de chaque sol.

Si des travaux de drainage ou d'irrigation s'exécutent dans le voisinage, on ne manquera pas de les visiter; les élèves y relèveront un croquis tout ou partie des travaux, ils prendront les mesures nécessaires pour en faire un plan à l'échelle.

50. Pouvoir absorbant. — On a enseigné et l'on enseigne encore fréquemment dans les écoles que, seules, les matières fertilisantes solubles dans l'eau peuvent servir à la nutrition des végétaux. C'est là, fort heureusement, une erreur, car s'il en était ainsi, les pluies entraîneraient, dans le sous-sol, les aliments minéraux solubles, ils lessiveraient la couche arable et la stériliseraient rapidement.

Les terres arables ont la curieuse et importante propriété d'absorber et de retenir, en les fixant à l'état *insoluble*, la potasse, l'acide phosphorique et l'ammoniaque en dissolution que leur apportent les engrais. Cette propriété est désignée sous le nom de *pouvoir absorbant*, elle rend compte de plusieurs faits importants en agriculture dans le rôle et le mode d'emploi des engrais, il est nécessaire de l'étudier spécialement.

Expérience 28. — On remplit deux pots à fleurs de terre prise dans un champ ordinaire et préalablement débarrassée de ses cailloux. On tasse légèrement la terre en frappant de la main les pots à fleurs, puis on verse dessus, lentement et par petites fractions, un volume de purin égal à peu près à la moitié de celui des pots.

Le purin le plus noir et le plus infect sera débarrassé, par son passage à travers la terre, de la presque totalité des matières fertilisantes qu'il renfermait; les quelques gouttes de liquide qui s'écouleront par le trou des pots à fleurs seront décolorées et désinfectées. Si un chimiste en faisait l'analyse, il n'y trouverait plus ou presque plus de potasse, d'acide phosphorique, ni d'ammoniaque, tandis que le purin en renferme une quantité notable (53).

La terre a donc épuré le purin, elle a retenu les matières en suspension, elle a absorbé la couleur, l'odeur, tout, excepté l'eau qui coule claire. De plus, elle a fixé, à l'état *insoluble*, les matières absorbées.

En effet, si, après avoir laissé ressuyer la terre de l'un des pots, on l'arrose lentement et par fraction d'un volume d'eau de source double ou triple de celui du pot, l'eau s'écoulera limpide par le fond du pot, sa saveur ne sera pas modifiée et une analyse démontrerait qu'elle n'a rien dissous en traversant la terre abreuvée préalablement de purin, elle n'a donc rien pris de ce que la terre avait absorbé.

On s'en rendra compte en continuant l'expérience de la manière suivante : Aux deux pots à fleurs renfermant, l'un de la terre arrosée de purin, l'autre la même terre arrosée de la même quantité du même purin, mais lavée ensuite à l'eau ordinaire, on en ajoutera un troisième contenant la même terre, mais n'ayant rien reçu. Dans chacun des trois pots, on sèmera une douzaine de graines (orge ou avoine); après la germination, on ne laissera, dans chaque pot, que le même nombre de pieds, cinq par exemple, des plus vigoureux, et on placera le tout en plein air dans la cour ou au jardin; des arrosages à l'eau ordinaire seront nécessaires comme pour toutes les plantes cultivées en pots.

Dès le mois d'avril, la différence de végétation sera frappante entre le troisième pot (sans purin) et les deux autres; pour ceux-ci (avec purin), il n'y aura pas de différence notable (fig. 57). L'expérience mérite, par l'intérêt qu'elle présente, d'être continuée jusqu'à la maturité des graines; elle conduit à la conclusion suivante :

Le sol fixe les matières fertilisantes à l'état insoluble et ne les cède ensuite qu'aux végétaux.

Il y a exception pour les nitrates (41), le sol ne les retient pas. Il en est de même de la chaux quand elle peut se dissoudre. Le pouvoir absorbant ne s'applique donc qu'aux trois matières minérales : potasse, acide phosphorique et ammoniaque; il y a même une restriction à faire pour cette dernière. On a vu, en effet, que dans le sol, les sels amoniacaux subissent la nitrification; il en résulte que la terre arable retiendra l'azote tant qu'il sera ammoniacal, mais ne le retiendra plus quand il aura subi la nitrification; nous tiendrons compte de cette conséquence dans l'application des engrais azotés (57).

Le pouvoir absorbant du sol nous explique pourquoi les eaux de sources sont pures. Il nous montre aussi la nécessité, dans l'épandage des engrais, de répartir et de mêler, aussi parfaitement que possible, les engrais avec la terre : puisqu'ils sont insolubles, les eaux pluviales ne peuvent effectuer le mélange, celui-ci doit donc être fait

Fig. 57. **Expériences sur la valeur fertilisante du purin et sur le pouvoir absorbant de la terre arable.**

Les trois pots ont été remplis de terre ordinaire, très pauvre en humus. 1 et 2 ont reçu du purin; 2 a été ensuite lavé abondamment à l'eau ordinaire; 3 n'a rien reçu. (*D'après une photographie prise en juillet, l'avoine avait été semée en mars.*)

par les façons du sol de manière à assurer, sur la plus grande surface possible, le contact des racines avec les substances nutritives fournies par les engrais.

Questions pour le Certificat d'études. — I. *Ce qu'on appelle terre arable, de quoi elle est faite; selon sa composition, quel nom donne-t-on au sol ?*

II. *Caractères du calcaire, son rôle dans le sol. Moyens employés pour donner de la chaux aux terres qui en manquent.*

III. *D'où tire-t-on, dans votre pays, les matières qui servent à construire les maisons, et comment les emploie-t-on ?*

IV. *Comment prépare-t-on la couche à primeurs du jardin ? Expliquer l'effet de la combustion lente du fumier et des produits gazeux qui en résultent.*

CHAPITRE VI

LES ENGRAIS

---

51. Nécessité des engrais. — Parmi les différentes substances qui entrent dans la composition des végétaux, quatre seulement sont nécessaires pour assurer la fertilité d'un sol; nous connaissons ces substances : *l'azote* qu'on trouve sous forme organique, ammoniacale ou nitrique (38 à 41) et qui vient du terreau (45); *l'acide phosphorique, la potasse et la chaux* qui proviennent des roches dont la désagrégation a formé la terre arable, et aussi du terreau.

Ainsi que nous le verrons bientôt, ces matières fertilisantes entrent dans la constitution des végétaux qui les consomment, qui se les assimilent; par suite, leur quantité diminue dans le sol chaque fois qu'on enlève une récolte. Pour maintenir la fertilité d'une terre, il faut donc lui rendre les éléments fertilisants enlevés par les récoltes.

La fertilité d'un sol dépend beaucoup moins de la *quantité* que de la *qualité* des matières fertilisantes qu'il renferme. Des débris de cuir, de laine, par exemple, apportent de l'azote *organique* à une terre; pour que cet azote soit assimilé par les plantes, il faut qu'au préalable, par des transformations successives, il arrive à l'état d'azote *nitrique* (41) : l'azote organique d'un sol n'agira donc que lentement et à mesure qu'il subira la nitrification; tandis que si l'azote est apporté au sol sous forme de nitrate, il produira immédiatement son effet puisque les plantes pourront l'assimiler. La fertilité d'une terre à un moment donné, en ce qui concerne cet élément, ne dépend donc pas de la quantité *totale* d'azote, mais seulement de la quantité *disponible* pour les végétaux ; l'azote non encore nitrifié, par conséquent non disponible, ne servira que plus tard.

Il en est de même pour les trois autres éléments fertilisants; dans la roche qui les renferme, ils sont peu assimilables; ils ne le deviennent qu'à la longue, à mesure que les grains de roche, se désagrégeant de plus en plus, finissent par devenir une poudre impalpable qui entre dans la constitution des grains de *terre* proprement dite (47).

L'analyse chimique montre qu'un sol de fertilité moyenne renferme, par kilogramme de terre, environ un gramme d'azote, autant d'acide phosphorique, soit 1 pour 1,000, deux grammes de potasse, soit 2 pour 1,000, et beaucoup plus de chaux.

Si l'on calcule ce que contient la terre d'un hectare, on arrive à des quantités considérables : en supposant une couche arable de 25 centimètres d'épaisseur, son volume est, pour un are, de 25 mètres cubes pesant de 30 à 40 tonnes; par suite, le poids pour un hectare est de 3,000 à 4,000 tonnes qui renferment, d'après l'analyse :

1 *pour* 1,000 *d'azote, soit de* 3 *à* 4,000 *kilogrammes.*
Autant d'acide phosphorique.
2 *pour* 1,000 *de potasse, soit de* 6 *à* 8,000 *kilogrammes.*

Cette quantité de substances nutritives pour les plantes est bien supérieure à celle qu'une récolte exige. elle est au moins cinquante fois plus grande : une bonne récolte en blé, par exemple, sur un hectare, ne renferme que 60 kilogrammes environ d'azote, un peu plus de potasse et moins d'acide phosphorique. Comment se fait-il alors que les terres qui ne contiennent pas au moins cinquante fois ce qu'exige une récolte, soient ordinairement d'une fertilité médiocre, au-dessous de la moyenne? Et comment expliquer qu'après une récolte dans un sol fertile, la restitution, sous forme d'engrais, des substances nutritives enlevées par la récolte soit *nécessaire* et *suffisante* pour maintenir la fertilité?

La réponse à ces deux questions se déduit de ce qui vient d'être dit. Les trois ou quatre tonnes d'azote ou d'acide phosphorique, les six tonnes de potasse contenues dans un hectare de terre de fertilité moyenne sont loin d'être immédiatement et entièrement *disponibles*, une faible partie seulement peut servir de suite à la nourriture des plantes; le reste ne deviendra *assimilable* qu'à la longue, et bien des fragments de gravier contenant de la potasse ou de l'acide phosphorique n'auront peut-être pas encore subi, dans un siècle, les transformations capables de rendre *disponibles* les éléments nutritifs qui se trouvent en leur centre. En un mot, cette terre riche en substances nutritives pour les végétaux ne peut leur en fournir, chaque année, que la *petite quantité* amenée à la *qualité* voulue.

Cette petite quantité est insuffisante pour les besoins des végétaux, il faut donc la compléter, sous peine de voir diminuer la fertilité du sol. Si l'on apporte au sol, *sous forme assimilable aux plantes*, une quantité de substances nutritives égale à celle que la récolte précédente a enlevée, la fertilité sera non seulement *maintenue*, mais *accrue*.

Il est des sols, malheureusement rares, qui peuvent subvenir, pendant longtemps, sans addition de matières fertilisantes, à toutes les exigences des récoltes; la plupart de nos terres cultivées exigent une restitution qui se fait au moyen des ENGRAIS.

52. **Le fumier.** — C'est le plus important de tous les engrais. Le *fumier de ferme* ou d'étable est formé par le mélange, puis la combinaison, des déjections des animaux avec diverses matières végétales employées comme litière.

On a vu (45) que les matières organiques se transforment en *terreau* sous l'influence de la combustion lente, et que leur azote passe à l'état d'ammoniaque. Le fumier, au sortir de l'étable, est entassé encore imprégné d'urine; il ne tarde pas à fermenter, et les réactions chimiques qui produisent les combustions lentes en élèvent notablement la température.

L'urine contient un principe azoté, l'URÉE (39), qui, en se putréfiant, produit du *carbonate d'ammoniaque;* c'est ce sel ammoniacal qui est l'agent énergique : il commence l'attaque des matières carbonées des litières. C'est lui qu'il faut conserver avec soin, tant à cause de sa valeur comme engrais azoté que comme agent provoquant la formation du terreau. Il faut donc, par des arrosages convenables au purin, modérer l'échauffement de la masse de fumier, échauffement dont l'un des résultats serait la volatilisation du carbonate d'ammoniaque.

Il faut éviter, à plus forte raison, de laisser le fumier répandu dans la cour, éparpillé par la volaille et chauffé, sur une grande surface, par les rayons du soleil, toutes conditions particulièrement favorables à la déperdition, dans l'air, du carbonate d'ammoniaque.

On ne se fait pas une idée de la quantité considérable de cette précieuse substance que perdent encore aujourd'hui la plupart des cultivateurs. Voici une démonstration qui vaudra mieux, à ce sujet, que tous les commentaires.

Expérience 29. — Dans deux pots à fleurs préparés comme l'indique la figure 58, on sème une plante gourmande d'azote, du ray-grass, par exemple; et quand l'herbe a poussé de quatre ou cinq centimètres, on la tond avec des ciseaux comme du gazon fauché. Si l'opération a été la même pour les deux pots, la végétation est identique. On amène alors, dans l'un d'eux, les produits gazeux qui s'échappent d'un peu de fumier : au bout de quinze jours, le gazon est grand et vigoureux, tandis que l'autre s'est étiolé, il mourra de faim, si la terre du pot est stérile, ou simplement dépourvue d'azote.

Si du fumier *enfermé* dans une bouteille, et perdant par conséquent peu de sa valeur, a laissé dégager de quoi nourrir une forte touffe d'herbe, on comprend que le fumier *éparpillé* dans une cour sur une grande surface laissera échapper une grande quantité de matières nutritives. Une tonne, ou 1,000 kilos, de fumier bien soigné

Fig. 58. **Déperdition, par évaporation, des principes fertilisants du fumier.** Du fumier et du purin *frais* sont introduits dans une bouteille ou une carafe fermée d'un bouchon *bien ajusté* et muni de deux tubes : les produits ammoniacaux se dégagent au centre de l'un des pots. Pour que l'air agisse comme si le fumier y était exposé, on souffle de temps en temps par le tube plongeant dans la carafe. Exposer le tout en pleine lumière ; arroser fréquemment ou bien mettre les pots dans des cuvettes contenant de l'eau.

contient environ 5 kilogrammes d'azote ; la même quantité de fumier mal soigné arrive vite à n'en plus contenir qu'un kilo : à 1 fr. 50 le kilo d'azote, la perte, pour ce seul élément, est de 6 francs par tonne de fumier produit. Et ce n'est pas toute la perte due à la négligence.

Outre l'azote, le fumier renferme de 2 à 3 kilos d'acide phosphorique et de 5 à 6 kilos de potasse par tonne, le tout valant environ 4 francs. Si le fumier est exposé au soleil sur une grande surface, il le sera de même à la pluie, et s'il reçoit de plus les eaux venues des toits voisins, ce lavage entraînera les phosphates solubles, toute la potasse, et les sels ammoniacaux que l'évaporation aura laissés. C'est ainsi que le cultivateur conduira, dans ses champs, un engrais qui, au lieu de valoir dix francs la tonne, en vaudra à peine deux.

Les cultivateurs soigneux s'efforcent d'empêcher la déperdition, par évaporation et par écoulement, des trois substances qui font la valeur du fumier. A cet effet ils appliquent les règles suivantes recommandées par les praticiens intelligents :

1° *Ne pas laisser séjourner le fumier à l'étable, parce que la chaleur et le piétinement du bétail favorisent le dégagement de l'ammoniaque; l'enlever au contraire fréquemment, et l'accumuler en tas présentant la plus petite surface possible à l'air.* (Exception pour les moutons.)

2° *Rendre étanche le sol des étables et celui de la place à fumier, afin d'éviter toute infiltration de purin; établir des rigoles aboutissant à une fosse également étanche* (fosse à purin), *et voisine du fumier.*

3° *Tasser le fumier pour empêcher l'accès de l'air qui produit des moisissures consommant de l'azote; arroser le tas de fumier, avec le purin puisé dans la fosse, afin de modérer l'échauffement produit par la fermentation.*

Les cultivateurs sont nombreux qui se plaignent de l'insuffisance de leurs engrais et qui en laissent perdre des quantités considérables. Il est peu de villages où l'on ne voit encore le purin en flaques dans les cours, s'écoulant, le long des chemins, jusqu'au ruisseau ou à l'abreuvoir, quelquefois même dans les fontaines ou les puits, après avoir empesté l'atmosphère. De sorte qu'à la déperdition des principes fertilisants du fumier par évaporation (expérience 29), on ajoute, au grand détriment de l'hygiène, la déperdition par écoulement du purin, c'est-à-dire de la meilleure partie du fumier (expérience 28).

Exercices. — *Excursion et devoir écrit.* Examiner la disposition d'une étable et d'un fumier bien tenus et indiquer, dans un résumé succinct, ce qu'on aura observé, on fera voir comment sont appliqués les principes scientifiques exposés au § 52. — Décrire la confection de la *couche* préparée au jardin pour les primeurs; expliquer le rôle du fumier d'après les expériences 28 et 29.

Questions orales. On verse de l'urine fraîche sur un sol, dire sous quelle forme est l'azote et indiquer les transformations qui le rendront assimilable aux plantes. — Quels poids d'azote, d'acide phosphorique et de potasse renferme la terre labourable d'un champ de fertilité moyenne, d'une surface de 10 ares?

l'épaisseur de la couche arable est supposée de 20 centimètres (à résoudre par calcul mental). — Après avoir uniformément répandu du fumier sur toute la surface d'un champ, une pluie abondante survient, avant le labour; que sont devenus les éléments fertilisants ?

53. **Le purin.** — C'est un liquide d'une grande valeur fertilisante parce qu'il renferme la plus grande partie de l'azote, de l'acide phosphorique, de la potasse, etc., du fumier, et dans un état tel que les végétaux peuvent l'assimiler rapidement.

L'expérience 28 montrera bien le pouvoir fertilisant du purin, mais il sera utile de faire, sur cet important sujet, d'autres constatations.

Expérience 30. — On remplit un arrosoir à moitié de purin, à moitié d'eau ordinaire, et on en arrose un coin de prairie naturelle ou artificielle. Au bout de quelques semaines, la différence de végétation du fourrage est très frappante; l'herbe qui a été arrosée est beaucoup plus verte et mieux fournie que la voisine.

L'urine agit comme le purin, on l'étend, selon sa force, de six, huit, ou dix fois son volume d'eau; 10 ou 15 litres d'urine suffisent pour un are de terre. Les pommes de terre qui en sont arrosées, soit après la plantation, soit avant le buttage, les épinards, les laitues, les choux, surtout dans les sols légers et sableux, donnent parfois des récoltes monstrueuses.

On peut se rendre compte de la nature des éléments fertilisants contenus dans le purin en opérant de la manière suivante :

Expérience 31. — Dans une vieille casserole hors d'usage, on met du purin, on y ajoute quelques pincées de plâtre ou mieux de sulfate de fer, et on évapore à sec, c'est-à-dire qu'on fait bouillir jusqu'à disparition totale du liquide. On ajoute ensuite de l'eau, le dixième environ du volume de purin employé; le tout est à nouveau porté à l'ébullition, puis filtré. Le liquide obtenu, additionné de chaux en poudre et traité comme il a été dit (exp. 22), laissera dégager de l'ammoniaque assez pure.

En évaporant à siccité de l'urine fraîche ou putréfiée, ou du purin, et en calcinant le résidu dans une coupelle de tôle, on obtient une cendre riche en phosphates. Pour isoler ces derniers, on lave d'abord à l'eau qui dissout la potasse, puis on traite le résidu par de l'eau additionnée d'acide chlorhydrique; l'agitation et la chaleur favorisent la dissolution. La liqueur obtenue est filtrée, puis additionnée d'ammoniaque *jusqu'à réaction alcaline*, c'est-à-dire jusqu'à ce qu'une feuille de papier rouge de tournesol, ou du tournesol même, préalablement rougi par une goutte d'acide, redevienne bleu au contact du liquide traité.

Il se forme un précipité blanc gélatineux qui est du phosphate de chaux (exp. 21). C'est en cherchant, dans l'urine, la *pierre philosophale* (pierre qui devait changer en or, par simple contact, les métaux ordinaires), que l'alchimiste *Brandt* y découvrit, dit-on, le phosphore.

L'ammoniaque n'existe dans les déjections animales que si la putréfaction s'est produite; l'urée que renferme l'urine fraîche est une matière organique azotée qui, en se putréfiant, devient du carbonate d'ammoniaque (52) : l'urine fraîche ne renferme donc pas d'ammoniaque, l'azote y est encore sous forme organique. L'acide phosphorique existe dans l'urine fraîche ou corrompue.

Les cendres du purin ou du fumier contiennent une partie soluble dans l'eau, c'est du carbonate de potasse et de soude facile à séparer en répétant l'expérience 19.

54. Valeur et insuffisance du fumier. — Les expériences précédentes prouvent que le fumier renferme les principes fertilisants reconnus nécessaires et suffisants pour toute végétation; le fumier est donc un *engrais complet.* Sa valeur, c'est-à-dire sa richesse en matières nutritives pour les plantes, dépendra de celle de la nourriture donnée au bétail et de celle des litières.

La moitié environ des éléments nutritifs contenus dans un fourrage passe aux déjections; on conçoit que plus un foin sera riche en azote, en potasse, en acide phosphorique, plus le fumier lui-même sera riche en ces éléments : *mieux le bétail sera nourri, meilleur sera le fumier.* En outre, si les litières sont formées de végétaux riches en potasse, par exemple, comme les fougères ou les joncs, le fumier formé sera riche en potasse, etc.

La composition du fumier de ferme ne peut donc être constante, elle varie selon le bétail et selon sa nourriture ; les chiffres donnés dans le tableau III (p. 210) ne sont que des moyennes; ils permettront néanmoins de calculer d'une façon assez approchée la valeur d'un fumier bien soigné si l'on connaît le prix de l'unité de chaque élément fertilisant. Exemple :

Que vaut une tonne de fumier de cheval? l'azote étant coté 1 *fr.* 50 *le kilogramme, l'acide phosphorique* 0 *fr.* 50 *et la potasse* 0 *fr.* 40?

Le tableau III donne la composition moyenne suivante pour le fumier de cheval (sur 1,000 kilos) :

Azote 5,8 ; *acide phosphorique* 2,8 ; *potasse* 5,3.

La valeur d'une tonne de ce fumier sera donc

$$(1{,}50 \times 5{,}8) + (0{,}50 \times 2{,}8) + (0{,}40 \times 5{,}3) = 12 \text{ fr. } 22.$$

Les engrais minéraux qui seront étudiés un peu plus loin sont estimés, comme le fumier, d'après leur teneur en azote, acide phosphorique et potasse ; le reste ne se paie pas. De sorte qu'un mélange de ces engrais, quel qu'en soit le poids, qui renfermerait 5 kilog. 8 d'azote, 2 kilog. 8 d'acide phosphorique et 5 kilog. 3 de potasse, serait estimé aussi 12 fr. 22. Cependant le fumier aurait sur ce mélange une supériorité incontestable due à des qualités qui ne sont pas cotées : mélangé au sol, le fumier l'ameublit si la terre est argileuse, il lui donne du corps si la terre est légère ; il concourt, par les produits de sa putréfaction, à rendre assimilables les substances minérales nutritives qui proviennent des roches ; le travail de décomposition du fumier maintient la terre dans un état favorable au développement des racines, et comme ce travail est lent, il en résulte que les principes fertilisants sont mis progressivement à la disposition des végétaux, à mesure qu'ils deviennent assimilables.

Cet ensemble de qualités représente une valeur qui ne peut guère se calculer en argent, comme un poids déterminé d'azote, de potasse, etc., mais qui fait du fumier l'engrais par excellence ; tout cultivateur intelligent doit donc diriger son exploitation, grande ou petite, de façon à **ne jamais perdre de fumier** et à **lui conserver ses qualités.**

Dans une exploitation bien conduite, non seulement le fumier de ferme est soigné comme il convient, mais tous les déchets, résidus, etc., tels que cendres, débris d'animaux, chiffons de laine, déjections humaines surtout, en un mot tout ce qui contient de l'azote, de l'acide phosphorique ou de la potasse vient augmenter la quantité d'engrais qu'on pourra fournir aux terres.

Cette quantité sera toujours, quoi qu'il arrive, inférieure à ce que les récoltes enlèvent annuellement au sol ; on a calculé que les *cent millions de tonnes métriques de fumier* produites annuellement en France *ne peuvent fournir que* **la moitié** *des éléments fertilisants contenus dans les récoltes d'une année.*

Qu'est devenue l'autre moitié ?

La plus grande partie a été assimilée par le bétail, transformée en chair, cuir, etc., et ensuite exportée : au marché, sous forme de lait, d'œufs, etc. ; à la boucherie, sous forme de viande ; à la fabrique, sous forme de laine, etc., etc. Le reste, contenu dans le pain, les légumes, les fruits, les boissons, etc., sert surtout à l'alimentation de l'homme.

Mais toute cette seconde moitié de matières fertilisantes ne fait plus retour au sol cultivé, par suite d'habitudes déplorables consistant, dans les villes surtout, à jeter aux cours d'eau des quantités considérables d'engrais dont la valeur atteint annuellement plusieurs centaines de millions de francs, et qui empoisonnent les rivières au lieu d'aller fertiliser des millions d'hectares. Sous ce rapport, nous sommes moins avancés que les Chinois qui savent conserver à leur sol sa fécondité, en lui restituant *tous les résidus provenant de l'homme et des animaux.*

Puisqu'en France on ne produit que la moitié du fumier de ferme (supposé bien soigné), qui serait nécessaire à l'agriculture, et qu'on perd les autres engrais, il faut combler le déficit sous peine de voir notre sol s'appauvrir et sa fertilité diminuer. La solution de cette question capitale est dans l'emploi des engrais complémentaires du fumier.

Exercice. — *Devoir écrit*. Calculer, d'après la cote du jour si on la connaît, ou d'après celle du problème précédent, la valeur d'une tonne métrique de chacun des fumiers dont la composition est donnée dans le tableau III (page 210).

55. Engrais complémentaires. — On trouve dans la terre, en quelques pays, des gisements souvent considérables d'*azote* sous forme de nitrate de soude (salpêtre du Pérou), d'*acide phosphorique* sous forme de roches ou de cailloux, riches en phosphate de chaux (phosphorites, nodules, coprolithes, etc.), et de *potasse* sous forme de chlorure ou de sulfate de cette base (sels de Stassfurt). C'est à ces substances, ainsi qu'à quelques autres dont il va être question, qu'on a recours pour suppléer au manque de fumier.

Il ne serait pas souvent économique de remplacer le fumier par les engrais commerciaux, mais il y a toujours profit à compléter l'un par les autres. La richesse d'un fumier dépend nécessairement de celle de la nourriture donnée au bétail : supposons un fourrage récolté dans une terre pauvre en potasse, ce fourrage sera pauvre en potasse et aussi le fumier résultant de sa consommation ; pour enrichir une terre dépourvue de potasse, il faudra autre chose que le fumier ainsi obtenu.

Il faut nécessairement ajouter au fumier des sels de potasse si l'on veut fournir au sol celui des éléments fertilisants qui manque.

Avec le fumier seul, on ne peut faire varier la proportion des quatre éléments qui s'y trouvent renfermés, tandis qu'au moyen des engrais complémentaires où chaque élément est seul, on peut ajouter, à son gré, dans la proportion voulue, celui ou ceux des éléments qui font défaut. Un cultivateur qui veut faire de la culture rationnelle ne peut donc se passer des engrais complémentaires : c'est là une vérité fondamentale qui rencontre encore de nombreux incrédules; elle sera établie par les expériences de cultures démonstratives.

Les engrais commerciaux ordinairement employés pour donner de l'azote aux plantes sont le *sulfate d'ammoniaque* et le *nitrate de soude*. Nous nous bornerons, pour le moment, à les reconnaître et à les distinguer l'un de l'autre; à cet effet nous répéterons les expériences 22 et 23.

Expérience 32. — On mêle, au fond d'un verre, la substance à reconnaître avec de la chaux; s'il se dégage de l'ammoniaque, on est certain d'avoir affaire à un sel ammoniacal.

S'il ne se dégage rien, même en ajoutant quelques gouttes d'eau bouillante ou en chauffant dans un tube à essai, on projette un peu de la substance sèche sur un charbon bien rouge : le produit *fuse* si c'est un nitrate. S'il ne fuse pas, c'est que l'engrais qu'on veut reconnaître n'est ni un sel ammoniacal, ni un nitrate; ce peut être alors un sel de potasse qui se distinguera des deux précédents, en présence de la chaux et sur un charbon, par ses caractères négatifs.

Les trois engrais dont il s'agit se présentent sous forme de sels cristallisés solubles dans l'eau : en faisant dissoudre chacun d'eux dans son poids d'eau bouillante, en filtrant et en abandonnant ensuite les liquides dans des assiettes, on obtiendra des cristaux dont la forme caractérise le sel et qui permettront de les distinguer l'un de l'autre.

Les engrais phosphatés ne sont pas cristallins; c'est ordinairement une poudre obtenue par pulvérisation de nodules, etc., ou pierres riches en phosphates; quand cette poudre a été traitée par l'acide sulfurique, le produit obtenu est un peu soluble dans l'eau, on l'appelle *superphosphate*. Les phosphates de toute nature se reconnaîtront en répétant sur eux l'expérience 21, c'est-à-dire en les attaquant par un acide, en filtrant et en précipitant par l'ammoniaque, la potasse ou la soude caustiques, on obtient un précipité blanc qui ne fait pas effervescence par les acides. Un superphosphate se distingue d'un phosphate en ce qu'il est partiellement soluble dans l'eau; la dissolution a une réaction acide et elle précipite par les alcalis, comme la précédente.

EXERCICE. — *Collection.* Réunir ou compléter la collection indiquée page 19, ou ci-après p. 110 et suiv.

Expériences. S'exercer à reconnaître un sel ammoniacal, un nitrate, un sel de potasse; distinguer un phosphate d'un superphosphate.

56. Valeur des engrais complémentaires. — Le commerce des engrais autres que le fumier (engrais chimiques, guanos, poudrette, débris divers) s'est considérablement développé depuis quelques années; il a été l'objet de fraudes dont il faut encore se méfier, malgré la loi du 4 février 1888, en n'achetant jamais un engrais que *sous garantie d'analyse;* voici ce que cela veut dire : 100 kilos d'engrais doivent contenir *tant* d'azote, *tant* d'acide phosphorique ou *tant* de potasse; le reste ne se paie pas; à l'arrivée de la marchandise, on prélève un échantillon de quelques hectogrammes de matière pris un peu partout dans la livraison, et l'échantillon est adressé soit à la station agronomique voisine, soit à tout autre laboratoire d'analyse. Si la quantité de matières garanties ne s'y trouve pas, le marchand fait une réduction proportionnelle.

Le prix de l'unité, c'est-à-dire du kilogramme d'azote, d'acide phosphorique et de potasse, varie, d'une époque à une autre, avec les fluctuations du marché qu'influence toujours le rapport de l'offre à la demande; mais les variations ne sont pas considérables pour un même produit.

L'azote insoluble, c'est-à-dire celui qni appartient à des matières organiques non encore décomposées, est coté de 1 franc à 1 fr. 50; il ne devient assimilable aux plantes qu'après sa transformation en ammoniaque d'abord, puis en nitrate (42). On a des raisons de croire en effet que l'azote des sels ammoniacaux n'est assimilable qu'après la nitrification, aussi attribue-t-on la plus grande valeur à la forme sous laquelle l'azote sera le plus rapidement assimilé par les plantes; c'est ainsi que l'*azote ammoniacal* se paie un peu plus cher que l'*azote organique* et un peu moins que l'*azote nitrique;* le prix de ce dernier atteint parfois 1 fr. 80.

L'acide phosphorique, comme l'azote, coûte d'autant plus cher qu'on le juge plus assimilable : à l'état insoluble, il vaut de 15 à 30 centimes; soluble, on le paie de 40 à 50 centimes; ce prix s'élève même à 75 centimes dans les superphosphates d'os.

Le prix de la potasse, toujours soluble, est généralement compris entre 40 et 50 centimes le kilogramme.

EXERCICE. — *Calcul.* Se procurer une facture d'achat d'engrais et la vérifier. — D'après un prospectus de marchand d'engrais, calculer la valeur de l'unité d'azote, d'acide phosphorique et de potasse, d'après le titre et le prix portés au prospectus. *Exemple :* Superphosphate minéral — titre : 12 0/0 ac. phosph. — prix : 6 fr. 60 les 100 kilos. *Réponse :* L'unité d'acide phosphorique revient à 55 centimes.

CLASSIFICATION DES ENGRAIS COMMERCIAUX

57. **Engrais azotés.** — Ce sont ceux qui agissent le plus rapidement; l'effet du nitrate est pour ainsi dire immédiat, il se révèle par une belle couleur vert foncé que prennent, en quelques jours, les feuilles des végétaux; les sels ammoniacaux agissent un peu moins vite et les matières organiques plus lentement encore; on a expliqué pourquoi. L'agriculteur saura choisir la forme de combinaison azotée qui conviendra le mieux selon son activité; s'il veut une action rapide sur des céréales, par exemple, qui paraissent souffrantes au printemps, il sèmera du nitrate *en couverture,* c'est-à-dire sans le mêler au sol par un labour ou même un hersage. Le nitrate mis avant l'hiver aurait été entraîné par les pluies, il échappe au pouvoir absorbant du sol (50); si l'on veut donner aux blés, quand on les sème, un engrais azoté, c'est à la forme ammoniacale qu'on aura recours; si l'engrais azoté doit être donné avant le labour, on prendra une forme moins active encore, celle où l'azote est, en partie au moins, sous forme organique : le fumier conviendra surtout; enfin, si l'azote doit être fourni peu à peu (51) aux végétaux, comme c'est le cas

pour les arbustes tels que la vigne, la forme organique aura la préférence.

Les engrais azotés, envisagés au double point de vue de leur valeur en argent et de la rapidité de leur action, peuvent donc se diviser en deux catégories, selon qu'ils renferment l'azote sous forme soluble ou insoluble.

1° *Engrais à azote organique*, insoluble : Débris d'abattoirs, **chairs, sang**, etc., desséchés. — Déchets de **laine** et d'étoffes de laine; de **cuir**, de **corne**, etc.

Ces matières renferment en outre un peu d'acide phosphorique et de potasse. (Voir leur titre au tableau III, p. 210.)

2° *Engrais à azote ammoniacal ou nitrique*, soluble. Le **sulfate d'ammoniaque** est extrait des eaux de lavage du gaz d'éclairage, des vidanges ou des eaux d'égout des grandes villes. L'expérience 22 (fig. 46) indique le principe de l'opération : on chasse l'ammoniaque par la chaux et on la reçoit dans de l'acide sulfurique étendu d'eau, le liquide s'échauffe fortement par la combinaison de l'acide avec l'ammoniaque ; quand il est refroidi, le sel cristallise. Le sulfate d'ammoniaque pur renferme un peu plus de 21 0/0 d'azote, celui que le commerce livre à l'agriculture titre de 19 à 20 0/0.

Le **nitrate de soude** vient surtout du Chili où on le trouve en quantités considérables mêlé à des matériaux terreux; on le purifie en le dissolvant et en le faisant cristalliser, et on l'expédie par navires entiers en Europe. Pur, ce sel renferme à peu près 16 1/2 0/0 d'azote; celui du commerce titre de 15 à 16 0/0.

Le **nitrate de potasse** ou salpêtre ordinaire se forme dans les murs des écuries, et partout où des produits ammoniacaux peuvent se nitrifier (41); il est un peu moins riche en azote que le salpêtre du Chili ou du Pérou (nitrate de soude), il titre 14 0/0 quand il est pur, celui du commerce ne renferme que 13 0/0 d'azote, mais il renferme en outre de la potasse 47 0/0 quand il est pur, et environ 44 0/0 dans la qualité commerciale. De sorte que le salpêtre ordinaire a une double valeur comme engrais, par son acide et par sa base; tandis que le salpêtre du Pérou ne vaut que par l'azote de son acide, la base est la soude, matière sans valeur comme fumure.

Les engrais désignés ci-dessus et le fumier ne sont pas les seules sources où les végétaux puisent l'azote qui leur est nécessaire; certaines plantes, notamment celles de la famille des légumineuses, s'assimilent, ainsi que nous le verrons plus tard (87), une quantité notable d'azote provenant de l'atmosphère; de sorte qu'en laissant ces plantes au sol, en les enfouissant par un labour, on enrichit la terre de principes azotés qui n'ont rien coûté. Les bons effets de cette pratique sont connus depuis bien longtemps.

58. **Engrais phosphatés.** — Les engrais phosphatés tiennent le second rang comme importance, ils sont donnés au sol sous forme de *phosphate de chaux.* L'acide phosphorique peut s'unir à une, à deux ou à trois bases, ce qu'on exprime en disant qu'il est *tribasique;* conformément à la loi des proportions définies (15), 71 grammes d'acide phosphorique (formés de 31 grammes de phosphore unis à 40 grammes d'oxygène) se combinent à une, à deux ou à trois fois 28 grammes de chaux; les deux poids 71 et 28 représentent le rapport entre l'acide et la base du sel. Quand la base n'est combinée qu'une fois, le phosphate est soluble dans l'eau, il est insoluble quand l'acide est saturé, c'est-à-dire quand il a pris ses trois bases; dans le cas intermédiaire celui où l'acide s'est combiné à deux fois la base, le phosphate n'est pas soluble dans l'eau, mais il l'est dans les acides faibles, tels que ceux que contient la sève des plantes, tels que le vinaigre ou acide acétique, le jus de citron ou acide citrique. La valeur en argent d'un phosphate est appréciée d'après sa solubilité : le phosphate à une seule base appelé aussi phosphate *monobasique* ou *monocalcique,* ou encore phosphate acide, est le plus cher parce qu'il est soluble dans l'eau; le phosphate à trois bases (*tribasique* ou *tricalcique*) est le moins cher; enfin le phosphate *bicalcique* a une valeur intermédiaire.

Les phosphates livrés à l'agriculture renferment souvent un mélange des trois combinaisons de l'acide phosphorique; et pour en apprécier la valeur, il faut connaître le titre de chacune des combinaisons. Le phosphate acide, seul soluble dans l'eau, se sépare facilement du mélange, mais il est difficile de séparer les deux autres; on est convenu de compter, comme phosphate bicalcique, celui que peut dissoudre l'acide citrique saturé d'ammoniaque, il est désigné dans le commerce sous le nom de *phosphate* (ou acide phosphorique) *soluble à froid dans le citrate d'ammoniaque.*

Les matières premières servant à la préparation des engrais phosphatés sont les os et les phosphates minéraux (*phosphorites, apatites, nodules, coprolithes,* etc.) qui sont insolubles dans l'eau et le citrate, par conséquent tricalciques. Pour les rendre solubles, on les attaque par l'acide sulfurique après les avoir réduits en poudre : l'acide sulfurique s'empare de deux bases, et il n'en reste plus qu'une seule combinée à l'acide phosphorique, c'est la combinaison monocalcique, elle est soluble, comme dans l'expérience 21. Les produits ainsi obtenus s'appellent des **superphosphates** ; ils sont formés d'un mélange de phosphate tricalcique, non attaqué, de phosphate monocalcique et de sulfate de chaux produits par la réaction. Peu à peu les éléments du mélange réagissent les uns sur les autres, la proportion de phosphate acide diminue, on dit qu'il rétrograde, et il se forme du phosphate bicalcique soluble dans le citrate.

Les proportions des phosphates mono, bi et tricalciques ne peuvent être déterminées que par un chimiste exercé. Quand on achète un engrais phosphaté, il faut, dans la garantie d'analyse, exiger l'indication du titre de chacune des trois formes d'acide phosphorique, car le prix peut varier, de l'une à l'autre, de 15 à 75 centimes le kilogramme (56).

Voici une liste des principaux engrais phosphatés.

Phosphates de chaux naturels : on les exploite dans une vingtaine de départements, notamment dans la Meuse, le Pas-de-Calais, le Lot, le Gard, les Ardennes; leur titre en acide phosphorique est compris entre 15 et 38 0/0.

Scories de déphosphoration de Thomas-Gilchrist : elles proviennent d'un traitement qu'on fait subir à la fonte de fer, dans certaines usines, pour lui enlever, au moyen de la chaux, le phosphore qu'elle renferme ; ces scories titrent de 7 à 20 0/0 d'acide phosphorique insoluble. Elles contiennent de la chaux non combinée à l'acide phosphorique, ce qui leur donne une réaction alcaline; les superphosphates ont, au contraire, une réaction acide.

Phosphates précipités : ils s'obtiennent par précipitation, au moyen de l'eau de chaux, des solutions de phosphate acide ; ils renferment de 1/4 à 1/3 de leur poids d'acide phosphorique ; c'est du phosphate bicalcique soluble au citrate.

Superphosphates. Ils ont deux origines : les uns sont obtenus avec les os, ce sont les plus coûteux; les autres, au moyen des phosphates minéraux. Ils sont considérés comme renfermant la forme d'acide phosphorique la plus assimilable aux plantes; la pratique semble confirmer cette manière de voir. Toutefois, comme les phosphates solubles ne peuvent rencontrer le calcaire du sol sans devenir tricalciques, c'est-à-dire insolubles, il est permis de penser que c'est surtout à leur état d'extrême division qu'ils doivent la plus grande rapidité de leur action fertilisante; la division moléculaire, celle qu'on obtient par des moyens chimiques, comme dans l'attaque des phosphates naturels par l'acide sulfurique, est toujours infiniment supérieure à celle qu'on peut obtenir par un broyage mécanique, à la pulvérisation des phosphates naturels, par exemple, au moyen des meilleurs moulins; or nous verrons, en étudiant les racines, que l'action d'un élément fertilisant sur la plante est d'autant plus efficace que le mélange de l'engrais avec le sol est plus parfait.

La **poudre d'os**, le **noir d'os** ayant servi aux raffineries, la **cendre d'os** qui est du noir complètement privé de son charbon (31), les **os dégélatinés** et enfin les **cendres de bois lessivées** font partie des principaux engrais phosphatés.

La poudre et le noir d'os sont des engrais phosphatés et azotés, leur prix se calcule d'après le titre des deux éléments fertilisants qu'ils renferment.

59. Engrais potassiques. — Jusqu'en 1850, les cendres *non lessivées* des végétaux terrestres étaient l'unique source de potasse pour l'industrie et pour l'agriculture; le chimiste français Balard trouva ensuite le moyen d'extraire le chlorure de potassium des eaux de la mer, d'où l'on a déjà extrait le sel marin ou chlorure de sodium; mais, en 1860, on découvrit à Stassfurt, en Prusse, un gisement immense qui peut fournir à l'agriculture des quantités illimitées de potasse à bon marché. Les **sels de Stassfurt** renferment la potasse sous forme de chlorure ou de sulfate; les chlorures titrent de 30 à 50 0/0 de potasse; les sulfates, de 25 à 30.

Les résidus de la distillation des betteraves, ou vinasses, servent à préparer un *salin* riche en potasse et utilisé en agriculture et en industrie. Ce sont les engrais potassiques qui ont sauvé l'industrie betteravière; sans eux, il aurait fallu renoncer à la culture en grand de la betterave à sucre par suite de l'appauvrissement du sol en potasse.

60. Engrais complets. — Le commerce des engrais livre à l'agriculture, sous divers noms, des matières fertilisantes qui doivent produire des effets merveilleux si l'on en croit les prospectus : les engrais complets pour froment, pour betteraves, pour vigne, les guanos, phospho-guanos, poudrettes, etc., etc., ne doivent être payés que sous garantie d'analyse et d'après le titre de l'azote et de l'acide phosphorique, *sous leurs différentes formes*, et de la potasse qu'ils renferment réellement.

Le cultivateur qui ne veut pas être trompé et qui tient à avoir de la marchandise pour son argent, achète rarement des engrais chimiques tout préparés ; il les compose lui-même, après en avoir acheté les éléments séparés, selon les besoins de sa terre, la nature de ses cultures, et en tenant compte de la quantité de fumier dont il peut disposer.

Exercices. — *Calcul.* Comme application de ce qui précède, voici quelques problèmes qui serviront de modèles pour un grand nombre d'autres.

I. On veut donner à un hectare de terre une fumure qui lui apporte 60 kilogrammes d'azote, 40 d'acide phosphorique et 70 de potasse. La fumure comprendra d'abord 10 tonnes métriques de fumier de ferme titrant pour 1000 : 5 d'azote, 2 d'acide phosphorique et 6 de potasse. Calculer la composition de l'engrais complémentaire en employant : soit du nitrate de soude à 15 0/0 d'azote, du superphosphate à 15 0/0 d'acide phosphorique soluble au citrate, et du chlorure de Stassfurt à 50 0/0 de potasse; ou bien du sulfate d'ammoniaque à 20 0/0 d'azote, des scories de déphosphoration à 10 0/0 d'acide phosphorique et de la kaïnite (sulfate de Stassfurt) à 25 0/0 de potasse.

II. Trouver le prix des deux engrais précédents, les cours étant les suivants : azote nitrique 1 fr 75; azote ammoniacal 1 fr. 50; acide phosphorique des superphosphates 0 fr. 50; des scories, 0 fr. 25; potasse 0 fr. 50 dans les deux cas.

III. On offre du nitrate de soude garanti à 16 0/0 d'azote, au prix de 24 francs les 100 kilogrammes, et du sulfate d'ammoniaque également garanti à 20 0/0 d'azote, au prix de 30 francs les 100 kilogrammes. Quel est le marché le plus avantageux?

IV. Un fumier abandonné en petits tas dans les champs a perdu (exp. 29) les 2/5 de son azote ; un autre fumier, répandu en tas un peu plus volumineux, moins élevés et qui ont été aussitôt couverts d'une légère couche de terre, n'a rien perdu, la terre ayant tout absorbé. Sachant qu'un ouvrier a couvert dans sa journée 10 tonnes de fumier demi-consommé (V. tableau III, p. 210) et que l'azote est coté 1 fr. 50 l'unité, on demande combien vaut réellement le travail de cet ouvrier ?

61. **Engrais calcaires.** — La chaux est à la fois un engrais puisqu'elle entre dans la composition des végétaux, et un amendement pour les sols qui en manquent, puisqu'elle ameublit ceux où domine l'argile en les rendant moins compacts, et qu'elle donne de la consistance à ceux qui sont trop légers, en coagulant leurs éléments.

Il est nécessaire de vérifier d'abord si la terre que l'on veut cultiver est calcaire.

Expérience 33. — Si, en versant quelques gouttes d'acide sur la terre, l'effervescence n'est pas manifeste, on ne peut pas dire cependant que cette terre est dépourvue de calcaire. On en met alors quelques pincées au fond d'une fiole, d'un verre ou d'un tube à essai qu'on remplit ensuite à moitié d'eau, et on laisse en repos un moment pour que l'eau redevienne claire ; on verse alors avec précaution, contre les parois du verre, quelques gouttes d'acide chlorhydrique, sulfurique, etc. : Si l'on ne voit aucune bulle monter dans l'eau, c'est que la terre ne renferme pas de carbonate de chaux. (V. page 199, un moyen simple d'apprécier la proportion de calcaire d'un sol.)

Si une terre est dépourvue de calcaire, il faut avant tout lui donner de la chaux ou une matière qui en renferme.

Les principaux engrais calcaires sont :

La chaux vive qu'on dépose sur les terres en petits tas éloignés de 5 ou 6 mètres les uns des autres, et qu'on recouvre de terre ; l'humidité *éteint* peu à peu la chaux (exp. 5) qui se réduit en une poudre extrêmement fine (division moléculaire) qu'on répand ensuite sur le sol. Le chaulage d'une terre se fait à une dose variant de 5 à 10 tonnes métriques à l'hectare ; l'opération n'a pas besoin d'être renouvelée avant 5 ou 10 ans.

La chaux vive provoque la décomposition rapide des matières organiques, elle produit un excellent effet quand on la répand sur les récoltes qu'on veut enfouir par un labour à l'état d'engrais vert. On sait qu'elle chasse l'ammoniaque de ses combinaisons (exp. 22) ; *on ne devra donc, en aucun cas, la mélanger au fumier.* Cependant, si un sol préalablement fumé au fumier, puis labouré, recevait de la chaux, le mélange ne présenterait pas d'inconvénient : en vertu du pouvoir absorbant du sol, l'ammoniaque serait fixée par la terre à mesure qu'elle se dégagerait du fumier.

La marne est un mélange de craie et d'argile (48) qui se délite facilement à l'air, surtout par les gelées ; on l'emploie à la dose de 100 à 200 mètres cubes à l'hectare, et on la répand comme la chaux.

Les opérations du marnage et du chaulage sont subordonnées à la facilité avec laquelle on peut se procurer les matières premières, en un mot au prix de revient ; s'il est trop élevé, on se contente du plâtrage qui se fait seulement à la dose de 200 à 500 kilos à l'hectare.

Le **plâtre** est un sel qui a pour base la chaux, et pour acide l'acide sulfurique, c'est donc du **sulfate de chaux**. On le trouve en abondance en plusieurs points de la France, notamment aux environs de Paris ; pour l'employer en agriculture, il suffit de le moudre ; celui qu'on emploie dans les constructions a été préalablement soumis à une cuisson qui lui a fait perdre l'eau qu'il renfermait. Le premier s'appelle *plâtre cru*, le second *plâtre cuit.*

Tout le monde connaît l'expérience que fit Franklin en écrivant en anglais, sur un champ de trèfle, avec du plâtre, une phrase qui signifiait *Ceci a été plâtré.* A une époque, l'emploi du plâtre devint exagéré ; son action n'est pas encore bien définie, on admet généralement que tout en fournissant de la chaux aux plantes, il agit sur la potasse insoluble que renferment les roches argileuses et rend cet élément plus rapidement assimilable aux plantes. Ce qui est certain, c'est que le plâtrage des prairies artificielles, en avril ou mai, donne toujours de bons résultats.

Le plâtre est un peu soluble dans l'eau ; il se dissout peu à peu par la pluie, ce qui assure son mélange intime avec le sol. Ce corps figure souvent dans les formules d'engrais, il y apporte d'abord la chaux, mais il permet surtout d'augmenter convenablement le volume pour le rendre maniable à l'épandage.

Les engrais phosphatés apportent aussi au sol une notable proportion de chaux : elle est quelquefois suffisante pour dispenser de l'emploi du plâtre.

EXERCICES. — *Excursion et Compte rendu.* Visites, s'il y a lieu, d'un four à chaux, d'une carrière de calcaire, de marne, de plâtre. Assister au plâtrage d'une luzerne ou d'un trèfle.

Questions pour le Certificat d'études. — I. *Faire voir que les plantes, comme les animaux, ont besoin de nourriture, et que le sol ne peut leur en fournir indéfiniment. — Restitution au sol.*

II. *Comparaison entre un fumier bien tenu et un fumier mal soigné. Expériences faites à ce sujet en classe. — Conclusions.*

III. *D'où provient le purin, que renferme-t-il ? Expérience prouvant sa fertilité ; fosse à purin, ses avantages.*

IV. *Principaux engrais du commerce ; dites ce que vous savez sur celui de ces engrais que vous connaissez le mieux.*

CHAPITRE VII

CULTURES DÉMONSTRATIVES

---

62. Mise en train des expériences. — Les expériences de cultures démonstratives sont les plus importantes et les plus intéressantes parmi celles qu'on peut réaliser à l'école primaire; elles exigent quelques soins particuliers à cause de leur durée, mais les enfants s'en acquittent avec plaisir et sans difficulté.

Le choix des végétaux sur lesquels on veut expérimenter n'est pas indifférent; ainsi qu'on l'a dit (p. 24) à propos du haricot poussant dans l'eau, à cause des difficultés qui résultent des froids de l'hiver, on ne peut guère commencer qu'au mois de mars ou d'avril — en *germinal*, — il faut de plus qu'on puisse tirer les conclusions, c'est-à-dire que tout soit terminé avant la fin de l'année scolaire. On choisira donc des plantes dont l'évolution complète ne dure que quatre ou cinq mois; celles qui se sèment au commencement du printemps et se récoltent vers le milieu de l'été conviendront très bien. Il importe d'abord de préparer les engrais nécessaires à ces cultures et de mettre les expériences en train : sans elles, nous ne pourrions pas continuer, sous forme de leçons de choses, le développement de notre programme.

63. Préparation des engrais pour expériences. — Quatre substances minérales, l'azote, l'acide phosphorique, la potasse et la chaux, sont *néces-*

saires et suffisantes pour assurer le développement normal de toutes les plantes; c'est là une notion fondamentale sur laquelle s'appuie la culture moderne, et que nos expériences doivent mettre en évidence.

La proportion des quatre éléments fertilisants n'est pas constante; la plus favorable au développement d'un végétal varie avec chaque espèce botanique (83); mais la pratique a montré qu'un engrais est assez bien équilibré pour toutes les espèces s'il renferme des quantités à peu près égales de chacun des quatre éléments. On prépare cet engrais en appliquant l'une des formules suivantes :

Expérience 34. — 1re FORMULE. Dissoudre dans un demi-litre environ d'eau chaude :

Nitrate de soude.	30	grammes.
Chlorure de potassium.	10	—
Sulfate de fer	1	—

Ce qui correspond à environ 4 grammes d'azote et autant de potasse. L'addition du fer a pour but de prévenir la chlorose.

Mettre dans un verre, d'autre part, de 30 à 40 grammes de superphosphate (selon le titre), de façon à avoir de 4 à 5 grammes d'acide phosphorique ; arroser d'acide chlorhydrique (ou autre) étendu de trois ou quatre fois son volume d'eau, de manière à obtenir un mélange pâteux ; abandonner quelques instants afin que l'acide dissolve tout le phosphate *rétrogradé* (58); ajouter de l'eau peu à peu, en agitant; neutraliser l'acide en excès par de la craie pilée, la quantité de craie est suffisante quand l'effervescence cesse; mêler le magma obtenu et la première solution.

Filtrer le tout et recueillir le liquide clair dans une bouteille d'un litre (fig. 59); ajouter de l'eau pour remplir complètement la bouteille, la boucher et l'agiter pour bien mélanger, enfin la revêtir d'une étiquette portant la mention :

Engrais concentré.
50 *grammes dans 1 litre d'eau.*

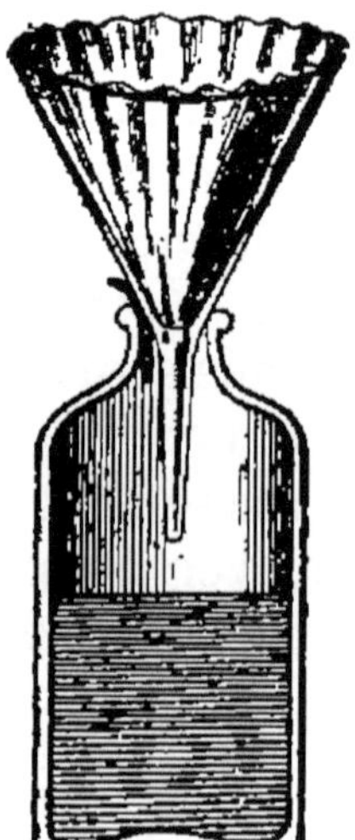

Fig. 59. Engrais préparé pour les expériences.

2e FORMULE. — A défaut des produits précédents, on pourra préparer un engrais semblable si l'on a du salpêtre ordinaire (nitrate de potasse) et de l'acide azotique.

Dissoudre, d'une part, 10 grammes de salpêtre dans un peu d'eau, ce qui représente environ 4 grammes de potasse et un peu plus d'un gramme d'azote.

Pour avoir un produit analogue au précédent, il faut compléter à 4 ou 5 grammes la teneur en azote, et ajouter la même quantité d'acide phosphorique; pour cela, on peut dissoudre des os calcinés dans de l'acide azotique.

Mettre, dans un verre, de 10 à 20 grammes d'os bien calcinés et pulvérisés, de 40 à 50 grammes d'acide azotique ordinaire, puis environ deux décilitres d'eau; agiter avec une tige de fer; la quantité de ce métal ainsi introduite dans l'engrais est suffisante.

Faire bouillir dans un ballon de verre pour réduire le volume de moitié, on chasse ainsi l'excès d'acide azotique. Au lieu de le chasser par ébullition, on peut le neutraliser, comme précédemment, par de la craie; dans ce cas, on enrichit l'engrais en azote, le nitrate de chaux formé étant soluble reste dans la liqueur.

Mêler la solution de salpêtre et le produit résultant de l'attaque des os; filtrer ensuite (fig. 59); compléter le volume à 1 litre et étiqueter comme pour la 1re formule.

L'engrais concentré (fig. 59) ferait périr les plantes qui en seraient arrosées, il faut y ajouter de l'eau de manière à décupler au moins son volume pour l'arrosage : d'une manière générale, la quantité de matières minérales dissoutes dans un litre d'eau d'arrosage ne doit pas dépasser 5 grammes.

Voici deux autres formules recommandées par M. Grandeau ; elles donnent d'excellents résultats pour culture en terre épuisée (66), soit dans un carré au jardin, soit en pot; les mélanges indiqués ne renferment pas de chaux, la terre devra donc en contenir, sinon il faudrait ajouter du plâtre.

Deux ou trois grammes de l'un des mélanges ci-après suffisent pour chaque kilogramme de terre, ou 5 kilos par are; on peut dissoudre l'engrais dans l'eau d'arrosage, ou simplement le répandre à la surface de la terre; l'opération se fait en avril, on peut la répéter en juin.

3me Formule, pour culture potagère.

Phosphate d'ammoniaque........	30 grammes.
Nitrate de potasse..............	45 —
Nitrate de soude................	15 —
Sulfate d'ammoniaque..........	10 —
	100 grammes.

4me Formule, pour plantes d'appartement.

Phosphate d'ammoniaque........	25 grammes.
Nitrate de potasse..............	45 —
Nitrate d'ammoniaque..........	30 —
	100 grammes.

(Pour les prix de ces engrais, voir page 20.)

64. But des cultures démonstratives. — Elles permettent d'introduire dans le milieu nutritif de la plante ou d'en éliminer, à volonté, l'un quelconque des quatre éléments, d'étudier l'action de chacun d'eux indépendamment de tous les phénomènes qui peuvent se produire dans le sol ordinaire, et dont il est souvent difficile de déterminer l'influence sur le résultat final. En un mot, ces expériences permettent d'étudier, un à un, chacun des principaux phénomènes de la vie des plantes, dans des conditions parfaitement connues et qu'on peut régler à son gré.

Deux expériences du même genre sont déjà préparées (pages 96 et 101) pour mettre en évidence le pouvoir absorbant du sol, et la valeur trop méconnue des produits gazeux et liquides du fumier; il faudra les bien soigner, mais il en faudra faire d'autres aussi suggestives pour convaincre les enfants des vérités fondamentales suivantes :

1° *Dans toute terre arable, quatre substances, l'azote, l'acide phosphorique, la potasse et la chaux, suffisent pour former un engrais complet, c'est-à-dire un aliment assurant le parfait développement des végétaux cultivés.*

2° *L'air doit pouvoir pénétrer facilement dans le sol, les racines ne peuvent se passer d'oxygène : elles respirent comme les feuilles; elles doivent trouver partout une nourriture convenable, c'est-à-dire que l'engrais doit être intimement mélangé à la terre dans toute la partie du sol où elles se développeront.*

3° *Les quatre substances constituant l'engrais complet n'épuisent pas la terre arable, même si elles sont apportées sous forme minérale; toutefois, dans ce dernier cas, les propriétés physiques du sol peuvent être modifiées d'une façon désavantageuse. Les matières organiques, en apparence inutiles, maintiennent la terre dans un état favorable à l'aération et au développement des racines. De sorte que pour fournir à un sol, dans les meilleures conditions, les quatre éléments en proportion convenable, le fumier est le premier engrais indiqué, on le complète par des engrais chimiques appropriés.*

4° *Un engrais est bien composé s'il apporte à la terre* **ce qui lui manque** *pour nourrir les végétaux à cultiver. La composition d'un bon engrais dépend donc non seulement du genre de culture* *à faire, mais aussi de la nature du sol; il n'est pas possible de préparer un engrais convenant à tous les sols, même pour une seule espèce de plante. Les recettes infaillibles, partout applicables, sont comme les remèdes qui guérissent toutes les maladies : les charlatans seuls les recommandent.*

5° *Pour obtenir des récoltes rémunératrices, il faut que le sol, après avoir reçu l'engrais, renferme les quatre substances nutritives dans une proportion qui dépend de l'espèce des plantes cultivées* (83). *L'agriculteur moderne doit savoir que l'excès de l'un des quatre éléments est toujours inutile et coûteux, en outre, qu'il* **peut devenir nuisible** *s'il y a insuffisance de l'un quelconque des trois autres.*

Enfin, il est nécessaire de *montrer* les fonctions des organes essentiels du végétal, d'étudier, *sur nature*, les principaux phénomènes physiologiques dont il est le siège, en un mot, de *faire voir* clairement *comment un végétal naît, vit, s'accroît et se multiplie* : c'est à cette condition que les élèves pourront faire, dans la suite, de la pratique agricole intelligente.

Les expériences décrites ci-après (65, 66 et 67) devront être préparées au plus tard en avril, afin que les plantes soient suffisamment développées quand viendront les démonstrations proprement dites ou les constatations. Si la température est encore rigoureuse, on conservera les cultures à l'intérieur, il sera prudent de ne les mettre dehors qu'après les dernières gelées ; mais on n'oubliera pas ensuite de les installer en plein air, loin des murs, dans la cour ou le jardin.

65. **Culture en milieu stérile**. — Dans les laboratoires de physiologie végétale, on prend pour sol destiné à ces expériences de la silice pure, c'est-à-dire du sable quartzeux qu'on calcine pendant plusieurs heures à la température du *rouge vif*, afin d'assurer l'incinération complète des matières organiques, et qu'on lave ensuite aux acides afin de dissoudre tout ce qui pourrait servir d'aliments aux plantes. A l'école primaire, cette opération est impraticable et inutile ; les expériences seront suffisamment concluantes, étant donné ce qu'on

veut démontrer, si l'on choisit du gravier fin de rivière, ou du sable assez gros, ou même une terre friable prise dans un champ connu pour sa stérilité. Dans ce dernier cas, il faudra rejeter une terre trop argileuse, elle deviendrait dure et imperméable par la sécheresse, ce qui compliquerait inutilement l'expérimentation. Un moyen recommandable, et qui rend l'expérience curieuse, consiste à employer, comme sol, du verre cassé en menus morceaux; les débris de vitres, de bouteilles, etc., conviennent parfaitement.

Expérience 35. — On remplit un pot à fleurs de verre cassé; les plus gros fragments, de la grosseur d'un noyau d'abricot, sont placés au fond du pot; les plus petits, de celle d'un grain de blé, sont disposés pardessus. Dans ce *terrain*, on enfonce à une profondeur d'un centimètre et demi à deux centimètres une demi-douzaine de haricots; les nains hâtifs d'Étampes conviennent surtout à cause de la rapidité de leur croissance.

L'assiette *a* (fig. 60) devra toujours contenir du liquide nutritif ainsi composé : dans une bouteille d'un litre environ, on mettra 2 *centilitres* d'engrais concentré (fig. 59) et on achèvera de remplir avec de l'eau ordinaire. Quand cette première bouteille d'engrais sera épuisée, on en préparera une seconde qui renfermera trois ou quatre centilitres d'engrais concentré, et on ira ainsi en augmentant la dose qui atteindra 10 centilitres, soit 5 grammes de matières solides par litre, quand les premières fleurs apparaîtront.

Fig. 60. Haricots poussant dans du verre cassé. Les cotylédons ont rempli leur rôle, l'engrais est devenu indispensable.

Trois pieds de haricots suffisent pour un pot de grandeur moyenne (environ 20 centimètres de diamètre);

aussi quand les plantes arriveront à leur seconde ou troisième paire de feuilles, à la chute des cotylédons (exp. 1), on ne conservera que les trois plants les plus vigoureux; on arrachera les autres avec précaution, sans blesser leurs voisins.

Fig. 61. **Haricots cultivés dans du verre cassé.** Après la floraison, l'engrais est devenu inutile.

Après la floraison, l'engrais sera inutile, et dans l'assiette *a* (fig. 61) il suffira de verser de l'eau ordinaire.

Cette expérience prouvera d'abord qu'*un engrais qui contient les quatre éléments suffit aux besoins du végétal;* il est certain, en outre, que *cet engrais n'a pas épuisé le sol*, puisque celui-ci ne contenait aucun élément nutritif. D'autres conclusions seront tirées dans la suite.

66. **Culture dans une terre stérile ou épuisée.** — Ici l'engrais sera employé en une seule fois, à l'état solide. La terre d'expérimentation sera choisie comme il a été dit ci-dessus, débarrassée au besoin de ses cailloux, et placée dans de simples pots à fleurs après avoir été mélangée aux engrais dont il va être question dans des conditions permettant de constater l'effet produit par la présence ou l'absence de chaque élément.

Expérience 36. — On se bornera à 5 ou 6 cas déterminés par la nature de l'engrais que recevra la terre de chaque pot : pour le premier, un engrais complet intensif; pour le second, un engrais complet ordinaire; pour les trois suivants, un engrais ordinaire manquant d'azote, ou d'acide phosphorique, ou de potasse; le dernier pot ne reçoit que la terre sans aucun engrais, c'est le témoin.

Pour être complète, l'expérience devrait comporter un cas où la chaux ferait défaut, non seulement dans l'engrais, mais aussi dans la terre; ce cas étant difficile à réaliser, on l'éliminera.

Il importe d'abord de bien choisir la terre à mettre dans les pots : elle doit être épuisée, c'est-à-dire à peu près stérile, mais elle doit être de bonne qualité au point de vue physique : (v. page 89) elle doit bien se laisser pénétrer par l'air et par l'eau, ne pas durcir comme l'argile par la sécheresse, et jouir du pouvoir absorbant.

L'engrais à employer pourra être l'un des quatre indiqués précédemment (exp. 31), ou bien on incorporera, dès le début, les engrais minéraux dans les conditions suivantes, pour des pots de 20 centimètres de diamètre par exemple, c'est-à-dire contenant environ deux kilogrammes de terre.

L'engrais complet sera composé de :

Nitrate de soude................	2 grammes.	(*a*)
Superphosphate................	3 —	(*b*)
Chlorure de potassium..........	1 —	(*c*)

Il convient de ne pas choisir le blé pour commencer ces expériences; la croissance est longue, par suite, les causes d'accidents sont plus nombreuses. Pour un début, mieux vaut choisir des céréales de printemps, ou simplement des légumes.

La figure 62 représente les résultats obtenus, après cent jours environ, avec des haricots nains hâtifs. Voici comment on opère :

On choisit une terre stérile friable, comme il a été dit précédemment, on en remplit les pots en ajoutant à l'un, n° 2, l'engrais complet (*a*), (*b*) et (*c*), soit en tout 6 grammes. Le n° 1 ne reçoit pas d'engrais, c'est le témoin ; le n° 3 reçoit (*b*) et (*c*); le n° 4, (*a*) et (*c*); le n° 5, (*a*) et (*b*). Il faut avoir soin de *mélanger intimement* l'engrais avec la terre ; celle-ci étant retirée du pot et répandue sur une aire, le mélange se fait mieux.

Dans chaque pot, on sème 7 ou 8 grains; après la germination, on ne conserve que 3 ou 4 pieds, les plus vigoureux.

L'arrosage en temps opportun est indispensable ; le plus simple est d'opérer comme l'indique la figure 62 : des cuvettes, de petites terrines ou de simples assiettes sont placées sous les pots, on arrose quand elles sont à sec. Il faut éviter les arrosages trop abondants qui feraient déverser l'eau des cuvettes : *les nitrates ne sont pas fixés par le pouvoir absorbant du sol* (50).

La comparaison des pots n° 1 et n° 2 prouve d'abord que l'engrais peut produire un excellent effet.

La dépense à l'hectare, dans les conditions du n° 2, s'élèverait à 200 francs environ, savoir : 4 ou 5 quintaux de nitrate, 100 francs; 7 ou 8 quintaux de superphosphate, 60 francs ; et de 1 à 2 quintaux de potasse (sulfate ou chlorure), 40 francs. La dépense serait seulement de 140 francs pour le n° 3, de 100 francs pour le n° 4 et de 160 francs pour le n° 5. Mais l'expérience nous prouve que les résultats peuvent varier beaucoup selon la nature des engrais employés; le cultivateur prudent n'engagera une dépense que si l'excédent de récolte doit la couvrir, et au delà : il ne fera pas en grand l'expérience n° 4, par exemple, où, pour une dépense de 100 francs, l'augmentation de récolte est à peine sensible. Il se

Sans engrais. Avec engrais complet.

Fig. 62. **Cultures démonstratives.**
Haricots en terre épuisée avec engrais différents.

gardera surtout d'appliquer, dans un champ *de même terre* que celle de l'expérience, la formule du n° 3 plus misérable que le témoin : il dépenserait 140 francs pour avoir une récolte moindre.

En résumé, notre expérience prouve que l'engrais convenable pour les haricots, *dans une terre pareille à celle des pots*, c'est celui du n° 2. Elle prouve, en outre, qu'un engrais mal approprié au sol ou à la plante **peut être nuisible**. Cette expérience peut varier à l'infini.

En voici une autre due à M. Voillemier, président du Comice

agricole de Chaumont. Les semis avaient été effectués vers le 15 mars dans une terre pauvre à laquelle on avait ajouté une très forte dose d'engrais. Le n° 1 avait reçu :

Nitrate de soude	10	grammes	(*a*)
Superphosphate	10	—	(*b*)
Chlorure de potassium .	7,5	—	(*c*)
Plâtre	20	—	(*d*)

Au n° 2, il ne manquait que (*a*); au n° 3, (*b*) faisait seul défaut; au n° 4 (*c*). Le n° 5, qui n'a pas reçu de plâtre, n'est pas

Fig. 63. **Culture démonstrative sur l'orge.**
D'après une photographie des expériences de M. Voillemier, président du Comice de Chaumont.

privé de chaux, le superphosphate (*b*) lui en a apporté; ce terme de l'expérience n'est pas précis, on peut, sans inconvénient, le supprimer. Le n° 7 est le témoin sans aucun engrais ; quant au n° 6, il représente un essai au sulfate de fer sur lequel nous reviendrons un peu plus tard (85), ainsi que sur l'ensemble de ces expériences simples (83), qui conviennent si bien à l'enseignement élémentaire.

Quelques observations doivent être faites dès maintenant, afin de prévenir les insuccès les plus fréquents dans ce genre de démonstrations.

La dose de l'engrais total, *donné à l'état solide*, peut être élevée à dix fois celle d'une fumure ordinaire, sans qu'il en résulte d'inconvénients *si l'engrais est complet;* les quatre éléments sont alors équilibrés et la végétation se fait dans de bonnes conditions. Mais il n'en est pas toujours de même, si, tout en conservant une dose élevée, on vient à supprimer l'un des quatre éléments dans l'engrais employé; l'équilibre peut être rompu si le sol ne contient pas l'élément supprimé, alors les conditions de végétation sont modifiées considérablement et l'un des principes fondamentaux énoncés précédemment (64) se vérifie, à savoir que *l'insuffisance de l'un des quatre éléments rend inutile ou* MEME NUISIBLE L'EXCÈS *des autres.* C'est ce qui arrive dans l'expérience dont la figure 63 reproduit la photographie : à la récolte, le nº 2 qui manquait seulement d'azote, puisqu'il a reçu (*b*), (*c*) et (*d*), mais surtout le nº 3 auquel l'acide phosphorique seul a fait défaut, étaient inférieurs au témoin qui n'a reçu aucun engrais; le nº 3 n'a donné que 24 grains pesant 1 gramme, tandis que le nº 7, le témoin a produit 96 grains pesant 4 grammes.

Les pots qui ont donné les meilleurs résultats sont nécessairement ceux où l'engrais a été le mieux équilibré : le nº 1, engrais complet, a donné 165 grains et 14 grammes de paille; le nº 4 lui est supérieur avec ses 182 grains et ses 24 grammes de paille; ce qui prouve que la terre de l'expérience est suffisamment pourvue de potasse, puisque l'addition de cet élément diminue la récolte.

Les expériences de ce genre permettent de se renseigner sur les besoins d'une terre; mais leurs indications n'ont rien d'absolu.

67. **Culture dans l'eau.** — La méthode de culture dans l'eau, qui date d'un siècle, consiste à remplacer le sol par l'eau pure à laquelle on ajoute des engrais dissous comme on l'a fait pour la culture dans du verre cassé (exp. 35).

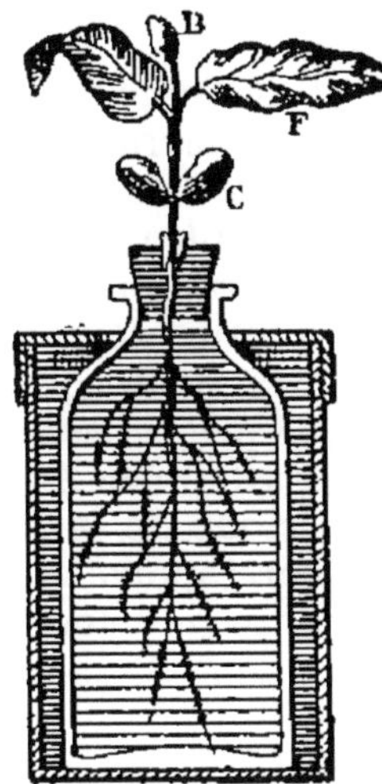

Fig. 64. Culture dans l'eau. Le liquide nutritif est mis à l'abri de la lumière afin d'empêcher la naissance d'algues vertes qui s'y développeraient rapidement.

Expérience 37. — L'expérimentation se prépare comme il a été dit page 23 (exp. 1); le bouchon (fig. 64) doit être percé de deux trous · l'un, au centre, d'un diamètre égal à celui que peut atteindre le collet de la racine; l'autre, sur le côté (fig. 65), donne passage à un tube qui permet d'aérer le liquide, de le compléter, ou de l'enlever et de le remplacer.

Pour soutenir la plante, on dispose en croix, dans le bas du trou central, deux bûchettes qui traversent le bouchon perpendiculairement à son axe.

La figure 65 représente l'une des plus jolies expériences de cultures dans l'eau, celle d'un pied de maïs qu'on amène facilement à fruit. Il faut un flacon d'une capacité d'au moins 4 litres. Sous l'action de la lumière, le liquide nutritif se peuple d'algues vertes qui l'épuisent et qui, de plus, empêchent de bien voir les racines; on évite cet inconvé nient au moyen d'une boîte en carton dans laquelle on enferme le flacon, ou plus simplement, d'une enveloppe en papier goudronné qui intercepte le passage de la lumière. L'enveloppe doit être mobile afin de permettre l'observation des racines, car l'expérience est surtout utile pour l'étude de leur structure, de leur développement et de leurs fonctions.

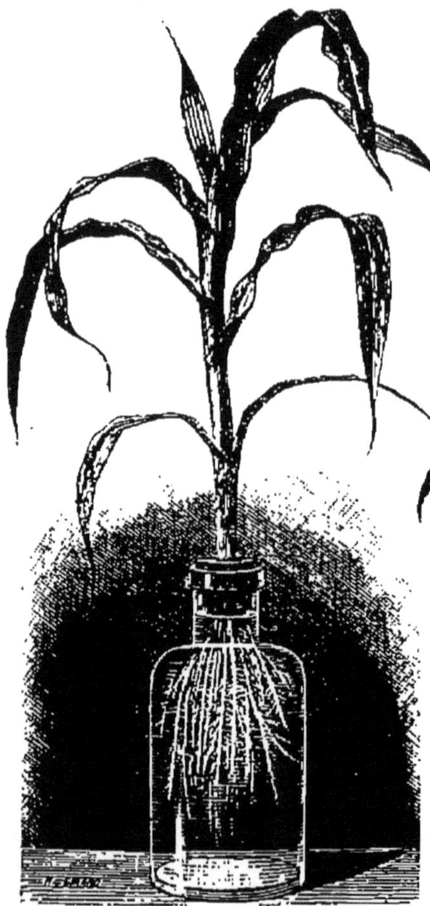

Fig. 65. **Culture du maïs dans l'eau.** Les racines doivent toujours être immergées dans le liquide, sans que celui-ci touche le bouchon.

Si le liquide nutritif venait à se gâter, ce qui arrive souvent quand il touche le bouchon, et ce qu'on reconnaîtrait à son odeur ou à son trouble, on le siphonnerait au moyen d'un caoutchouc adapté au tube plongeant et sans incliner le vase, de façon à ne point blesser les racines; on remplirait ensuite le flacon de liquide neuf au moyen d'un entonnoir adapté au même caoutchouc.

Au début de l'expérience, le liquide nutritif devra contenir, par litre, deux centilitres de l'engrais concentré (exp. 34), c'est-à-dire 1 gramme de matières fertilisantes solubles; à mesure que la plante grandit, on augmente progressivement la dose pour atteindre 5 grammes à la période de la floraison, ce qui correspond à 10 centilitres d'engrais concentré pour un litre de la liqueur nutritive servant au remplissage quotidien du flacon d'expérience.

Exercices. — Ils consisteront surtout, pour tout ce chapitre, dans les préparations qui y sont décrites. A propos de chacune d'elles, les élèves inscriront, dans un cahier, ou mieux dans un carnet spécial, toutes les données qui s'y rapportent : volume et poids de la terre d'expérience, ou volume du pot ou du flacon; composition et poids des engrais employés, leur teneur en chaque élément; nombre de graines semées, date des semis, de la levée, de l'apparition des feuilles, accroissement de longueur, etc.

CHAPITRE VIII

DÉVELOPPEMENT ET REPRODUCTION DES VÉGÉTAUX

---

68. Organes des plantes. — Nous avons vu (34) qu'une plante ne peut vivre et se développer que si le milieu où elle est placée renferme, à un état convenable, les éléments nécessaires à la composition de ses tissus. Ces éléments ont été déterminés, il reste à étudier comment et par quels organes le végétal peut se les assimiler.

Dans un végétal ou un animal, on appelle *organe* l'ensemble des parties du corps qui remplissent une fonction déterminée de la vie.

Les *feuilles* et les *racines* (fig. 66) sont des organes de nutrition; elles absorbent, dans l'atmosphère et le sol, les matériaux nécessaires à la formation de la sève; elles les *élaborent*, c'est-à-dire que, par une sorte de digestion, elle les rendent propres à former du tissu végétal.

La *tige* (fig. 66), subdivisée souvent en rameaux plus ou moins nombreux, est intermédiaire entre les racines et les feuilles; elle est parcourue par la sève élaborée qui porte, aux divers organes, les matériaux destinés à leur entretien et à leur accroissement.

La *fleur* (fig. 66) représente les organes de reproduction; elle produit le *fruit* qui renferme les *graines*. Une graine donne naissance à un végétal semblable à celui dont elle provient quand elle est mise en terre dans certaines conditions (exp. 1). Beaucoup de végétaux peuvent être multipliés ou reproduits au moyen de leurs tiges (75).

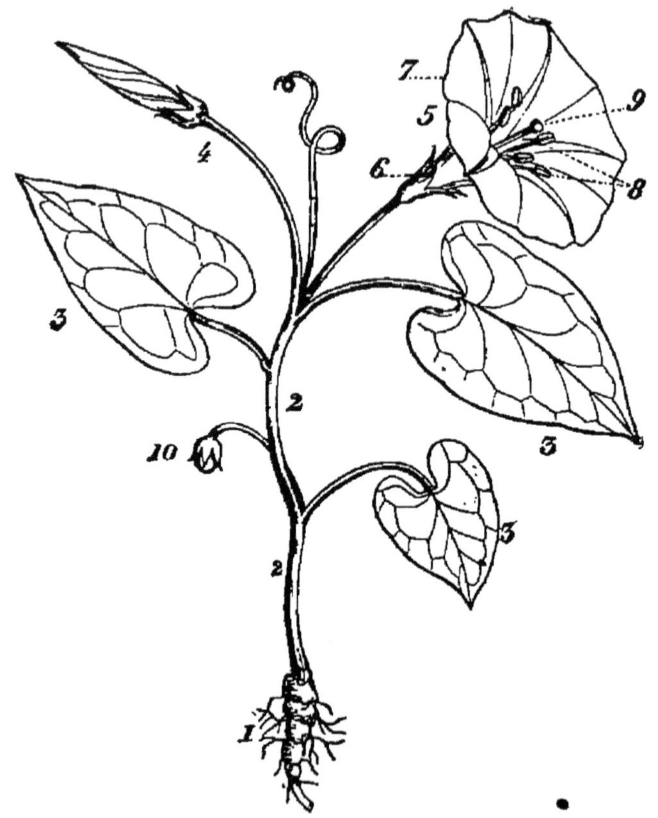

Fig. 66. Organes de la plante. (*Liseron* ou *volubilis* ou *convolvulus.*)
1, racines brisées; 2, la tige; 3, les feuilles; 4, une fleur en bouton; 5, une fleur épanouie formée du calice; 6, de la corolle; 7, des étamines; 8, et du pistil, 9; 10, le fruit.

L'étude élémentaire qui va être faite des principaux organes des plantes a pour but essentiel de faire comprendre la raison d'être des façons culturales les plus généralement pratiquées; les cultures démonstratives faciliteront cette étude.

69. **Racines; leur structure.** — Quand une graine germe (exp. 1), la *radicule* se développe d'abord en une racine principale qui se ramifie bientôt en racines

secondaires ou radicelles. L'ensemble des radicelles s'appelle le *chevelu* des racines. Quelquefois la racine principale disparaît et, sur les parties latérales de la tige, il en naît d'autres appelées *racines adventives* qui se ramifient comme la racine principale.

Quand on examine une racine quelconque, principale ou secondaire, on distingue facilement à l'extrémité (surtout dans les flacons de culture dans l'eau parce qu'ils produisent l'effet d'un verre grossissant), une sorte de capuchon appelé *coiffe*. Cette partie est plus dure que le reste, elle protège la racine à mesure qu'elle s'avance dans la terre; contrairement à ce qu'on a cru longtemps, elle est compacte et sans orifice, il ne faut donc pas lui donner le nom de *spongiole* ou de *suçoir*, ce qui induirait en erreur au sujet de son véritable rôle.

C'est seulement dans quelques plantes parasites telles que le gui, la cuscute, que la coiffe est remplacée par un suçoir; dans toutes les autres plantes, l'absorption des matières nutritives se fait par une partie de la racine qui précède la coiffe et qu'il est intéressant de bien examiner.

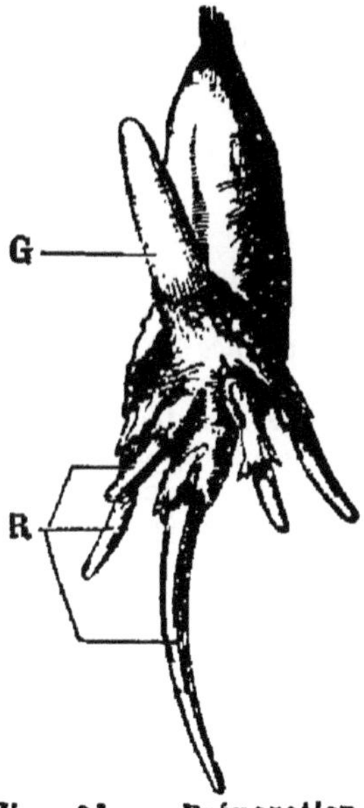

G

R

Fig. 67. Préparation d'une graine pour culture dans l'eau. Étude des poils absorbants.

Expérience 38. — Pour distinguer nettement la région absorbante sur des racines, on peut faire germer des graminées (blé, orge, avoine, ray-grass, chiendent, etc.) dans du sable ou de la mousse humide, et les disposer ensuite comme dans l'expérience 1 (*suite*), lorsque la gemmule *G* et les radicules *R* sont à peu près développées comme l'indique la figure 67, qui est plus grande que nature.

Une bonne disposition pour cette expérience, qu'il n'est pas utile de continuer au delà d'un ou deux mois, consiste à prendre un verre ou un flacon plein d'eau additionnée de quelques gouttes d'engrais liquide (63) et à le couvrir d'un carton, ou d'un bouchon flottant, percé d'un trou où passent les racines de la graine germée.

Voici alors ce qu'on observe : au voisinage de la coiffe, sur une longueur variant de quelques millimètres à quelques centimètres, la racine est enveloppée d'un fin duvet qui se renouvelle constamment du côté de la coiffe et disparaît du côté opposé à mesure que la racine s'allonge. Ce duvet est constitué par ce qu'on nomme les *poils radicaux* ou *poils absorbants* dont la fonction est d'absorber les matières nutritives, *solides ou liquides*, placées à leur contact. Les racines s'accroissent en diamètre, mais surtout en longueur, et comme la région absorbante, qui est aussi celle d'accroissement, se trouve toujours au voisinage de l'extrémité, on peut dire que l'absorption se fera progressivement sur tout le parcours de chacune des racines et radicelles. De sorte que si, sur une partie de ce parcours, les matières nutritives assimilables font défaut, il en résultera un jeûne correspondant pour le végétal.

La *nécessité du mélange* INTIME *des engrais avec le sol* ressort nettement de cette considération.

EXERCICES. — *Observations.* Suivre pendant quelques semaines et noter, ou marquer sur le flacon, les déplacements de la coiffe et de la région absorbante pour une même racine de l'une des cultures dans l'eau (*expérience* 37 *ou* 38).

Promenades. Arracher diverses plantes avec précaution, de façon à ne point briser les racines ; distinguer les poils absorbants : ils retiennent toujours une certaine quantité de terre sableuse. — Dans les champs labourés, choisir une motte de terre que la charrue a retournée en laissant des vides et où croît du chiendent : les poils absorbants sont très visibles sur les radicelles poussées dans les interstices de la terre.

70. Fonction principale des racines. — La principale fonction des racines est d'absorber une grande partie des matières nutritives nécessaires au végétal.

Sauf le carbone, un peu d'eau et quelques gaz ammoniacaux, que les feuilles prennent à l'atmosphère, tout le reste de la nourriture d'un végétal est puisé dans le sol par la région absorbante des racines.

L'absorbtion a lieu en vertu d'un phénomène connu sous le nom d'*osmose* et dont les expériences suivantes vont nous rendre compte. Nous examinerons deux cas : 1° celui où les éléments nutritifs sont en dissolution dans l'eau; 2° celui, beaucoup plus fréquent, où ils sont insolubles.

1er CAS. **Aliments solubles.** — *Expérience* 39. — Une membrane mince, d'origine végétale ou animale, telle que l'enveloppe molle de l'œuf, les membranes animales que préparent les charcutiers, le papier parchemin, et aussi la membrane qui recouvre toutes les parties déliées des racines, notamment les poils radicaux, jouit de la propriété de se laisser traverser par les liquides contenant ou non des solides en dissolution. C'est cette propriété qui constitue le phénomène appelé *osmose* ou encore *diffusion.* On la met en évidence de la manière suivante :

Une membrane, telle qu'une peau de vessie, par exemple, est ramollie par immersion dans l'eau, puis tendue sur la partie large d'un verre de lampe et solidement fixée au moyen d'une ficelle. On verse de l'eau sucrée dans le verre de lampe et on plonge celui-ci dans un vase contenant de l'eau ordinaire, de manière que les deux liquides soient au même niveau. Cette dernière condition n'est pas nécessaire, mais si elle est remplie, les pressions sur la membrane seront égales dessus et dessous, on ne pourra attribuer la marche du phénomène à leur influence.

Au bout de quelques heures, l'eau du vase extérieur est sucrée, ce qui prouve que le sucre a traversé la membrane. Si au lieu de sucre on avait employé un sel soluble, la diffusion se serait également produite; si par exemple on a mis dans le verre de lampe une dissolution d'un sel de cuivre, une partie passera dans le vase extérieur et en y versant de l'ammoniaque qui est un réactif des sels de cuivre, on obtiendra une belle coloration bleue.

Le passage de la dissolution sucrée ou saline à travers la membrane n'est qu'une partie du phénomène, car l'eau du vase extérieur a pénétré dans le verre de lampe.

Il s'est donc établi deux courants de sens contraire à travers la membrane, mais la vitesse de ces deux courants est inégale, *le liquide le* **moins dense** *passe* **plus rapidement** *que l'autre;* il en résulte que le volume augmente dans le verre de lampe, ainsi qu'on peut s'en convaincre en modifiant légèrement la disposition de l'expérience.

On choisit un verre de lampe présentant un fort étranglement, ceux des lampes à pétrole sont ordinairement dans ce cas; on ajuste une membrane comme précédemment; on verse de l'eau sucrée jusqu'au rétrécissement, puis en cet endroit, on glisse un bouchon bien ajusté, traversé d'un tube de faible diamètre afin que les petites variations du volume soient rendues visibles (fig. 68).

On remplacera avantageusement le verre de lampe par le haut d'un flacon coupé avec une ficelle (fig. 5); le tube sera ajusté par un bouchon dans le col de la fiole dont le fond aura été remplacé par la membrane. Un entonnoir peut également servir.

En ajustant le bouchon de l'appareil (fig. 68), le liquide s'élève et remplit le tube étroit, on en fai écouler un peu en inclinant le verre de lampe et en appuyant légèrement sur la membrane.

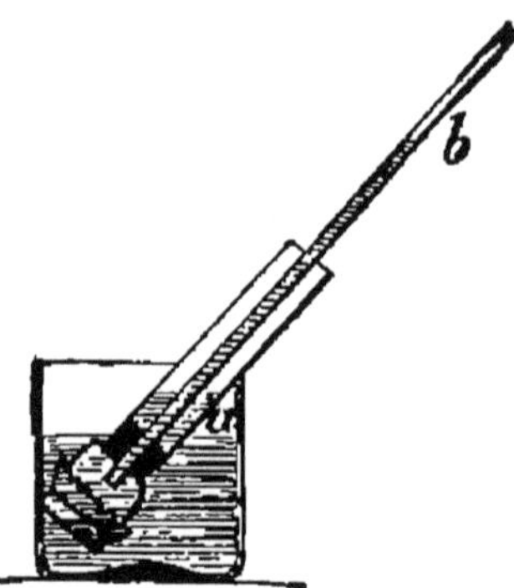

Fig. 68. Osmose. Les membranes se laissent traverser par des sels en dissolution.

On marque le niveau de l'eau sucrée dans le tube étroit, en versant par exemple de l'eau ordinaire en *a*, dans le verre de lampe, jusqu'à ce niveau; puis on abandonne l'appareil sans y toucher jusqu'au lendemain : on remarque alors que le tube *b* est rempli, ou à peu près. Si l'eau pure était mise dans le verre de lampe, et l'eau sucrée à l'extérieur, le niveau du liquide s'abaisserait en *b*; il demeurerait constant si le liquide était de même nature des deux côtés de la membrane.

Les poils absorbants fonctionnent comme la membrane précédente; s'ils se trouvent placés dans un sol humide, ils absorbent les liquides qui imprègnent la terre et ces liquides s'élèvent, par les vaisseaux intérieurs de la racine, dans le reste de la plante; ils se mêlent à la sève. Hors de la région absorbante, dans toute la partie plus ancienne de la racine, l'épiderme s'est épaissi et a perdu la faculté d'absorber les liquides, ce n'est plus qu'une enveloppe protectrice des fibres et des vaisseaux constituant la racine.

Des quatre éléments nutritifs principaux, l'azote est le seul qui puisse se trouver à l'état liquide dans le sol sous la forme de sels ammoniacaux ou de nitrates. Nous avons vu (50) que les trois autres éléments nutritifs indispensables, l'acide phosphorique, la potasse et la chaux, ne peuvent guère exister dans le sol à l'état de dissolution; ils sont absorbés aussi par osmose, grâce aux liquides acides que contient la sève. Examinons comment, dans ce cas, l'absorption se produit.

2e CAS. **Aliments insolubles.** — *Expérience* 40. — Rendons-nous compte d'abord de ce fait qu'*une racine renferme un liquide acide.* A cet effet, lavons les racines de l'une des plantes de l'expérience 38 — ou d'une autre plante arrachée avec précaution. — Ecrasons ensuite ces racines entre deux feuilles de papier bleu de tournesol (V. p. 19), le liquide contenu dans les racines produit des taches rouges sur le papier bleu : donc *ce liquide est acide.*

Si une membrane sépare un liquide acide d'un solide soluble

dans cet acide, le solide se dissout et passe peu à peu de l'autre côté de la membrane. De sorte que si la région absorbante d'une racine se trouve en contact avec un corps solide, tel que le phosphate de chaux, la craie, etc., qui peut se dissoudre dans les acides de la sève, ce corps solide, insoluble dans l'eau, pénétrera dans la plante.

On se rendra facilement compte de ce fait en opérant ainsi : l appareil pour l'osmose est rempli d'eau distillée ou d'eau de pluie dans laquelle on a soufflé pour y introduire de l'acide carbonique contenu dans l'air expiré (exp. 18); on le dispose ensuite de façon que la membrane s'appuie sur de la poudre de craie placée dans une assiette. Le lendemain on peut constater que l'eau renferme de la craie dissoute à la faveur de l'acide carbonique (exp. 18, *suite*) : en y versant de l'ammoniaque, on obtient un trouble dû au carbonate de chaux qui redevient insoluble. Ce carbonate insoluble avait donc traversé la membrane.

La digestion des sels insolubles par la racine d'une plante a été prouvée directement de la manière suivante : sur une plaque polie faite d'une pierre calcaire ou d'un os, on place du sable et on sème une fève ou un haricot; quand les racines suffisamment développées rencontrent la plaque, elles rampent à sa surface : si on lave ensuite la plaque, on constate que les racines ont fait une empreinte en creux, ce qui prouve que du carbonate ou du phosphate de chaux a été dissous.

Les faits que les expériences précédentes mettent en évidence sont du plus haut intérêt pour la pratique agricole, ils conduisent aux conclusions suivantes :

La condition indispensable à l'absorption d'un engrais par une plante, c'est que **cet engrais touche la racine;** *donc il faut que les matières nutritives soient répandues* **dans tous les points du sol** *où les racines doivent se développer.*

Le développement des racines est beaucoup plus considérable qu'on ne le suppose généralement (82) et, à cet égard, l'expérience 37 est très démonstrative.

S'il existe un point dépourvu d'engrais, la racine n'absorbera aucune substance nutritive quand sa région absorbante passera par ce point; la plante sera comme un animal qui recevrait une ration incomplète, il y aura une lacune dans son accroissement.

La **nécessité du mélange intime des engrais avec le sol** *est à nouveau rendue évidente par ces considérations* (69).

71. Fonctions accessoires des racines. — En introduisant plus ou moins profondément leurs ramifications dans le sol, les racines servent à fixer le végétal. Dans certaines espèces, la racine principale forme une sorte de pivot qui s'enfonce verticalement dans le sol souvent à une grande profondeur; dans d'autres, elles s'étalent sur une grande étendue et s'enfoncent peu ; selon le cas, les aliments devront se trouver dans la couche superficielle du sol ou à une plus grande profondeur.

Il est des racines dont certaines parties s'épaississent considérablement ; telles sont la carotte, le navet, la betterave, etc. ; elles renferment alors de grandes quantités de matières sucrées, féculentes, etc. ; ce sont des réserves alimentaires où le végétal trouvera les matériaux nécessaires pour la formation de la fleur et du fruit. La pomme de terre ne peut pas être citée ici comme exemple : elle porte des bourgeons, c'est donc une tige (73) souterraine et non une racine.

Les diverses fonctions de la racine ne peuvent s'accomplir que dans un milieu où l'air pénètre facilement; *les racines,* en effet, *absorbent de l'oxygène et dégagent de l'acide carbonique,* c'est-à-dire qu'**elles respirent** (32).

Une plante qui serait placée dans un pot métallique ou vernissé ne tarderait pas à périr si l'on bouchait hermétiquement la partie supérieure et tous les orifices en y tamponnant de l'argile molle : elle mourrait par asphyxie des racines. Ce qui précède démontre l'utilité et la **nécessité des labours** et des diverses façons du sol, non seulement pour *assurer le mélange des engrais* avec la terre végétale et aussi *la nitrification des matières azotées* (41) par l'intervention de l'oxygène ; mais encore et surtout pour *donner aux racines l'air qui leur est indispensable.* C'est pour remplir cette dernière condition qu'il est nécessaire de souffler de temps en temps par le tube qui plonge dans les flacons de culture dans l'eau (fig. 65).

La respiration des racines explique aussi la nécessité des amendements dans les sols trop argileux qui deviennent imperméables, soit par la trop grande humidité, soit par la trop grande sécheresse.

Exercices. — *Promenade.* Assister à un labour bien fait ; on remarquera comment la charrue divise et retourne la terre, comment les engrais s'y trouvent mélangés, et dans quelles conditions le mélange est le moins imparfait ; comment le sol est ameubli et aéré. Constater, à ces divers points de vue, la différence entre une terre qui a reçu un seul labour et celle qui en a reçu plusieurs.

Devoir écrit. Résumé des moyens employés habituellement dans le pays pour assurer le mélange de la terre et des engrais ; examiner ce qui arriverait dans un sol insuffisamment ameubli, contenant encore de nombreuses mottes compactes, et où le mélange d'engrais serait très imparfait ; terminer par une comparaison entre le végétal placé dans cette terre et un animal qui recevrait des rations très inégales de nourriture.

72. Structure et fonctions des feuilles. — Tout le monde sait distinguer les feuilles d'un végétal ; elles sont formées de deux parties, le *limbe* ou lame verte ordinairement étalée dans un plan horizontal et la queue ou *pétiole* qui rattache le limbe à la tige; le pétiole est parfois peu développé; dans certains cas, il présente une sorte de cornet appelé *gaine* qui enveloppe partiellement la tige; cette gaine se réduit parfois à deux *stipules* (1, fig. 69).

Les deux faces du limbe, qui sont rarement de la même nuance verte, sont recouvertes d'un épiderme pourvu ou non de poils; entre les deux épidermes existe un tissu vert, le *parenchyme*, enlacé dans une sorte de réseau formé par les *nervures*. Le réseau de nervures se distingue très bien quand on regarde la feuille par transparence; après l'hiver, les feuilles qui ont pourri dans les fossés ou les ruisseaux n'ont plus gardé que des nervures, le parenchyme a disparu.

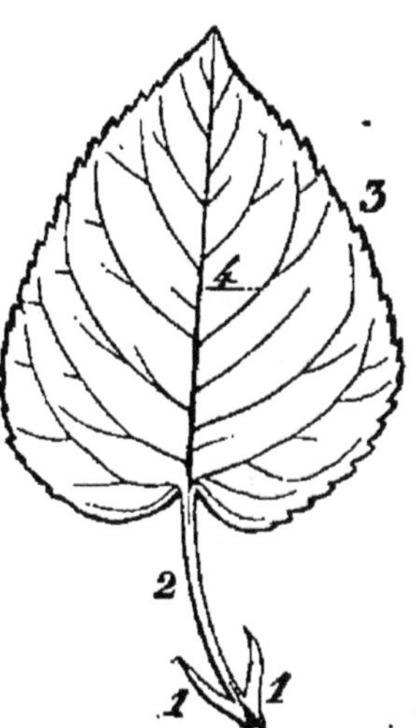

Fig. 69. **Feuille simple.** Ses diverses parties : 2, le pétiole; 3, le limbe; 1, les stipules; 4, les nervures.

L'épiderme est perforé de petits orifices visibles seulement au microscope, qu'on appelle *stomates*, et qui, faisant communiquer l'intérieur de la plante avec l'atmosphère, assurent les trois fonctions principales dont toute feuille verte est le siège: la *fonction chlorophyllienne*, la *respiration* et la *transpiration*.

73. Fonction chlorophyllienne. — La couleur verte des feuilles est due à une substance particulière, encore mal définie, appelée *chlorophylle*, qui ne se développe qu'avec le concours de la lumière. Chacun sait que les feuilles privées de lumière ne deviennent pas vertes, telles sont celles de l'intérieur des choux, des salades liées, des artichauts enveloppés, etc. *Sous l'action de la lumière, les feuilles vertes absorbent de l'acide carbonique, s'approprient le carbone et rejettent l'oxygène:* c'est en cela que consiste la *fonction chlorophyllienne;* on la peut mettre en évidence de la manière suivante.

Expérience 41. — Dans une carafe remplie d'eau, on fait passer, pendant quelques minutes, un courant d'acide carbonique (exp. 18), ou plus simplement l'air venu des poumons; puis on y introduit des feuilles *vertes* et *fraiches* après les avoir bien mouillées pour les débarrasser des bulles gazeuses qui pourraient rester adhérentes.

On ferme la carafe d'un bouchon traversé de deux tubes, l'un assez large ne dépasse pas le bouchon inférieurement (fig. 70), l'autre plonge dans l'eau et s'élève extérieurement aussi haut que le premier. Le tube large est ensuite rempli entièrement en y versant de l'eau, puis fermé au moyen d'un petit bouchon bien ajusté.

La carafe ainsi disposée est exposée aux rayons solaires pendant une heure ou plus, les feuilles se couvrent de bulles gazeuses qui se détachent et montent peu à peu dans le tube large; à mesure de leur formation, un volume égal d'eau s'écoule par l'autre tube. On enfonce ce dernier, à la fin de l'opération, de manière que son extrémité supérieure soit au niveau de l'eau dans le tube large; celui-ci peut alors être ouvert sans que le gaz qu'il renferme soit poussé au dehors par la pression de l'eau, et en y plongeant une allumette présentant seulement un point incandescent, elle se rallume (exp. 6), c'est le caractère de l'oxygène.

Fig. 70. Fonction chlorophyllienne. Sous l'influence de la lumière, les feuilles s'approprient de carbone de l'acide carbonique, et mettent de l'oxygène en liberté.

Il serait difficile de constater que les feuilles ont absorbé du carbone, mais il est clair que si l'oxygène de l'acide carbonique est mis en liberté, le carbone de ce même acide carbonique s'est fixé quelque part. Si deux haricots poussant dans deux pots différents, mais cultivés dans des conditions identiques, étaient placés l'un en pleine lumière, l'autre dans l'obscurité, on trouverait, au bout d'une quinzaine de jours, en les arrachant et en les desséchant, que le premier pèse plus que l'autre. A la lumière le premier reste vert et gagne du carbone; relégué dans l'obscurité, le second cesse de s'assimiler le carbone, la fonction chlorophyllienne est suspendue, ce qu'indique la couleur jaune du végétal.

74. Autres fonctions des feuilles. — RESPIRATION. — Pendant le jour comme pendant la nuit, toute feuille vivante absorbe de l'oxygène et laisse dégager de l'acide carbonique; en un mot, *les feuilles respirent constamment*, comme les racines.

Pendant la nuit, la fonction chlorophyllienne est suspendue faute de lumière, les plantes ne laissent pas dégager d'oxygène mais seulement l'acide carbonique produit par la respiration.

Pendant le jour, les deux fonctions s'exercent et il se produit un double dégagement : d'oxygène d'une part, d'acide carbonique de l'autre; mais comme la fonction chlorophyllienne, en pleine lumière surtout, est beaucoup plus active que la fonction de respiration, l'acide carbonique produit par celle-ci subit la décomposition chlorophyllienne et il ne se dégage que de l'oxygène.

Lorsque les deux fonctions n'étaient pas encore connues d'une façon distincte, on se bornait à constater leur résultat final en disant : *les plantes rejettent de l'oxygène pendant le jour et de l'acide carbonique pendant la nuit.*

TRANSPIRATION. — Les stomates ne sont pas seulement destinés à l'absorption de l'oxygène et de l'acide carbonique nécessaires aux deux fonctions précédentes, ils exhalent aussi, sous forme de vapeur, l'eau en excès amenée par les racines, et contribuent ainsi à l'épaississement de la sève (exp. 42).

La transpiration est plus active à la lumière qu'à l'ombre, elle augmente avec la sécheresse de l'air et l'élévation de la température. On ne se fait généralement pas une idée exacte de la quantité d'eau évaporée par les feuilles : on a calculé qu'en six mois un seul pied de blé ou d'orge peut laisser dégager en vapeur plus de sept litres d'eau; dans une expérience sur un pied de *grand soleil*, on a trouvé que la perte de poids, en douze heures, s'élevait à près d'un kilogramme.

Si la quantité d'eau évaporée est supérieure à celle que les racines peuvent puiser dans le sol, la plante se fane; c'est ce qu'on remarque souvent à la fin des journées chaudes de l'été, la fraîcheur de la nuit suffit ordinairement pour rendre aux végétaux l'eau qui leur manque; mais si la restitution est incomplète et si la chaleur continue, les plantes se flétrissent et meurent :

c'est ce qui arrive pour les prairies trop sèches, pour les pelouses des coteaux arides, etc.; on dit qu'elles sont grillées par le soleil.

Fonctions accessoires des feuilles. — Certaines plantes telles que les *pois*, les *gesses*, ont des feuilles qui se transforment en *vrilles* dont la fonction est de soutenir la tige grimpante de la plante.

Les bourgeons qu'on voit grossir au printemps sur les arbres fruitiers, et sur beaucoup d'autres, sont enveloppés de feuilles qui se réduisent à une sorte d'écaille; ces espèces de feuilles protègent les organes en voie de développement.

Enfin, dans les plantes à bulbe, à oignon, telles que les jacinthes, les tulipes, etc., les feuilles en forme d'écailles qui enveloppent la plante embryonnaire sont épaisses et gorgées de matières nutritives destinées, comme celles des cotylédons d'une graine (exp. 1) à fournir la nourriture au jeune végétal pendant la première partie de son existence. Chacun a vu des jacinthes se développer sur le col d'une carafe, l'eau suffit à la végétation; mais il faut remarquer ici que cette végétation s'arrête avec la floraison; pour arriver à la fructification, l'addition d'engrais dans l'eau de la carafe serait indispensable.

Exercices. — *Promenade*. Recueillir des feuilles de diverses formes et les classer d'après les indications du maître (feuilles simples, composées, — entières, dentées, crénelées, — lobées, pennées, palmées, — linéaires, lancéolées, sagittées, peltées, etc.).

75. **La tige**. — C'est la partie du végétal qui porte les feuilles et les fleurs; elle est dite *ligneuse* quand sa consistance est celle du bois, et *herbacée* dans le cas contraire. La tige se subdivise souvent en branches et rameaux et atteint parfois de grandes dimensions comme dans les plantes grimpantes et les arbres; dans diverses plantes herbacées telles que le pissenlit, le coucou, etc., elle est si réduite qu'on la distingue à peine.

Les végétaux dont la graine ne renferme qu'un *cotylédon*, autrement dit les plantes *monocotylédones*, ont une tige creuse, tels sont les palmiers, les roseaux, les céréales, etc.; cette tige est plus dure à l'extérieur qu'à l'intérieur. Il en est autrement pour les *dicotylédones* ou plantes dont la graine a deux cotylédons (fig. 13), et pour les arbres résineux, pins, sapins, etc.; leur tige, s'il s'agit d'un arbre déjà âgé, est pleine et plus dure au centre, au *cœur*, qu'à la périphérie.

Quand on examine la section d'un tronc d'arbre ou d'une grosses branche (fig. 71), on distingue des couches concentriques disposées dans l'ordre suivant, en allant de la périphérie au centre : l'*écorce* formée de l'*épiderme* et du liège, ou *couche subéreuse*, qui atteint un grand développement dans le chêne-liège; les couches génératrices composées de l'*enveloppe cellulaire*, du *liber* et du *cambium;* le *ligneux* ou bois proprement dit; enfin la *moelle* enfermée dans l'*étui médullaire*, assez développée dans les jeunes sujets, mais disparaissant peu à peu à mesure que la tige s'accroît.

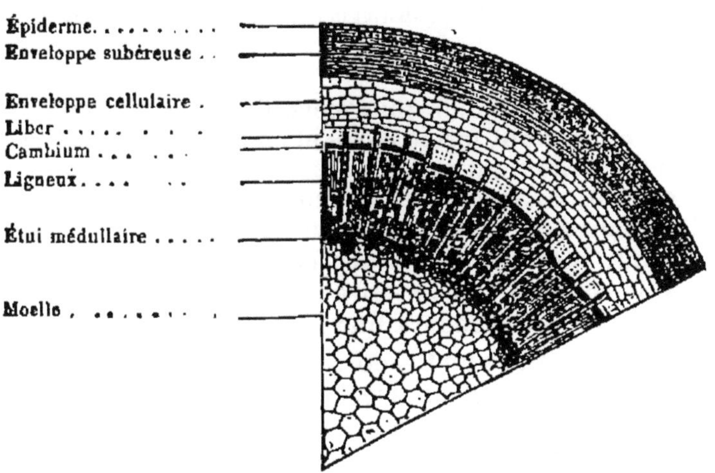

Fig. 71. Coupe grossie d'une jeune tige d'érable.

L'accroissement de la tige se fait dans la couche génératrice, entre l'écorce et le bois. Chaque année, une couche de cambium devient ligneuse, du liber devient cambium et ainsi de suite; en somme, une nouvelle couche se superpose chaque année aux couches déjà existantes; ces couches se distinguent assez facilement pour que l'on puisse déterminer l'âge d'un arbre abattu en comptant le nombre des couches concentriques apparentes dans la coupe du tronc.

Comme les feuilles et les racines, *les tiges respirent;* elles ont donc besoin d'oxygène. Leur principal rôle est de transporter jusqu'aux feuilles, par les vaisseaux du bois, les matières nutritives puisées dans le sol par les racines; lorsque les feuilles ont élaboré ces matières, celles-ci descendent par les vaisseaux de la couche génératrice, notamment dans ceux du liber où elles laissent les matériaux nécessaires aux tissus en formation.

Le liquide qui s'élève dans le végétal est généralement désigné sous le nom de *sève ascendante;* celui qui descend par le liber s'appelle *sève descendante.*

Exercice. — Déterminer l'âge de quelques arbres abattus en comptant les couches concentriques d'une section fraîchement faite dans le tronc. Couper une tige jeune de sureau, de saule, en distinguer les couches principales et en faire un croquis.

76. **La sève.** — Le liquide qui s'élève dans un végétal, ou sève ascendante, est surtout formé d'eau et en outre d'une petite quantité de sels minéraux qui ont été absorbés par les poils radicaux des racines (70); arrivée dans la feuille qui est le siège d'une évaporation active, la sève perd donc de l'eau, elle s'enrichit en se concentrant. elle s'épaissit. L'expérience suivante, qui montre comment une solution se concentre en un point où l'évaporation du liquide se produit, donnera une idée du phénomène.

Expérience 42. — Dans un flacon à large col, contenant un peu d'eau, on fait plonger deux mèches de coton renfermées dans deux tubes qui traversent le bouchon obturateur. L'une des deux mèches a été préalablement trempée dans une dissolution d'un sel quelconque ou mieux imprégnée du sel pulvérisé, soit du sulfate de cuivre ou du sulfate de fer; le tube qui le renferme est coiffé d'un autre tube fermé, pour empêcher l'évaporation de ce côté (fig. 70).

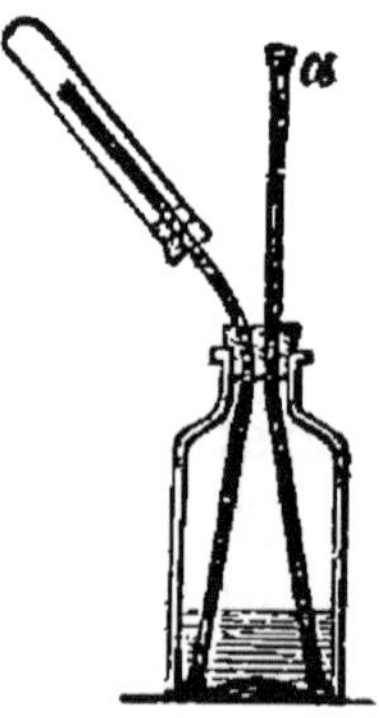

Fig. 72. Concentration d'une dissolution en un point où l'évaporation se produit.

L'autre mèche sort par une extrémité à l'air libre; le liquide s'y élève par capillarité, et il se produit une évaporation continuelle.

Après quelques jours, on voit se déposer à l'extrémité *a* de petits cristaux de sulfate de cuivre ou de fer.

Le sel métallique de la mèche couverte est donc descendu dans l'eau du flacon, il l'a traversée et s'est ensuite élevé et concentré dans la mèche évaporante.

Un phénomène analogue se produit dans les feuilles des végétaux puisqu'elles sont le siège d'une évaporation souvent très active : *la sève ascendante se concentre dans les feuilles.*

La sève descendante, enrichie par la concentration et en outre par l'assimilation du carbone, *abandonne aux jeunes tissus qu'elle traverse les divers matériaux qu'ils sont susceptibles de s'assimiler;* de sorte que, revenue à la région absorbante des racines, la sève ne contient guère que des éléments inutiles qui sont rejetés au dehors, *toujours par diffusion ou osmose*, c'est-à-dire en vertu des principes que les expériences précédentes ont mis en évidence.

Supposons, pour résumer et bien faire saisir ces mouvements et ces modifications de la sève dans les végétaux, que le sol d'une vigne renferme du salpêtre (*azotate de potasse*) et du sel marin (*chlorure de sodium*). Les cendres de sarment contiennent beaucoup de potasse, très peu de soude, encore moins de chlore (V. p. 208); ce qui indique que le tissu d'une branche de vigne *est surtout apte* à absorber de la potasse (en outre de l'azote, comme toutes les plantes). Le salpêtre et le sel, dissous par l'humidité de la terre, pénétreront dans les racines et s'élèveront par les vaisseaux jusqu'aux feuilles; la sève épaissie descend, laisse aux tissus les éléments qui leur conviennent : l'azote, la potasse et ce qu'il faut pour constituer la substance organique, mais peu de soude et de chlore; de sorte que le liquide redescendu dans le tissu des racines renferme une plus *forte* proportion de sel marin que le liquide qui imbibe le sol, et une plus *faible* proportion de salpêtre. Alors il y aura transport dans les deux sens : *de l'intérieur vers l'extérieur pour le sel,* et *de l'extérieur vers l'intérieur pour le salpêtre.* Il en résultera qu'un peu de sel marin sortira par les racines; une nouvelle quantité de salpêtre y entrera; et ainsi de suite. Répétons encore que le mouvement de diffusion d'une substance en dissolution ne cesse que quand elle est *diffusée*, c'est-à-dire quand elle est en proportion égale dans les deux liquides séparés par la membrane, alors seulement l'équilibre osmotique existe.

Les racines des plantes absorbent toutes les matières dissoutes dans les liquides qui les baignent; les tissus ne s'assimilent que ceux qui leur conviennent, les inutiles sont rejetées, cependant s'il y en avait de nuisibles, la plante périrait empoisonnée.

Une substance inoffensive ou même utile aux plantes peut devenir nuisible si elle est en trop forte proportion dans la terre où plongent les racines. C'est ici le cas de rappeler le fâcheux effet produit par l'excès de l'un des quatre éléments fertilisants quand les trois autres sont insuffisants; l'expérience (fig. 63, pot n° 3) le met en évidence.

Exercice. — *Devoir écrit.* Un engrais complet touche la région absorbante d'une racine; résumer ce qui se passe jusqu'à la fixation de ses éléments dans le liber.

77. Reproduction des végétaux. — La plupart des végétaux herbacés se reproduisent par semis de leurs graines; quelques-uns au moyen d'oignons, de bulbes comme la tulipe, le dahlia, etc., ou de tiges souterraines comme la pomme de terre.

La bonne réussite d'une culture est étroitement liée aux soins qu'on apporte aux semailles; il ne suffit pas de disposer convenablement le sol, de lui fournir les matières nutritives nécessaires aux plantes, il faut encore que celles-ci soient d'une bonne espèce et d'une bonne conformation, les graines recueillies sur un sujet chétif donnent rarement des sujets vigoureux; il faut encore que la semence ne soit pas mêlée de graines étrangères, de mauvaises herbes par exemple; sous ce dernier rapport les cultivateurs ne sont pas toujours assez soigneux : les uns négligent d'épurer leurs semences, d'autres les épurent et jettent au fumier les résidus du trieur, de sorte que les mauvaises graines séparées à la ferme se retrouvent de nouveau dans le champ.

Une même espèce cultivée présente souvent de nombreuses variétés; il en est ainsi pour la plupart de nos céréales, notamment pour la première de toutes, le blé; la pratique éclairée par la science peut seule indiquer quelle est la meilleure variété convenant à tel sol, dans telle région; mais une semence étant choisie, il est bon de s'assurer de son pouvoir germinatif : si, par exemple, la moitié des graines l'avait perdu, il est clair qu'il faudrait employer deux fois plus de semence que si toutes les graines étaient bonnes. L'essai du pouvoir germinatif est des plus simples.

Expérience 43. — On compte 25, 50 ou 100 graines d'une semence à essayer et on dépose chacune d'elles dans une petite cavité pratiquée sur un bloc de plâtre ou d'une pierre poreuse d'un décimètre environ de surface et de l'épaisseur d'une brique. La masse poreuse ainsi garnie sera placée ensuite dans les conditions indiquées (exp. 1) comme nécessaires à la germination, par exemple, dans une assiette qui contiendra toujours de l'eau à une hauteur moindre que l'épaisseur de la brique; les graines étant à l'air, l'oxygène interviendra sans qu'on s'en préoccupe et la germination se fera si la température est convenable, pour outes les graines saines. En comptant celles qui sont germées et multipliant le nombre trouvé par 4, 2 ou 1, selon le nombre des graines, on aura le *tant pour cent* indiquant le pouvoir germinatif de la semence.

Les cultivateurs ont l'habitude d'ajouter à leurs semences diverses matières qui ont pour but de prévenir le développement de certaines maladies; c'est ainsi qu'on chaule le blé, c'est-à-dire qu'on y ajoute de la chaux pour préserver la récolte à venir du *charbon* qui attaque la fleur, et de la *carie* qui attaque le grain.

Le *lait de chaux* (exp. 5 *bis*) nécessaire au chaulage s'obtient en délayant 2 ou 3 kilos de chaux vive ou éteinte dans une dizaine de litres d'eau. Le *sulfate de cuivre* remplace souvent la chaux, la proportion employée n'est pas la même partout, elle varie de 100 grammes à 3 kilogrammes pour une dizaine de litres d'eau, chacun a sa formule; il ne faut pas exagérer la dose sous peine de détruire la faculté germinative d'une partie des graines.

Dans l'opération du chaulage ou du sulfatage qui se pratique ordinairement sur l'aire de la grange, il ne faut pas employer de solutions chaudes, car il est démontré qu'à une température de 50 degrés, la chaux, le vitriol, etc., peuvent aussi priver les graines de leur faculté germinative.

On a proposé d'immerger préalablement les semences dans des dissolutions de sels ammoniacaux, de nitrates, de phosphates, etc., dans le double but de favoriser la germination et de fournir de la nourriture à la jeune plante. Ce *pralinage* des graines n'est pas toujours inoffensif, parfois il est plus nuisible qu'utile. L'action des engrais concentrés est souvent funeste aux graines, l'ammoniaque, par exemple, retarde souvent la levée. Dans l'expérience 29, si l'on amène les gaz du fumier dans le premier pot (fig. 58) au moment du semis, c'est dans le pot témoin que la graine lève le plus tôt et le mieux; c'est pourquoi on a recommandé dans cette démonstration de ne faire intervenir les gaz ammoniacaux que plus tard, quand tout est bien poussé.

La graine, nous l'avons vu (3), renferme la plante en miniature et en outre une provision de nourriture pour la jeune plante; le *bourgeon*, appelé aussi *œil* ou *bouton*, qui se développe soit à l'extrémité des branches, soit à l'aisselle des feuilles, renferme aussi la plante en miniature, à l'exception cependant des racines. Quand on plante en terre un rameau d'osier ou de peuplier par exemple, des racines poussent sur la partie inférieure du rameau, les bourgeons se développent et on obtient une nouvelle plante. C'est par ce procédé, connu sous le nom de *bouturage*, qu'on multiplie la vigne, qu'on reproduit un grand nombre d'arbustes d'ornement, fuchsias, géraniums, rosiers, etc. La création des forêts se fait aussi par boutures pour certaines essences d'arbres, sauf toutefois pour les pins, sapins et autres espèces résineuses.

Le *marcottage*, appelé *provignage* quand il s'agit de la vigne, est une sorte de bouturage dans lequel le rameau est couché dans la terre sans être séparé de la plante mère.

Les bonnes espèces fruitières, les rosiers, la vigne, etc., se reproduisent par le *greffage*, procédé qui a pris une grande importance pour la vigne depuis l'invasion du phylloxera.

Exercices. — *Calcul.* Mesurer le diamètre moyen des principales graines semées dans le pays et déterminer la profondeur de l'enfouissement pour chacune d'elles, sachant que, pour bien germer, une graine doit se trouver dans la terre à une profondeur égale à cinq ou six fois son diamètre moyen.

Visites. Assister à une opération de chaulage ou de sulfatage; à une épuration de semence par le *trieur*. — Compte rendu.

78. **La greffe.** — Les bonnes espèces d'arbres fruitiers ne se reproduisent pas par semis : des pépins bien mûrs, provenant d'une poire ou d'une pomme d'excellente qualité, donnent naissance à des arbres dont les fruits sont souvent de qualité très inférieure.

Pour multiplier les bonnes espèces, on implante un rameau ou un bourgeon de l'espèce à reproduire sur un sujet vigoureux, qui a poussé à l'état sauvage ou dans une pépinière. Pour qu'une greffe réussisse, il est nécessaire que le liber du *greffon* ou rameau et celui du sujet soient en contact; on réalise ces conditions de diverses manières :

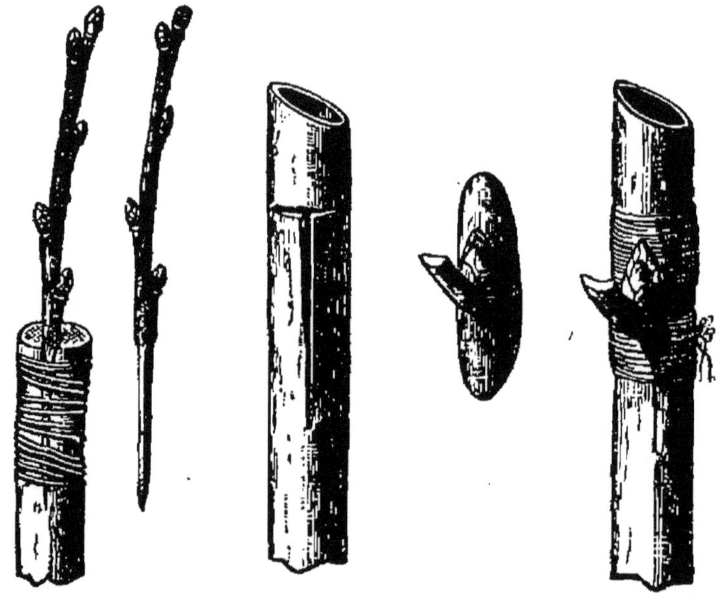

Fig. 73. Greffe en fente. *Fig.* 74. Greffe en écusson.

1° Par la **greffe en fente** (fig. 73); elle consiste à tailler la partie inférieure du greffon en forme de lame de couteau, et à l'introduire ensuite dans une fente faite sur le sujet à l'extrémité d'une branche dont on a coupé le sommet;

2° Par la **greffe en écusson** (fig. 74). L'écusson est un *œil*, ou bourgeon, qu'on enlève avec un peu d'écorce et qu'on glisse sous l'écorce du sujet dans une incision en forme de T.

Quand on opère au printemps, si le liber de l'œil touche celui du sujet, le bourgeon entre bientôt en végétation, on dit qu'on a écussonné *à œil poussant;* le bourgeon ne se développe que l'année suivante si l'opération est faite en août : c'est un écussonnage à *œil dormant.*

3° Par **greffe anglaise** (fig. 75). Ce procédé est surtout employé pour la vigne ; on coupe en biais le greffon G et le sujet raciné R ou le sarment américain dit porte-greffe ; on fend chacun d'eux sur une longueur de 2 ou 3 centimètres, suivant *a b*, et on fait entrer les deux biseaux l'un dans l'autre, on les consolide par une ligature L faite ordinairement avec du *raphia*, ce sont des bandelettes minces provenant des feuilles de palmiers. Beaucoup d'opérateurs suppriment aujourd'hui toute ligature pour la greffe faite sur table. Dans le greffage de la vigne, on fait en sorte que le greffon et le porte-greffe soient de même diamètre, on assure ainsi le contact des libers sur toute l'entaille.

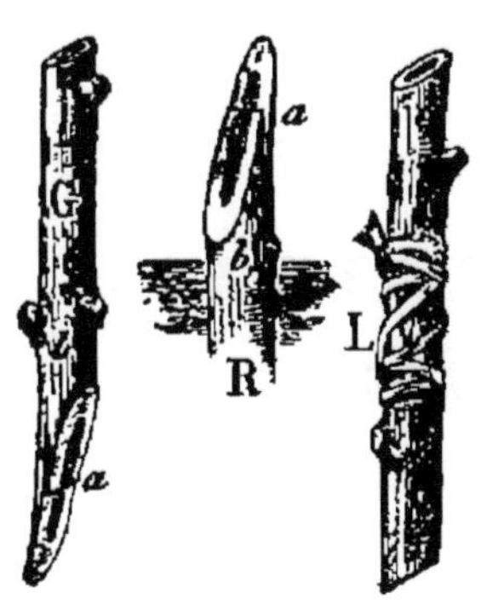

Fig. 75. **Greffe anglaise.**

On emploie parfois la greffe en fente pour la vigne ; la figure 76 indique la façon de procéder : tantôt l'œil du greffon est engagé dans la fente (A), tantôt il se trouve au-dessus (B).

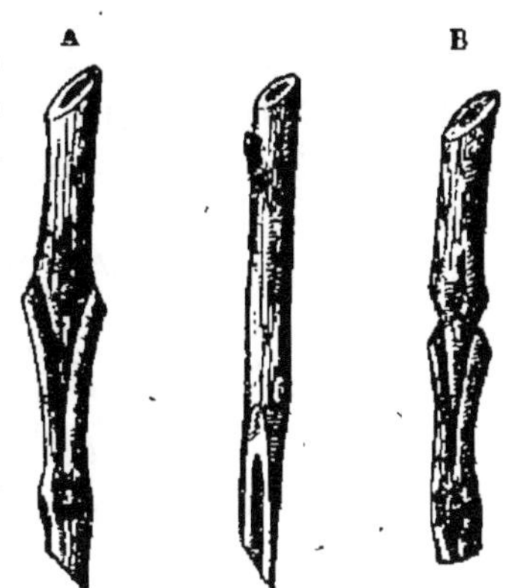

Fig. 76. **Greffe en fente appliquée à la vigne.**

Exercices. — *Travail manuel.* Les enfants s'exerceront à faire des boutures soit dans des pots, soit dans le jardin ; ils exécuteront des greffes en écusson sur des rameaux détachés de cerisiers, de rosiers, etc. ; les plus habiles grefferont ensuite des sujets racinés dans une haie ou un massif, ou bien sur *franc*, doucins, paradis, cognassiers, églantiers, etc. Dans les pays vignobles, ils s'exerceront à la greffe faite sur table. On n'apprend le greffage que par la pratique.

Questions pour le Certificat d'études. — I. ***Décrire la racine d'une plante que l'on connaît ; dire comment elle se développe et à quoi elle sert.***

II. ***Plantes du jardin dont on mange les feuilles ; comment empêche-t-on certaines plantes de verdir ? expliquer le rôle des feuilles en citant au besoin une expérience.***

III. ***Quels sont les arbres ou arbrisseaux que vous avez reproduits, ou vu reproduire, par greffage ? Dire comment est faite la tige et les conditions nécessaires à la réussite d'une greffe.***

Voir, en outre, les sujets indiqués au cours de ce chapitre.

CHAPITRE IX

FLEURS ET FRUITS. LES RÉCOLTES

79. **Étude de la fleur.** — La fleur, avons-nous dit (68), représente les organes de la reproduction ; elle produit le fruit qui renferme les graines. Quand elle est complète on y trouve (fig. 77), en allant de l'extérieur à

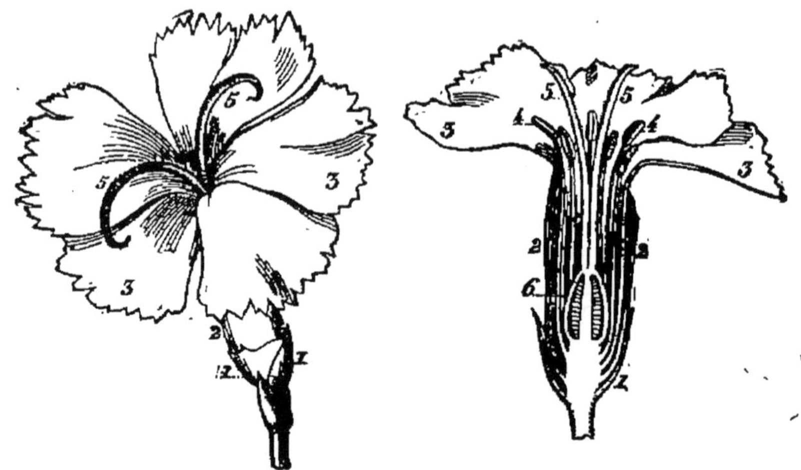

Fig. 77. Fleur d'œillet; elle est complète et la corolle polypétale; on compte six étamines et deux styles.

l'intérieur : le *calice* (2) généralement vert ; la *corolle* (3) presque toujours colorée et formée de plusieurs pièces (polypétale), ou d'une seule (monopétale) ; les *étamines* (4) composées le plus souvent de deux pièces ; l'une déliée, le *filet*, l'autre en forme de petite masse poussiéreuse, l'*anthere*, fixée à l'extrémité du filet ; enfin, au centre, le *pistil* (5) qui surmonte l'*ovaire* (6); le pistil est composé ordinairement d'un ou plusieurs *styles* qui se terminent par un *stigmate*. Le calice est quelquefois double, la partie extérieure plus petite s'appelle *calicule* (1, fig. 77).

NOTA. — *Il est indispensable, pour étudier une fleur, d'en avoir un spécimen sous les yeux; si le jardin ou un champ voisin de l'école ne permet pas de s'en procurer, quelques élèves seront chargés d'apporter, en classe, un nombre suffisant de sujets pour que chacun puisse en avoir entre les mains. Au moyen d'une lame de canif ou simplement d'une épingle, chaque élève fera, sous la direction collective du maître, la séparation des éléments constitutifs de la fleur. Il sera bon de coller, sur une feuille de papier, les pièces séparées et d'ajouter à cette figure en nature une petite légende explicative.*

Il faudra faire ainsi l'étude des caractères des principales familles, notamment des suivantes: rosacées, légumineuses, crucifères, labiées, composées et graminées.

EXERCICES. — Comme application de cette étude on réunira, en un herbier, les principales plantes utiles et nuisibles de la région (v. page 206).

Questions pour le Certificat d'études. — I. *Choisir, parmi les plantes du jardin, celle qu'on connaît le mieux; en décrire la fleur; dire comment on la cultive et à quoi elle sert.*

II. *Quelle est la plus importante culture dans votre commune et à quelle époque se fait la récolte? Soins dont elle est l'objet et usage qu'on en fait.*

III. *Quelle graine sème-t-on le plus souvent chez vous? Montrer comment on assure les conditions nécessaires à la germination, et quel soin on apporte au choix et à la préparation des semences.*

80. Fécondation. — Dans une fleur complète telle que l'œillet (fig. 77), ou la giroflée (fig. 78), le calice et la corolle forment une double enveloppe qui protège les organes internes, étamines et pistil. Cette enveloppe ou *périanthe* est quelquefois simple comme dans le lis; elle manque dans certaines espèces comme le saule; elle se réduit à quelques écailles dans le blé (fig. 79).

Fig. 78. Giroflée. Corolle à quatre pétales en croix (*crucifère*).

En coupant, perpendiculairement à son axe, une fleur

de giroflée, on remarquera la disposition, sur une sorte de cercle, des sépales du calice et des pétales de la corolle ; ces deux cercles ou *verticilles floraux* sont concentriques, et les pièces de l'un sont alternes avec celles de l'autre, c'est-à-dire que chaque sépale couvre l'intervalle de deux pétales voisins. Cette disposition assure la protection des organes floraux proprements dits, qui sont représentés, pour la giroflée, par la figure 80 ; au centre, le pistil enveloppé de quatre étamines aussi longues que lui, par côté, deux autres étamines plus petites. A la maturité de ces étamines, les anthères s'ouvrent (*déhiscence*) et laissent échapper une poussière fécondante, le *pollen*, dont une partie vient se fixer sur le stigmate du pistil et de là pénètre dans l'ovaire pour y féconder les ovules qui deviendront des graines. La fécondation de l'ovaire est souvent favorisée par les insectes qui viennent puiser au fond des corolles un liquide sucré appelé nectar : le pollen s'attache au corps des insectes, à leurs pattes, et son contact avec le stigmate est assuré.

Fig. 79. Fleur isolée du blé. Trois étamines, deux styles en plumet (*graminée*).

Pour qu'un ovaire devienne fruit, c'est-à-dire pour que des graines puissent se former, il est indispensable que la poussière pollinique ait été déposée sur le stigmate, mais il n'est pas nécessaire que le pollen provienne de la plante même qui porte l'ovaire.

Fig. 80. Étamines et pistil d'une fleur de giroflée.

Dans certaines plantes, comme le maïs, les étamines et les pistils forment deux fleurs distinctes (fig. 81). Au sommet de la tige se trouvent les étamines, c'est la *fleur mâle ;* vers le bas se trouve la fleur qui porte les pistils, c'est la *fleur femelle*. Ici les deux fleurs sont sur le même pied, mais il peut arriver qu'elles soient sur deux pieds différents, c'est le cas pour le chanvre.

Fig. 81. Maïs; *fleur mâle et fleur femelle.* Les deux épis après fécondation.

Le pollen des étamines d'une fleur, transporté par le vent ou un insecte, peut féconder le pistil d'une autre fleur située souvent loin de la première. On peut provoquer artificiellement la fécondation entre deux sujets différents pourvu qu'ils soient de la même famille.

Expérience 44. — On choisit, par exemple, deux pieds de volubilis, l'un blanc, l'autre coloré, rouge ou violet. Au premier épanouissement d'une corolle blanche, on coupe délicatement les étamines (8, fig. 66) sans endommager le pistil; il suffit d'enlever les anthères. Le lendemain et le surlendemain, on touche le stigmate de la fleur blanche avec des anthères *en déhiscence* d'une fleur colorée, de façon à être sûr que du pollen de volubilis rouge ou violet s'est fixé au bout du pistil de la corolle blanche; on attache un bout de fil au pédoncule de cette dernière, de façon à la reconnaître, à la maturité des graines. L'opération qu'on a faite ainsi s'appelle un *croisement;* la graine obtenue donnera des volubilis qui seront des *métis* de volubilis blancs et colorés; leur corolle sera blanche, panachée de rouge ou de violet.

C'est par des procédés de ce genre qu'on obtient des

variétés nouvelles de plantes d'ornements, de légumes, de céréales, etc. ; quand le croisement se fait entre des sujets d'espèces différentes, le produit obtenu s'appelle un *hybride*. Les hybrides sont généralement stériles ; les métis sont souvent plus vigoureux que leurs parents.

81. **Fructification.** — Quand la fécondation a été opérée, les ovules (6, fig. 77) contenus dans l'ovaire deviennent des graines ; dans le cas contraire, ils se dessèchent. L'ovaire fécondé se développe et devient le *fruit*.

C'est sur le fruit que se porte alors toute l'activité végétative ; jusque-là, tous les organes de la plante se sont également développés, les matériaux qu'ils ont emmagasinés vont maintenant servir à assurer la production de la graine, car le but final de la végétation est toujours la continuation de l'espèce.

Après la floraison, la plante cesse d'emprunter les matières minérales au sol, elle ne prend plus au dehors que de l'eau, de l'oxygène et du carbone, c'est-à-dire que les engrais lui sont inutiles ; les expériences de culture dans l'eau et en milieu stérile vont nous en fournir la preuve.

Expérience 45. — Dans les expériences 35 et 37, les quatre éléments nutritifs ont été ajoutés peu à peu sous forme de dissolution ; il est facile d'enlever ce qui en reste et de placer le végétal dans des conditions telles qu'il ne pourra absorber aucune matière minérale.

A cet effet, quand les haricots (fig. 82) seront défleuris, on supprimera le liquide nutritif pour l'arrosage, et on ne mettra en *a* que de l'eau ordinaire. Pour pouvoir affirmer qu'aucune matière minérale ne pénètre plus dans la plante, il faudrait employer de l'eau distillée ; mais l'expérience sera concluante, pour nous, avec de l'eau ordinaire qui eût été insuffisante pour amener les haricots à la floraison.

Si l'expérience 35 a été faite en double, on continuera

à alimenter l'un des pots avec la solution nutritive, l'autre ne recevant que de l'eau ; le premier pourra donner de nouvelles fleurs, mais ses fruits ne mûriront pas mieux que ceux du second.

Fig. 82. Résorption.

Peu après la floraison, le liquide nutritif de *a* est remplacé par de l'eau ordinaire ou distillée ; la fructification s'opère parfaitement ; les matériaux accumulés dans les feuilles, etc., sont *résorbés* par le fruit.

Cette importante expérience démontre bien que, *après la floraison, la plante n'a plus besoin d'engrais, elle ne reçoit plus du dehors que les éléments fournis par l'atmosphère.*

La conséquence pratique de ce principe, c'est que *les engrais devront être mis, autant que possible, à la disposition des végétaux pendant l'époque qui s'étend de la germination à la floraison.*

Après la floraison, la plante vit donc de sa propre substance ; le fruit se développe aux dépens des matériaux accumulés dans les divers organes, notamment dans les feuilles ; aussi voit-on celles-ci jaunir, puis se dessécher et mourir.

Les feuilles sont donc indispensables pour assurer une bonne maturité du fruit.

Dans le blé, quand les moissons commencent à jaunir, c'est par les feuilles les plus proches du sol que la résorption commence ; puis, peu à peu, la couleur verte disparaît dans les feuilles supérieures, la couleur jaune qui la remplace gagne peu à peu et progressivement toutes les feuilles en allant de la plus basse à la plus haute. Le phénomène se continue même, pendant quelques jours, après qu'on a coupé la plante ; c'est pourquoi la moisson des blés, par exemple, se fait un peu avant la maturité complète : le grain achève de mûrir dans la javelle ou la moyette, et, pendant le travail du fauchage, les épis s'égrènent moins facilement que s'ils étaient tout à fait mûrs ; on perd moins de grain.

Exercices. — *Promenade*. Observer, dans les seigles ou les premiers blés qui mûrissent, la marche de la résorption : de la feuille la plus proche du sol à celle qui est la plus proche de l'épi.

Si l'on supprimait les feuilles à une branche de groseillier, par exemple, avant la maturité du fruit, les groseilles de cette branche ne deviendraient pas sucrées. Goûter aux fruits d'un groseillier qui, pour une cause quelconque, aura perdu ses feuilles avant la maturité du fruit.

Même observation à faire sur le raisin, pendant les vacances, dans les pays vignobles atteints du *mildiou* (*mildew*).

Expérience. L'accumulation des réserves nutritives dans certains organes, dans les racines de la betterave, par exemple, diminue notablement quand on effeuille la plante ; la constatation est facile à faire : on compte le même nombre de pieds sur deux rangs voisins ; on effeuille un rang en enlevant cinq ou six feuilles à chaque betterave, tous les quinze jours ; on pèse chaque fois les feuilles enlevées. A la récolte, le rang de betteraves effeuillées pèse moins que l'autre et la différence de poids est égale à peu près **au double** du poids des feuilles enlevées.

82. Conclusions des cultures démonstratives. Les expériences de culture qui ont été décrites n'auraient qu'un intérêt de curiosité si l'on se bornait à leur bonne exécution ; il ne suffit pas de les bien conduire jusqu'à la fin, il faut surtout les bien interpréter et savoir en tirer les conclusions.

Tout d'abord on aura bien fait ressortir que les quatre éléments, azote, potasse, acide phosphorique et chaux, sont absorbés par les racines ; c'est par les feuilles que le carbone et aussi la vapeur d'eau et l'ammoniaque de l'air, sont assimilés et transformés en principes sucrés, féculents, protéiques, etc. Sur le mode de nutrition aérienne, le cultivateur n'a aucune action ; il ne peut agir que sur la nutrition par les racines en fournissant à celles-ci, dans des conditions convenables, les aliments nécessaires qui peuvent manquer au sol.

Les expériences dans l'eau et dans le verre cassé prouvent à l'évidence qu'*il suffit de fournir à la plante les quatre éléments, et que ceux-ci n'épuisent pas le sol, même s'ils sont donnés sous forme d'engrais chimiques.*

La dernière démonstration que nous avons faite (exp. 45), et la première (exp. 1), ont déterminé la *période d'utilisation de l'engrais par la plante : de la germination à la floraison.*

L'étude des racines et du mécanisme d'absorption dont elles sont le siège a montré la *nécessité de l'intervention de l'oxygène de l'air, le but des façons du sol et les grands avantages de son mélange intime avec les engrais.*

A ce sujet, il sera utile de se rendre compte de la longueur totale des racines car on s'en fait difficilement une idée exacte. En mesurant la longueur de toutes les racines principales et de second, troisième et quatrième ordre pour un seul pied de blé élevé dans un grand pot à fleurs, on a trouvé près de cent mètres; on cite un cas où la longueur totale atteignait un demi kilomètre, la surface totale était alors représentée par plusieurs mètres carrés, par suite, au cours de la vie du végétal, la région absorbante avait donc présenté progressivement une surface égale; les conditions les plus favorables à la végétation de ce dernier pied de blé ont été réalisées si l'engrais, en quantité suffisante, a été mélangé de façon à se trouver sur toute cette surface. Cette considération prouve une fois de plus que *l'engrais doit être répandu dans le sol* **partout** *où se développeront les racines.*

Exercice. — *Mesure et calcul.* Prendre un pied de céréale cultivé dans l'eau ou en pot; dans ce dernier cas, laver les racines pour les débarrasser de la terre; couper le collet et diviser en plusieurs faisceaux; chaque élève mesurera la longueur totale d'un faisceau. — Déterminer la longueur et la surface totale. Pour la surface d'absorbtion il ne faut compter, comme diamètre, que celui de la région absorbante; on le mesure en serrant dix racines l'une contre l'autre et en prenant le dixième de la largeur totale.

83. Équilibre des éléments de l'engrais. — Un point très important, que les cultures démonstratives permettent de mettre

Fig. 83. **Les éléments de l'engrais doivent être équilibrés.**
Effets produits par l'excès ou le défaut de l'un ou l'autre des éléments : azote, acide phosphorique, potasse.

en lumière, c'est la nécessité d'équilibrer les quatre éléments selon les besoins de la plante cultivée et en tenant compte de ce que contient préalablement le sol. L'expérience 36 que rappelle la figure 83 est, à ce sujet, fondamentale et bien choisie.

La description de cette expérience a été donnée page 125; rappelons seulement que le nº 1 a reçu l'engrais complet à très forte dose; au nº 2, l'azote manque; au nº 3, l'acide phosphorique; au nº 4, la potasse; le nº 7 n'a reçu aucun engrais; enfin 5 et 6 sont des cas particuliers. La formule d'engrais la plus convenable est celle qui est indiquée page 123.

Le défaut d'azote au nº 2, et surtout le défaut d'acide phosphorique au nº 3 ont détruit l'équilibre; aussi la récolte a été inférieure à celle du pot témoin qui n'avait rien reçu. Appliquées en grand, les expériences 2 et 3 eussent été une très mauvaise opération, puisqu'elle se serait traduite par une augmentation de dépense et une diminution de récolte. Essayons d'expliquer ce résultat.

L'élaboration des matériaux puisés dans l'air et dans le sol par un végétal n'est pas autre chose qu'une combinaison chimique, ou plutôt un ensemble de combinaisons chimiques très complexes, où les savants eux-mêmes ne voient pas encore bien clair. Mais dès lors qu'il s'agit de combinaisons, celles-ci ne peuvent se faire que suivant la loi des proportions définies (p. 46) dont voici le principe rappelé au moyen d'un exemple.

Quand on brûle complètement 6 gr. de carbone, on obtient 22 gr. d'acide carbonique, quel que soit l'excès d'oxygène intervenu pendant la combustion; cependant si ce comburant était en défaut, tout le charbon ne serait pas brûlé; si au lieu de 16 gr. d'oxygène, il y en avait seulement la moitié, la moitié seulement du carbone serait brûlée, il en resterait 3 gr. inutilisés.

L'acide carbonique se combine à la chaux, comme on l'a vu (page 46), dans la proportion de 22 d'acide carbonique pour 28 de chaux, ce qui donne 50 de craie. Autrement dit, dans 50 gr. de chaux, il y a 6 gr. de charbon, 16 gr. d'oxygène, et en outre 28 gr. de chaux (formée de 20 gr. de calcium combiné à 8 gr. d'oxygène); si, aux 6 gr. de charbon, on essayait de combiner 100 gr. d'oxygène et 100 gr. de chaux, par exemple, il resterait un excès de (100—16) ou 84 gr. d'oxygène et (100—28) ou 72 gr. de chaux qu'on ne pourrait pas faire entrer en combinaison; à 6 gr. de charbon, on ne peut combiner que 16 gr. d'oxygène, puis 28 gr. de chaux, ni plus, ni moins : l'équilibre des éléments constituant la craie est donc représenté par les chiffres suivants 6, 16 et 28, qui indiquent la proportion de ces éléments.

Les choses doivent se passer d'une façon analogue, dans les combinaisons chimiques dont le résultat est la formation de substances végétales; ces combinaisons sont très complexes, mais l'analyse a montré que, pour une même espèce végétale vivant dans des conditions normales, la proportion des quatre éléments reste sensiblement la même. Cette proportion est indiquée pour les principales plantes cultivées, dans les tableaux I et II (p. 208 et 209). Les chiffres inscrits dans ces tableaux se rapportent à 1 kilogramme de récolte ; ils permettent donc, par un simple

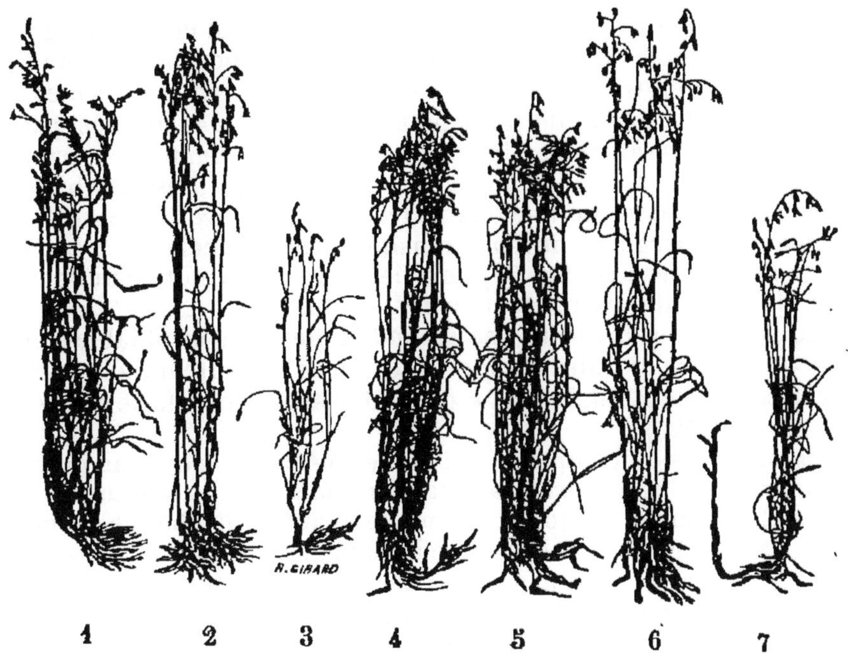

Fig. 84. **Résultats des expériences.**

N° DES POTS	ENGRAIS EMPLOYÉS v. les doses p. 125	NOMBRE DE		POIDS	
		TIGES	GRAINS	DU GRAIN	DE LA PAILLE
1	Engrais complet....	9	98	2gr,95	21 gr.
2	Sans azote..........	5	85	2gr,55	20
3	— phosphate.....	4	16	0gr,48	4
4	— potasse........	8	126	3gr,80	25
5	— plâtre.........	8	123	3gr,75	23
6	Sulfate de fer.......	5	56	1gr,70	17gr,5
7	Sans engrais.......	6	31	1gr,00	6

calcul, de trouver les quantités de ces éléments pour toute récolte dont on connaît le poids.

Supposons, par exemple, qu'un hectare ensemencé en blé a produit 25 quintaux de grain et 50 quintaux de paille ; on trouvera, au moyen des chiffres inscrits dans le tableau I, que cette récolte renferme 68 kilogrammes d'azote, 32 kilogrammes d'acide phosphorique et 38 kilogrammes de potasse, ces trois nombres représentent donc la proportion qui équilibre les éléments de l'engrais nécessaire au blé.

Si, pour une nouvelle récolte en froment, le sol ne pouvait fournir, par exemple, que 16 kilogrammes d'acide phosphorique au lieu de 32, les quantités d'azote et de potasse restant les mêmes, la moitié de cet azote et de cette potasse ne serait pas utilisée par le blé, ou elle le serait en partie, et la végétation deviendrait anormale. Et si, l'acide phosphorique manquant à peu près totalement, l'azote, la potasse ou la chaux se trouvaient en excès notable, ces éléments pourraient devenir nuisibles comme cela s'est produit dans l'expérience 36 (fig. 83) pour le n° 2, et surtout pour le n° 3, dont l'infériorité avec le témoin est si manifeste.

La figure 84 représente une seconde expérience semblable à celle qui vient d'être discutée et empruntée au même auteur; elle conduit à des conclusions analogues à celles de l'expérience faite sur l'orge (v. p. 125 et 126).

La suppression complète de l'un des éléments n'est pas possible quand on fait les cultures dans la terre, même dans la plus pauvre; celle-ci renferme toujours une petite quantité de chaque élément; mais la suppression pourra être absolue, si l'on cultive dans l'eau.

Expérience 46. — On prépare deux solutions nutritives, comme on l'a indiqué page 117 (exp. 34); à l'une des deux, on supprime la potasse, c'est-à-dire qu'on n'emploie, pour la préparer, ni chlorure de potassium, ni cendres, ni aucun produit renfermant de la potasse.

On dispose ensuite deux cultures de sarrasin dans l'eau, comme il a été indiqué (67), et l'on entretient l'une avec l'engrais complet, l'autre avec l'engrais incomplet, auquel il ne manque que la potasse : le premier sarrasin pousse vigoureusement, et quand il est arrivé à maturité, le second, qui ne pousse guère mieux que s'il vivait dans l'eau pure, atteint à peine 1 décimètre de hauteur. Quand, au lieu de supprimer la potasse, on supprime l'acide phosphorique, le résultat est le même; dans le cas où l'élément supprimé est l'azote, la végétation est moins chétive pour le second sarrasin.

Exercices. — *Devoir écrit.* Aux notes relatant les diverses circonstances des cultures démonstratives, chaque élève joindra un tableau analogue à celui ci-contre (fig. 84) et renfermant les résultats des expériences.

84. **Champ de démonstration, analyse du sol.** — Quand une terre est en bon état, il suffit, pour entretenir sa fertilité, de lui assurer la restitution des éléments enlevés par les récoltes. Le poids de ces éléments se détermine facilement au moyen des tableaux I et II (pages 208 et 209). On trouvera, par exemple, qu'une récolte en froment de 25 quintaux de grain et 50 quintaux de paille enlève au sol : 68 kilogrammes d'azote, 32 kilogrammes

d'acide phosphorique et 38 kilogrammes de potasse. Supposons le sol calcaire (61), alors nous négligerons la chaux, et nous trouverons que la restitution se fera en donnant au sol :

$\frac{68 \times 100}{15}$ = 453 kilog. de nitrate de soude à 15 0/0 d'azote [ou l'équivalent ; v. p. 211],

$\frac{32 \times 100}{15}$ = 215 kilogrammes de superphosphate à 15 0/0 d'acide phosphorique

et $\frac{38 \times 100}{50}$ = 76 kilogrammes de chlorure de potassium à 50 0/0 de potasse,

et on pourra compter, sauf accidents météorologiques, sur une nouvelle récolte en froment égale à la première. Dans une rotation on restitue, souvent en plusieurs fois, la moitié seulement de l'azote; l'air atmosphérique fournit le reste (v. p. 163 et 164.)

Mais il pourrait arriver qu'en donnant seulement l'azote et l'acide phosphorique, et pas de potasse, la récolte fût aussi bonne : cela prouverait que le sol renferme assez de potasse et qu'il est inutile de lui en fournir. C'est là un renseignement important qu'il faudrait avoir à l'avance, si l'on veut éviter une dépense inutile. Les laboratoires agricoles fournissent des indications très utiles à cet égard quand on leur envoie, pour être analysé, un échantillon de la terre du champ (v. page 200 la manière de prélever l'échantillon); toutefois, les indications que fournit une analyse chimique ne sont pas toujours suffisantes, et celles qu'on peut tirer des champs de démonstration sont souvent préférables; le mieux serait d'avoir les deux. Pour se procurer les premières, il faut nécessairement s'adresser à un laboratoire; pour obtenir les secondes, le concours d'un chimiste est inutile, chacun peut réussir l'expérience en y mettant du soin. La question à résoudre est la suivante : Une terre étant donnée, y a-t-il un ou deux des quatre éléments de l'engrais complet qu'il est inutile de lui restituer, au moins totalement ? La réponse pourra être obtenue en opérant de la manière suivante :

Expérience 47. — On recherchera si le sol est calcaire (voir p. 114). On choisira ensuite un endroit du champ qui représente, par son exposition et sa nature, la qualité moyenne de la terre à étudier; puis, on disposera quatre parcelles de 10 mètres carrés chacune (par exemple, 5 mètres de long sur 2 mètres de large) et séparées les unes des autres par une petite allée de 50 centimètres de large. (Pour le choix de l'engrais, v. p. 109 (57) et p. 211.)

On traitera ces parcelles comme les pots de l'expérience 36. L'engrais complet pour 10 mètres carrés sera formé de

Nitrate de soude à 15 0/0 d'azote.............	500	grammes	(*a*)
Superphosphate à 15 0/0 d'acide phosphorique..	800	—	(*b*)
Chlorure de potassium à 50 0/0 de potasse.....	300	—	(*c*)
Et on ajoutera, plâtre........................	300	—	

A la parcelle 1, on donnera la dose ci-dessus; la parcelle 2 recevra la même dose diminuée de (*a*); à la parcelle 3, il manquera (*b*); à la parcelle 4, il manquera (*c*).

On aura soin de bien préparer le sol et d'y incorporer l'engrais très uniformément; il faut que le mélange soit d'une homogénéité parfaite. Les semis seront faits avec régularité, etc.; et voici comment on appréciera le résultat : *si l'une des parcelles 2, 3 ou 4 donne une récolte égale à celle du n° 1, c'est que l'engrais omis pour cette parcelle est inutile.*

La même expérience peut être faite pour toute nature de sol et pour chaque espèce de culture. On la complète utilement par l'installation de quatre autres parcelles ainsi préparées : le n° 5 recevrait (*a*) pour tout engrais; le n° 6 (*b*) seulement; et, au n° 7, on ne donnerait que (*c*); enfin, le n° 8 ne recevrait aucun engrais, ce serait le témoin auquel on comparerait les parcelles 5, 6 et 7; *la parcelle qui aura reçu l'élément inutile devra ressembler au témoin.*

En résumé, ces expériences sont de deux sortes : ou bien on donne tous les éléments *moins un* à chaque parcelle, et on compare le résultat à celui que produit l'engrais complet; ou bien on donne *un seul* élément à chaque parcelle et on compare au témoin, sans aucun engrais.

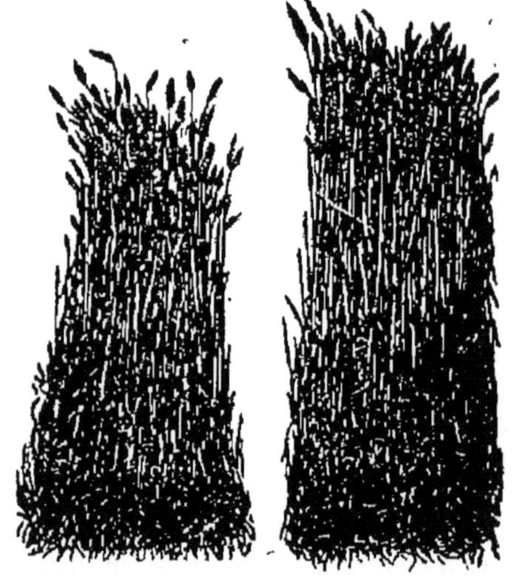

	Sans engrais.	*Avec engrais.*
Grain :	50 gr.	91 gr.
Paille :	100 gr.	182 gr.

Fig. 86. **Appréciation des résultats.**

Pour apprécier les résultats fournis par les champs de démonstration, il ne faut pas se contenter de juger au coup d'œil; la différence d'aspect que présentent les parcelles n'indique pas suffisamment la différence des rendements; la balance seule l'accuse nettement.

La figure 86 est une réduction photographique de la récolte faite sur 1/2 mètre carré, exactement, de deux parcelles, l'une avec engrais, l'autre sans engrais. La différence entre les deux récoltes est plus apparente en gerbe que sur pied. Néanmoins, à première vue, on ne s'attend pas à trouver la seconde gerbe deux fois plus pesante que la première. Les pesées donnent seules une idée exacte de la différence; il suffit d'en faire deux : l'une détermine le poids total de la gerbe non battue, l'autre le poids du grain seul; par différence, on a le poids de la paille.

85. **Applications à l'horticulture.** — Toute planche de légumes semés ou repiqués en lignes : choux, salades, épinards, carottes, navets, haricots, etc., peut faire l'objet de démonstrations intéressantes sur l'action de chacun des éléments de l'engrais complet. La description de l'une de ces expériences suffira pour montrer comment on peut les organiser et les conduire toutes.

Supposons une planche de 4 mètres de long sur 1m,50 de large, dans laquelle on veut repiquer 5 rangs de salade, par exemple; voici comment on procédera :

Expérience 48. — On emploiera l'engrais indiqué au tableau IV (p. 211); en culture maraîchère, on peut forcer la dose jusqu'à 250 et même 300 grammes d'engrais complet par mètre carré. La planche étant divisée en 5 bandes de 1 m. q.1/5 chacune, on répartira très uniformément, sur chacune, l'un des engrais suivants, qu'on mélangera ensuite intimement à la terre par un binage très soigneusement fait au râteau de fer sur une profondeur de 10 centimètres au moins.

Sur la première bande	Nitrate de soude. . . .	150	grammes	(*a*)
	Superphosphate, ...	100	—	(*b*)
	Chlorure de potassium	50	—	(*c*)
	Plâtre.	100	—	

Sur la 2e bande, même engrais moins (*a*)
Sur la 3e bande, — (*b*)
Sur la 4e bande, — (*c*)
Et sur la 5e bande, rien. (Voir aussi les formules, p. 118.)

Sur les bandes **2, 3 et 4,** on pourrait au contraire mettre seulement (*a*), (*b*) ou (*c*).

La planche devra être choisie dans un endroit de fertilité médiocre, mais bien exposé.

Au lieu de répandre l'engrais en une seule fois avant le repiquage des salades, on pourrait le distribuer peu à peu par arrosage; dans ce cas, il faudrait préparer 4 flacons d'engrais différents, en solution (expér. 34) ; on verserait une dose convenable de chaque solution dans l'eau d'arrosage des quatre premières bandes, la cinquième serait arrosée d'eau ordinaire non additionnée d'engrais.

On pourra essayer aussi, comme dans l'expérience 36 (fig. 63, pot no 6), **l'action du sulfate de fer.** — Ce sel a été considéré pendant longtemps comme un poison pour les végétaux; il les tue en effet quand sa proportion dépasse 5 pour 1,000, ce qui correspond à une quantité de 15 à 20 tonnes à l'hectare; mais quand on l'emploie à la dose des engrais, c'est-à-dire dans une proportion qui ne dépasse pas 5 ou 600 kilogrammes à l'hectare, il produit souvent des effets remarquables.

Le sulfate de fer n'est pas un engrais puisqu'il ne sert pas, ou sert fort peu, comme aliment pour les végétaux ; mais en sol calcaire, il est utile par les réactions qu'il détermine et les produits qui en résultent : il rend les phosphates solubles, produit des sulfates assimilables et fait dégager de l'acide carbonique qui dissout plusieurs éléments nutritifs. Il est considéré comme un agent assimilateur dont l'action est très efficace dans les terres pauvres en fer et en matières organiques. On admet aussi que l'assimilation, par la plante, du fer qu'il contient, favorise la production de la chlorophylle, ce qui détermine la fixation du carbone (73).

C'est en application de ces diverses propriétés que l'on préconise, depuis quelque temps, l'emploi du sulfate de fer : semé en couverture (57) sur les prairies naturelles, il active la végétation de l'herbe et fait périr la mousse; répandu au pied des arbustes atteints de chlorose, il leur rend bientôt, dit-on, leur couleur verte, etc.

A l'étude du sulfate de fer il sera bon de joindre celle du sulfate de cuivre, du soufre et de plusieurs de ses composés employés avec plus ou moins de succès contre les fléaux qui s'abattent en si grand nombre sur les productions agricoles et surtout viticoles.

Dans les pays vignobles, on étudiera notamment la préparation et l'emploi de la bouillie bordelaise et des diverses solutions cupriques employées contre le mildiew.

Exercices. — *Devoirs écrits.* Toutes les observations et indications relatives aux expériences faites sur les parcelles du champ de démonstration et les planches du jardin devront être consignées dans le carnet agricole de chaque élève, savoir : le plan à l'échelle des parcelles ou planches ; l'évaluation des surfaces et les doses d'engrais pour chacune d'elles; les quantités de semences ou le nombre de pieds ; la date des opérations et des phases principales de la végétation, levée des graines, épiage, floraison, maturité, accidents climatériques, etc.; le tout se terminant par un tableau de l'ensemble des résultats et un résumé de leur appréciation.

On ne peut guère aller plus loin à l'école primaire où l'expérimentation doit se borner à la constatation de faits bien connus, de résultats incontestés, et ne jamais s'égarer dans des expériences ayant le caractère d'études ou de recherches de faits nouveaux; toute expérience qui aboutirait à un insuccès irait à l'encontre du but poursuivi en augmentant la méfiance du travailleur des champs pour tout ce qui est scientifique.

Cependant si un champ de démonstration dirigé par le professeur départemental d'agriculture, ou par une autre personne compétente, est établi sur le territoire de la commune, les élèves du cours supérieur devront y être conduits; on s'efforcera de leur faire comprendre le but des opérations et les conclusions des résultats obtenus.

86. **Action simultanée des éléments de l'engrais complet.** — Des différentes constatations faites au cours du présent chapitre, on peut tirer cette conclusion que si un végétal n'avait à sa disposition qu'un seul des quatre éléments de l'engrais, les autres faisant *absolument* défaut dans le milieu (sol et atmo-

sphère) où il se développe, il périrait après épuisement de la nourriture qu'il aurait pu tirer de sa propre substance.

Si les quatre éléments sont à la disposition de la plante, mais que l'un d'eux soit en faible proportion par rapport aux autres, le développement végétal se fera *en raison de l'élément que la plante trouve en plus petite quantité*, et tant que l'on n'aura pas accru la proportion de cet élément, tous les autres resteront en partie inutiles.

C'est là un principe très important en pratique agricole, et il vaut la peine qu'on le mette spécialement en lumière.

L'effet du nitrate de soude semé en couverture sur les blés, au printemps, se manifeste en quelques jours (57) ; aussi les cultivateurs sont convaincus de son efficacité et, depuis quelques années, ils font une consommation relativement considérable de ce produit (pour 35 millions de francs en 1890) ; en général, ils n'obtiennent qu'une fraction de l'augmentation de rendement sur laquelle ils auraient pu compter; cela tient souvent à ce que l'un des quatre éléments, l'acide phosphorique, est en quantité insuffisante dans le sol, au moins à l'état assimilable.

Dans une terre de fertilité médiocre, l'addition du nitrate de soude seul produit, par exemple, une augmentation de récolte de 3 hectolitres de blé à l'hectare ; l'addition de phosphate de chaux seul, dans la même terre, produit aussi une augmentation de récolte, soit 2 hectolitres; si l'on ajoute à la fois l'acide phosphorique et l'azote, l'augmentation du rendement sera bien supérieure à 3 + 2 hectolitres, souvent elle dépassera le double de la somme des deux augmentations partielles.

Le nitrate de soude ne peut produire son maximum d'effet que dans les sols suffisamment riches en phosphate (en supposant que la potasse et la chaux ne font pas défaut); ce qui revient à la conclusion déjà formulée : **les éléments de l'engrais complet sont tous quatre indispensables, et ils doivent être équilibrés selon les besoins de la plante cultivée** ET DU SOL.

L'emploi exclusif du nitrate de soude présente en outre des inconvénients, l'azote provoque le développement des feuilles, son emploi est tout indiqué dans la production de l'herbe; mais pour assurer de la rigidité aux chaumes des céréales, et empêcher la *verse*, pour assurer également la bonne conformation du grain, l'acide phosphorique, uni à la potasse et à la chaux, est indispensable.

87. **Épuisement du sol; restitution.** — Toute récolte enlevée à un sol diminue la quantité d'éléments fertilisants que celui-ci renfermait (51); la perte peut s'évaluer facilement au moyen des tableaux I et II (p. 208 et 9), ainsi que nous l'avons déjà fait pour le froment (p. 158).

Pour conserver à une terre la même fertilité, c'est-à-dire pour lui assurer la même teneur en éléments fertilisants assimilables, il n'est pas indispensable de lui restituer la totalité des éléments que la récolte a enlevés. Dans certaines circonstances, le sol s'enrichit en principes fertilisants en dehors de l'apport fait par les engrais.

Pour l'acide phosphorique et la potasse, par exemple, les roches dont la désagrégation a produit la terre végétale (43) cèdent peu à peu une nouvelle quantité de matériaux assimilables; de sorte qu'après une année de *jachère*, par exemple, la terre arable s'est un peu enrichie, ce que le cultivateur exprime en disant que *la terre s'est reposée*. Le gain, dans ces conditions, est peu important ; on le néglige généralement et, sauf le cas où le sol est pourvu d'une abondante provision de phosphate et de sels de potasse assimilables, on lui rend la quantité de ces deux éléments que la récolte enlève.

En ce qui concerne l'azote, la question de restitution se présente plus avantageusement. L'atmosphère contient des vapeurs ammoniacales que les végétaux absorbent; en outre, les racines de certaines plantes, telles que celles de la famille des légumineuses, portent des nodosités où l'azote atmosphérique subit une sorte de nitrification ; à ce sujet, des discussions se sont élevées entre les savants; ce qui est certain, c'est le fait suivant connu, du reste, depuis longtemps des praticiens :

Quand on enfouit en vert une récolte de légumineuses, le sol s'enrichit en azote. Les prairies artificielles *rompues* donnent en général de belles récoltes de céréales, mais elles *versent* souvent (86), par excès d'azote : une addition de phosphate rétablit l'équilibre.

On pourra donc enrichir une terre en azote en y semant une légumineuse (trèfle, vesce, lupin, etc.), et en enfouissant ensuite la récolte par un labour, *après floraison de la plante* (81).

La pratique agricole a prouvé depuis longtemps qu'il est avantageux de varier la nature des cultures sur une même terre. On appelle **assolement** l'ordre dans lequel se succèdent les productions d'un même terrain ; on dit qu'il est *triennal*, *quadriennal*, etc., lorsque la même culture ne revient que tous les 3, tous les 4 ans, etc. ; le nombre d'années forme une *rotation*. On fait généralement précéder les céréales d'une culture de betteraves, de pommes de terre, etc., qui exigent des binages détruisant les mauvaises herbes, ou d'une prairie artificielle qui les étouffe. Ainsi dans l'assolement triennal le plus anciennement employé, la récolte de froment est précédée d'une culture de racines, d'un trèfle ou d'une jachère, et suivie d'une récolte d'orge ou d'avoine; la totalité de l'engrais est donnée pour le blé, mais elle n'est pas épuisée entièrement en un an.

Après toute rotation au moins, un cultivateur soucieux de

son intérêt doit se rendre compte de l'état de fertilité de ses terres; il est nécessaire qu'il sache si elles ont perdu ou gagné et combien : cet important renseignement s'obtient en établissant la différence entre la quantité d'éléments fertilisants apportés au sol par la fumure et celle que la récolte a enlevée. Cela s'appelle faire la **balance entre la récolte et l'engrais**; voici un exemple :

Un hectare soumis à l'assolement triennal a donné la première année 20 quintaux de blé et 45 quintaux de paille; la seconde année 18 quintaux d'avoine et 30 quintaux de paille; la troisième année 8,000 kilogrammes de fourrage sec (trèfle rouge). L'engrais total a été de 30 tonnes de fumier demi-consommé.

Au moyen des données des tableaux I et II (p. 208 et 9), la balance s'établira ainsi :

		Azote.	Ac. phos.	Potasse.	Chaux.
Blé	grain	41.6	16.4	11.0	1.2
	paille	14.4	10.3	22.0	11.7
Avoine	grain	32.2	9.9	7.5	1.8
	paille	12.0	5.4	29.1	10.8
Trèfle		170.4	44.8	156.0	153.6
Total		270.6	86.8	225.6	179.1
Engrais		150.0	78.0	189.0	210.0
Différence		—120.6	—8.8	—36.6	+30.9

Les 30 tonnes de fumier ont donc été insuffisantes pour maintenir la fertilité du sol; toutefois, la perte n'est pas très considérable en acide phosphorique et en potasse. Si le trèfle était remplacé par une jachère, le calcul donnerait un gain d'azote; avec le trèfle, la perte n'est pas de 120kg,6 d'azote, car cette légumineuse a surtout emprunté son azote à l'air et les racines et portions de tiges qu'elle a laissées ont aussi donné de l'azote au sol. Dans le calcul, on peut retrancher l'azote du trèfle.

Pour restituer au sol les éléments enlevés par les récoltes de cette rotation, il faudra donner des engrais contenant : 100 k.g. d'azote, 87 k.g. d'acide phosphorique, 225 k.g. de potasse et 179 k.g. de chaux. Si le sol est calcaire et riche en potasse, on restituera l'azote et l'acide phosphorique seulement; encore (v. p. 158) la moitié de l'azote suffit-elle, si la rotation comprend des légumineuses.

On calculera d'abord le poids des éléments fertilisants contenus dans le fumier dont on peut disposer, et l'on complétera le dosage comme il a été dit (p. 113), par des engrais complémentaires.

Exercices. — *Calcul.* **Établir la balance pour l'assolement quadriennal suivant d'un hectare. Récoltes : première et troisième années, froment, en tout 48 quintaux de grains et 100 quintaux de paille; deuxième année, trèfle rouge, 76 quintaux; quatrième année, 150 quintaux de betteraves fourragères et 75 quintaux de pommes de terre. Engrais total : 25 tonnes de fumier, 500 kilogrammes de nitrate de soude et 500 kilogrammes de superphosphate.**

CHAPITRE X

LES ANIMAUX[1]

88 **Tissus animaux.** — L'animal se distingue du végétal en ce qu'il se meut. Tout mouvement nécessite une production de chaleur, aussi le corps des animaux est-il le siège d'une combustion lente qui commence et s'arrête avec la vie. Les matériaux combustibles sont fournis par les aliments, le comburant est l'oxygène de l'air introduit dans le corps par la respiration (32).

Outre les aliments nécessaires à l'entretien de la chaleur animale, il en faut d'autres pour construire les tissus du jeune animal et pour entretenir et réparer ceux de l'adulte. De là une division des aliments en deux classes : *les* **aliments respiratoires** *qui sont ternaires,* c'est-à-dire formés de trois éléments (34) : le CARBONE, l'HYDROGÈNE et l'OXYGÈNE, *et les* **aliments plastiques** *ou* **réparateurs** *qui renferment en outre de* l'AZOTE.

Les tissus constituant les organes des animaux et notamment ceux qui leur permettent de se mouvoir, sont de trois sortes : les *os,* les *articulations* et les *muscles.*

Les **os** sont composés de matières minérales et de matières organiques ; si l'on calcine un os, il reste des cendres formées essentiellement de *carbonate* et de *phosphate de chaux* (exp. 21). Si au contraire on soumet un os à l'action de l'acide chlorhydrique ou du vinaigre, la matière minérale se dissout et la matière organique reste intacte. Si on la lave ensuite et qu'on lui fasse subir une ébullition prolongée dans l'eau, cette matière organique se transforme en *gélatine* ou *colle forte.*

Quand on fait bouillir de l'eau dans laquelle on a mis des os frais, ceux de la viande de boucherie, par exemple, il se forme,

---

1. Il conviendra d'étudier ce chapitre au commencement de la seconde année du cours supérieur (V. p. 4), en même temps que l'on fera la revision des chapitres I, II et III (pages 27 à 68).

à la surface du liquide, un peu de *graisse* qui se fige par refroidissement.

Les os sont donc formés : 1° de *phosphate* et de *carbonate de chaux*, l'analyse y ferait reconnaître en outre plusieurs autres substances minérales telles que de la *magnésie*, du *sel marin*, etc.; 2° d'une matière organique azotée, la *gélatine;* 3° d'une matière organique ternaire, la *graisse*. Celle-ci existe surtout en grande quantité dans les os creux où elle prend le nom de **moelle;** il ne faut pas la confondre avec la **matière cérébrale** qui est quaternaire, riche en phosphore, et qui constitue le cerveau, la moelle épinière et les nerfs.

Les os des jeunes animaux ne contiennent guère que des éléments organiques, ils sont flexibles; à mesure de leur développement, ils s'incrustent de matières minérales et deviennent plus résistants, mais aussi plus fragiles.

Les **articulations** sont les jointures des os : les extrémités qui doivent jouer l'une sur l'autre sont revêtues d'une croûte luisante et polie, continuellement humectée d'un liquide spécial; cette croûte est de composition analogue à celle des os jeunes, c'est-à-dire qu'elle renferme peu de matières minérales. Une articulation est consolidée par des sortes de bandelettes de nature musculaires qui vont d'un os à l'autre.

Ces bandelettes ou *ligaments* peuvent être distendus ou même déchirés à la suite d'un mouvement violent ou mal assuré, ce qui produit les accidents désignés sous le nom d'*entorse* et de *luxation*.

Les muscles forment la partie charnue désignée vulgairement sous le nom de **viande;** c'est un amas de filaments rouges groupés en faisceaux, attachés par les deux bouts à un os, tantôt directement, tantôt par l'intermédiaire d'une substance, également fibreuse, blanche et fort résistante, qu'on appelle **tendon.**

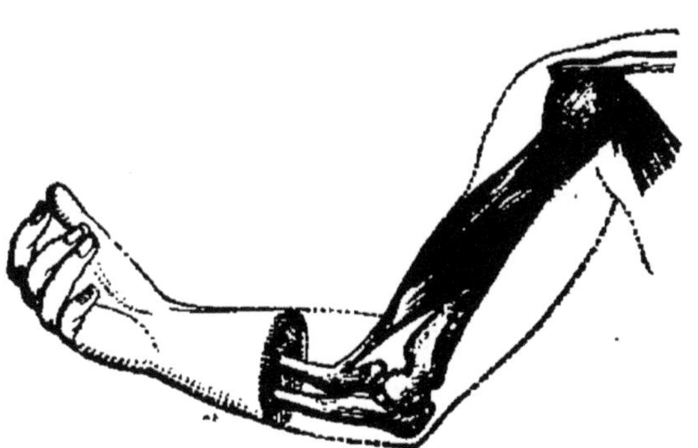

Fig. 87. Contraction d'un muscle. Le principal muscle du bras, le *biceps*, se contracte et soulève l'avant-bras à la façon d'un levier.

Un muscle peut, à la volonté de l'animal, se contracter en diminuant de longueur et en augmentant de grosseur; les deux os auxquels il est attaché tendant alors à se rapprocher, il en résulte des mouvements de leviers qui actionnent les bras (fig. 87), les jambes, etc.

Les muscles, ou la chair qui les forme, sont susceptibles d'entrer en putréfaction, ils sont donc azotés; ils renferment parfois une notable quantité de matière gélatineuse qui se dissout dans l'eau bouillante et donne la **gelée** très abondante, par exemple, dans les mets où entre la viande de veau.

La peau des animaux renferme aussi beaucoup de gélatine.

C'est le sang, ainsi que nous le verrons plus loin, qui porte aux divers tissus des animaux les matériaux nécessaires à leur développement et à leur entretien; il renferme en outre les substances combustibles qui entretiennent la chaleur animale, et c'est dans les aliments qu'il les puise toutes.

Exercices. — Voir Compléments, page 203.

89. **Nature des aliments.** — Pour les animaux, comme pour les plantes, les aliments plastiques ou réparateurs devront contenir les mêmes éléments que ceux des tissus à former, à entretenir ou à réparer. La quantité des aliments plastiques et respiratoires varie selon l'espèce des animaux, selon leur taille, leur âge, les travaux qu'ils exécutent, etc.; mais la proportion des éléments reste sensiblement la même pour les mêmes espèces.

Cherchons d'abord à reconnaître la nature des principes qui constituent nos aliments, nous calculerons ensuite dans quelle proportion on doit les associer.

Expérience 49. — Un peu de farine, une pomme de terre et une noisette suffisent à la démonstration.

Constatons d'abord la différence entre les aliments des végétaux et ceux des animaux : la plante se nourrit exclusivement de *substances minérales* qu'elle *élabore;* l'animal ne peut élaborer les substances minérales, il ne peut puiser son alimentation ailleurs que dans les *substances organiques,* végétales ou animales.

Ces substances organiques sont formées, outre les matières minérales qui s'y trouvent toujours associées en petite quantité, de quatre espèces principales de composés : 1° les *matières azotées;* appelées aussi *protéiques;* 2° les *matières féculentes et sucrées ;* 3° la *cellulose ;* 4° les *matières grasses.*

Les deux premières espèces se séparent facilement de la farine : il suffit de pétrir un peu de farine et d'eau, de manière à obtenir une pâte *épaisse* et *ferme,* et de tremper un grand nombre de fois dans de l'eau la boulette obtenue, en la pressant légèrement entre les doigts. Il faut avoir soin de ne pas trop étendre la pâte, autrement elle adhère aux doigts, et il devient impossible de continuer l'expérience.

Il arrive un moment où l'on n'a plus entre les doigts qu'une matière grisâtre très élastique, c'est le *gluten,* substance putrescible; par le repos, l'eau devenue blanche laissera déposer l'*amidon,* qu'il est facile de séparer en décantant.

L'amidon ressemble à la fécule que nous allons extraire de la pomme de terre : c'est la *matière amylacée ou féculente;* le gluten est la *matière azotée.*

Râpons une pomme de terre après l'avoir épluchée, et comprimons la pulpe obtenue dans un linge; le liquide qui s'écoule est recueilli dans un verre et mis à part (*a*).

En trempant dans l'eau le nouet qui renferme la pulpe et en le tordant, l'eau sort blanchâtre : elle entraîne la fécule (*b*) qu'on pourra recueillir, comme on l'a fait pour l'amidon de la farine, en décantant.

Quand le nouet tordu dans l'eau claire ne la troublera plus, on retirera la pulpe qui sera parfaitement blanche; si le lavage a été insuffisant, la pulpe brunira au contact de l'air. Cette pulpe blanche (*c*) est de la *cellulose;* c'est une substance analogue à du coton ou mieux à de la pâte à papier.

La cellulose se rencontre dans tous les végétaux où elle forme le tissu cellulaire composé d'une multitude de petits globules arrondis ou polyédriques appelés *cellules,* et visibles seulement au microscope. Ces cellules ont été déchirées en râpant la pomme de terre; ce qu'elles renfermaient s'est répandu : c'est la fécule (*b*), et le liquide (*a*) qu'il est intéressant d'examiner.

Ce liquide se colore à l'air, il contient en effet une matière colorante. En le filtrant, il passe limpide, mais il garde sa teinte; le filtre arrête un peu de fécule qui s'était échappée à la première torsion du nouet.

Mettons le jus de pomme de terre filtré dans un tube à essai; et, dans un second tube à essai, versons un peu de blanc d'œuf étendu de 10 fois son volume d'eau ; puis portons à l'ébullition le contenu des deux tubes : les deux liquides se troublent par l'apparition de flocons blanchâtres; ces flocons sont du blanc d'œuf cuit ou de l'*albumine coagulée* pour le second tube; pour le premier tube, c'est une matière analogue, l'*albumine* de la pomme de terre. L'albumine végétale, comme l'albumine animale, se *coagule* par la chaleur; c'est une matière susceptible d'entrer en putréfaction, elle est donc *azotée.*

Le liquide (*a*) privé de son albumine contient des sels minéraux, il en est de même de l'eau de lavage de la farine. Les chimistes ont déterminé, d'une façon précise, la composition de toutes les matières alimentaires en principes azotés, féculents, sucrés, en cellulose, en sels, etc.; une moyenne des résultats principaux qu'ils ont trouvés est consignée dans le tableau VII (page 214); nous apprendrons un peu plus loin à en faire usage.

Les *corps gras* sont, comme la fécule, la cellulose, le sucre, des substances ternaires, c'est-à-dire formées de trois corps simples (charbon, hydrogène et oxygène). Tous les aliments renferment des graisses, mais il serait difficile d'en extraire de la farine ou de la pomme de terre, tandis que l'opération est fort simple avec une noix ou une noisette : on écrase l'amande et on la chauffe doucement sur une pelle de fer; si on la comprime, pendant qu'elle est chaude, dans une feuille de papier, il se formera une tache d'*huile*.

En râpant une betterave, en exprimant, clarifiant et évaporant le jus, on obtiendra facilement du *sucre*.

Toutes ces substances, cellulose, fécule, amidon, sucre, huile, gluten, albumine, etc., qui ont un caractère bien défini et toujours le même, quel que soit le végétal d'où on les tire, s'appellent *principes immédiats*. Au point de vue alimentaire, on les divise en trois catégories : les **matières hydrocarbonées** (sucre, fécule, cellulose) formées des éléments de l'eau, hydrogène et oxygène, associés au carbone; les **matières grasses**, également ternaires, mais moins riches en oxygène et par conséquent plus combustibles que les précédentes ; enfin les **matières azotées** ou protéiques, c'est-à-dire qui contiennent de la *protéine*, nom qu'on donnait à un principe immédiat azoté, tiré de toutes les matières organiques.

Exercice. — Réunir des spécimens de chacune es substances suivantes : amidon, fécule, cellulose, sucre, graisses (saindoux, beurre, huile) ; — gélatine, gluten et albumine. Chaque échantillon *bien sec*, sera enfermé dans un tube ou un petit flacon étiqueté, et on fixera le tout sur un carton avec les titres : aliments respiratoires, matières hydrocarbonées, — aliments plastiques, matières azotées.

90. **Régime alimentaire de l'homme.** — La nature des aliments que nous consommons constitue notre régime alimentaire; ce régime est animal s'il est surtout formé de viande ; il est végétal si les légumes et les fruits en forment la partie principale ; le meilleur régime est celui qui est mixte, c'est-à-dire en partie végétal, en partie animal.

Un homme adulte, en bonne santé, qui se livre à un exercice modéré, perd chaque jour par la respiration, la transpiration, l'usure, et les résidus de la digestion, environ 1 kilogramme d'eau, 300 grammes de carbone et 25 ou 30 grammes d'azote. Pour que cet homme n'engraisse ni ne maigrisse, il faut donc que son régime alimentaire lui restitue chaque jour 25 ou grammes d'azote et 300 grammes de carbone. Il sera bon que les matières hydrocarbonées soient, pour une partie, formées de matières grasses; il faut environ 20 grammes de graisse, en moyenne par jour, mais cette quantité varie en raison inverse de la température : il en faut moins en été et davantage en hiver.

L'eau sera restituée en partie par celle des aliments, mais surtout par les boissons.

La table VII donne les quantités d'eau, de matières minérales, d'azote, de carbone, et en outre de corps gras[1], contenus dans les principaux aliments; elle permet de vérifier si un menu se trouve dans de bonnes conditions alimentaires, ou d'en établir un dans ces mêmes conditions.

Le lait est un aliment type, il est complet; le carbone et l'azote s'y trouvent dans les proportions indiquées, et cela doit être puisque le lait est l'unique aliment des jeunes animaux; 3,750 grammes de lait renferment, d'après la table VII :

$$\frac{3,750 \times 0,7}{100} = 26^{gr},25 \text{ d'azote,}$$

$$\frac{3,750 \times 8}{100} = 300 \text{ grammes de carbone.}$$

Cette quantité de lait fournirait donc, à un adulte, le carbone et l'azot nécessaires; mais la quantité d'eau, 3 litres 1/4, serait trop considérable, elle fatiguerait l'estomac; en outre la monotonie d'une pareille alimentation compromettrait l'appétit.

Pour bien montrer l'usage des renseignements contenus dans la table VII, nous allons prendre deux exemples

1er EXEMPLE. — *Vérification d'un menu.* Supposons que d'après la composition de ce menu, un adulte consomme dans sa journée, en dehors de la boisson; 1 kilogramme de pain, 150 grammes de viande, 100 grammes de haricots et 200 grammes de pommes de terre. Les chiffres de la table VII permettent d'établir ainsi les quantités d'azote et de carbone fournies par cette nourriture; on trouve:

	Carbone.		*Azote.*	
1 kilogramme de pain.......	$\frac{1000 \times 30}{100}$	= 300 gr.	$\frac{1000 \times 1.1}{100}$	= 11 gr.
150 grammes de viande........	$\frac{150 \times 17}{100}$	= 25gr,5	$\frac{150 \times 4}{100}$	= 6 gr.
100 — haricots..........	$\frac{100 \times 43}{100}$	= 43 gr.	$\frac{100 \times 4}{100}$	= 4 gr.
200 — pommes de terre..	$\frac{200 \times 43}{100}$	= 22 gr.	$\frac{200 \times 0.3}{100}$	= 0gr,6.
TOTAL.........	*Carbone.*	390gr,5	*Azote.*	21gr,6.

Ce menu pèche par excès de carbone et par insuffisance d'azote; on le corrigera en diminuant la quantité de pain et en augmentant la quantité de viande ou de haricots, c'est-à-dire en diminuant la proportion des substances hydro-carbonées et en augmentant celle des aliments azotés. En général, la proportion entre la viande et le pain est de 1 à 3 ou à 4.

---

1. *Remarque.* Au tableau VII, page 214, la somme des cinq chiffres donnant la composition d'un aliment est parfois supérieure à 100; cela tient à ce que le charbon de la graisse figure dans chacune des deux dernières colonnes.

2e EXEMPLE. — *Établissement d'un menu.* Supposons qu'on peut donner par personne et par jour 700 grammes de pain et 200 grammes de viande, il s'agit de compléter la ration journalière de manière à fournir environ 300 grammes de carbone et 30 grammes d'azote au moyen de légumes, de poisson, etc. Le problème peut se poser alors ainsi : Quelle quantité de poisson (morue, par exemple) et de haricots faudra-t-il pour compléter le pain et la viande?

		Carbone.		*Azote.*
700 grammes pain renferment	$\frac{700 \times 30}{100}$	= 210 gr.	$\frac{700 \times 1.1}{100}$	= 7gr,7.
200 grammes viande —	$\frac{200 \times 17}{100}$	= 34 »	$\frac{200 \times 4}{100}$	= 8 »
Total............	*Carbone.*	244 »	*Azote.*	15gr,7.
En ajoutant............	—	56 »	—	14gr,3.
On obtiendra la restitution.....	—	300 »	—	30 gr.

Le problème n'est plus qu'une question de mélange qui peut s'énoncer ainsi : Combien faut-il de haricots renfermant 43 0/0 de carbone et 4 0/0 d'azote d'une part, et de morue salée contenant 15 0/0 de carbone et 5 0/0 d'azote, d'autre part, pour fournir 56 grammes de carbone et 14 grammes d'azote?

En effectuant le calcul, on trouvera qu'il faut, en chiffres ronds :

		Carbone.		*Azote.*
50 grammes haricots contenant	$\frac{50 \times 43}{100}$	= 21gr,5	$\frac{50 \times 4}{100}$	= 2 gr.
250 grammes morue —	$\frac{250 \times 15}{100}$	= 37gr,5	$\frac{250 \times 5}{100}$	= 12gr,5.
Pour fournir.............	*Carbone.*	59gr,0	*Azote.*	14gr,5.

Quand on établit des menus pour la troupe, pour les pensionnats, etc., on ne s'astreint pas toujours à fournir rigoureusement les quantités de carbone et d'azote pour chaque jour; on se contente d'obtenir la moyenne pour la semaine, sans toutefois s'en écarter trop chaque jour. En d'autres termes, l'ensemble des menus d'une semaine doit fournir environ 7 fois 300 grammes de carbone et 7 fois 30 grammes d'azote sans qu'il existe une grande différence entre chaque jour. Ces chiffres de 300 et de 30 grammes n'ont rien d'absolu, ils varient, ainsi qu'il a été dit plus haut, avec les individus, leur tempérament, leur travail, etc. L'ouvrier des champs fait une dépense de force musculaire plus grande et devra manger davantage que l'employé de bureau, mais la proportion entre les poids de carbone et d'azote reste à peu près la même; quand la quantité totale de nourriture augmente, la proportion d'azote augmente aussi; le même fait se produit pour les animaux (V. page 185).

Exercices. — *Calcul.* On donne pour nourriture de la journée à un adulte : 700 grammes de pain, 250 grammes de viande, 20 grammes de beurre, 25 grammes de fromage (Brie), 300 grammes de légumes (pommes de terre, choux et haricots par parties égales) et un demi-litre de vin ; trouver les poids d'azote et de carbone contenus dans cette ration.

Combien faut-il de pain et de viande pour équivaloir à un litre de lait?

On peut varier à l'infini les questions de ce genre qui sont une application des données fournies par la table VII.

91. Digestion. — Les principes nutritifs qui doivent se trouver réunis pour constituer une bonne nourriture sont, d'après ce qui précède, de trois sortes :

1° Les aliments respiratoires, tels que la *fécule*, l'*amidon*, le *sucre* et les *corps gras ;*

2° Les aliments azotés comprenant l'*albumine*, la *gélatine*, la *caséine* du lait et la *fibrine* du sang ;

3° Les substances minérales, telles que l'*eau* d'abord, le *sel marin*, les *phosphates*, etc.

A ces matières, il faut ajouter les *condiments*, tels que le sel, le poivre, le vinaigre, la moutarde, les essences, etc., qui ne sont pas des aliments proprement dits, mais qui, mélangés aux aliments, augmentent leur valeur nutritive en facilitant leur digestion et en excitant l'appétit.

Les aliments sont d'abord introduits dans la **bouche**, broyés par les *dents*, si c'est nécessaire, et imprégnés de *salive*, puis conduits dans l'**estomac** par un tube, l'**œsophage**, qui est parallèle à la *trachée artère*, et logé derrière lui (fig. 88).

Après un séjour qui peut varier de 1 à 5 heures dans l'estomac, les aliments pénètrent par ondées dans un tube beaucoup plus long, bien des fois replié sur lui-même et nommé **intestin grêle ;** ils sont alors devenus plus ou moins assimilables par l'action chimique des différents sucs qu'ils ont reçus dans leur parcours, et leurs résidus, s'accumulant dans le **gros intestin,** sont enfin rejetés au dehors par l'**anus.**

Les réactions chimiques, dont le tube digestif est le siège, sont favorisées par la température de l'intérieur du corps, laquelle est d'environ 38°.

La **salive** qui s'est mêlée aux aliments dans la bouche est produite par les **glandes salivaires** logées dans l'épaisseur des joues et sous la langue ; c'est un liquide bien connu comme aspect, il renferme un principe azoté, la *ptyaline* (d'un mot grec signifiant cracher), qui est capable de rendre soluble la fécule et l'amidon.

Chacun a remarqué qu'en maintenant, pendant quelque temps dans la bouche, une croûte de pain couverte de farine, on perçoit une saveur sucrée : l'amidon s'est transformé en une espèce de sucre appelé *glucose.*

L'intérieur du tube digestif est tapissé d'une membrane molle, **la** *muqueuse* qui sécrète un liquide acide, le **suc gastrique.** Ce suc dissout les aliments azotés et les transforme en une espèce d'*albumine* appelée *peptone.*

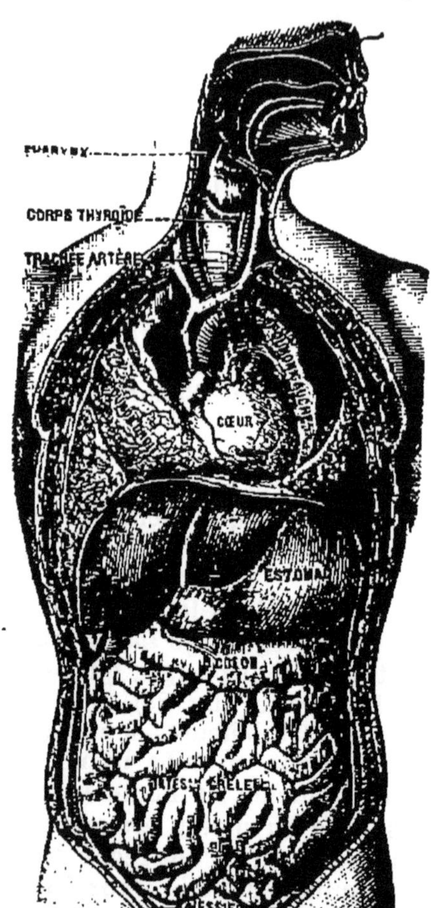

Fig. 88. **Appareil digestif de l'homme.** Trois organes essentiels sont invisibles dans la figure ci-dessus : le pancréas dont la place est à gauche de la lettre P, en dessous du foie, contre le duodénum, lequel fait suite à l'ouverture pylorique de l'estomac; la vésicule biliaire qu'on aperçoit un peu en V; l'œsophage commençant au pharynx et aboutissant à l'ouverture cardiaque de l'estomac, suivant une direction marquée en traits interrompus. De chaque côté de la trachée artère se voient les artères d'abord, puis les veines de la région du cou.

Ainsi les matières féculentes, amylacées, sucrées sont devenues solubles après leur séjour dans l'estomac, ainsi que les matières azotées, grâce à la ptyaline de la salive et aux acides du suc gastrique. Les matières grasses n'ont pas subi de transformation ; mais en quittant l'estomac par une sorte de petite porte nommée *pylore,* pour entrer dans l'**intestin grêle,** elles trouvent deux liquides qui se mêlent à elles et les transforment en une espèce de savon assimilable; ces deux liquides sont la **bile** sécrétée par la **vésicule biliaire,** et le **suc pancréatique** fourni par le **pancréas.**

Les matières alimentaires qui sont devenues assimilables par l'action des différents sucs du tube digestif prennent le nom de *chyle,* elles sont absorbées par les **vaisseaux chylifères** qui ressemblent à une infinité de racines greffées sur l'intestin grêle, et qui se réunissent en un tronc commum soudé à la *veine sous-claviere gauche.* C'est là que le chyle se mêle au sang.

92. Le sang. — C'est un liquide rouge, chez tous les animaux vertébrés ; il doit sa couleur à une infinité de **globules rouges** visibles seulement au microscope, car ils sont si petits que dans un gramme de sang humain, par exemple, il y a plusieurs *milliards* de ces corpuscules qui affectent la forme de disques aplatis. La partie vraiment liquide du sang est le **sérum**, il est incolore et formé, pour les 9 dixièmes d'eau, tenant en dissolution de l'*albumine* surtout, de la *fibrine*, des *sels minéraux* et une minime quantité de *corps gras*.

La fibrine, liquide quand elle est dans les vaisseaux sanguins, se précipite et se coagule bientôt si le sang se répand au dehors, le sang se divise alors en deux : la *caillot* formé d'un réseau de fibrine coagulée qui emprisonne la plupart des globules, et le *sérum* proprement dit qui est plus ou moins rosé à cause des quelques globules qu'il tient en suspension.

Quand on tue un animal de boucherie ou simplement un lapin, il est facile, si l'on fouette, avec une baguette, le sang recueilli dans un vase, d'en séparer la fibrine; elle se rassemble autour de la baguette comme un amas de chair, et le sang ne se coagule plus. La fibrine lavée perd sa couleur rose due à la présence de quelques globules, et devient une masse d'un blanc gris analogue à du gluten.

En filtrant le sérum séparé du caillot, on obtient un liquide à peu près incolore qui se trouble fortement et s'épaissit par l'ébullition : c'est l'**albumine** qui se coagule.

Quelques substances coagulent l'albumine sans le secours de la chaleur, tels sont les acides (le vinaigre excepté), l'alcool, le perchlorure de fer, etc. L'eau salée retarde la coagulation de l'albumine.

Un écoulement de sang à la suite d'une blessure, ou bien par les narines, s'appelle **hémorragie**. Si l'écoulement n'est pas considérable, on pourra l'arrêter au moyen du perchlorure de fer, du tannin, etc., qui coaguleront l'albumine; s'il est abondant, il faut comprimer la plaie de manière à boucher l'orifice, car il suffit parfois de quelques minutes pour que tout le sang s'échappe. En effet à chaque contraction ou *battement* du cœur, il y a 150 grammes environ de sang mis en mouvement; la totalité du sang étant, pour un homme, de 6 kilogrammes environ, il suffit de 40 pulsations pour lancer tout le sang; si donc l'un des principaux vaisseaux sanguins était ouvert, une minute suffirait pour l'écoulement presque total du sang.

Quand on calcine du sang desséché, on obtient un résidu de cendres, ce qui prouve que le sang renferme des sels minéraux.

En résumé, le sang renferme de l'*eau* surtout, de la *fibrine*, c'est de la chair en voie de formation, de l'*albumine*, des *sels minéraux* et des *globules sanguins*. Ceux-ci sont formés de deux parties, l'une rouge appelée *hématine*, l'autre incolore nommée *globuline*, assez analogue à l'albumine.

La couleur du sang d'un vertébré est un peu variable suivant les *vaisseaux* qui le renferment; la différence tient à la présence, dans le sang, de l'un ou de l'autre des deux gaz oxygène ou acide carbonique.

Quand on agite du sang dans un flacon plein d'acide carbonique, il devient bleuâtre; si on l'agite ensuite dans un flacon rempli d'oxygène ou simplement d'air ordinaire, il reprend sa couleur vermeille.

Chez un vertébré, le sang circule dans deux sortes de vaisseaux différents comme structure : les **veines** et les **artères.** Les veines ont des parois molles, on en voit d'assez volumineuses sous la peau, elles renferment du sang bleuâtre qui se dirige vers le cœur. Les artères sont logées dans les profondeurs des chairs, quelques-unes sont proches de la peau, telles que celles des tempes, et une autre dans le poignet, l'**artère radiale**, qui permet au médecin de compter les pulsations du sang lancé par le cœur, autrement dit de *tâter le* **pouls.** Le sang artériel est d'un beau rouge, il se dirige du cœur vers tous les points du corps (fig. 90). Le sang veineux renferme de l'acide carbonique, et le sang artériel de l'oxygène; nous allons voir l'origine de ces deux gaz.

93. **Respiration et circulation. — Le cœur** est une sorte de poche double, de nature musculaire, placée dans la poitrine un peu à gauche et qui agit à peu près comme une double pompe aspirante et foulante. Le sang, amené par les veines dans l'une des moitiés du cœur, est poussé dans les **poumons** et revient ensuite au cœur dans l'autre moitié d'où il est chassé avec force, par chaque pulsation, dans les artères (fig. 90).

L'air arrive dans les poumons par la **trachée artère** et les **bronches**; il remplit une multitude de petites cavités ou vésicules formées par de minces membranes sur lesquelles viennent aboutir une infinité de petits vaisseux qui amènent le sang du cœur. Ces petits vaisseaux sont la subdivision des vaisseaux plus gros partant du cœur. On sait que l'air atmosphérique renferme 79 parties d'azote et 21 d'oxygène, en chiffres ronds, plus une minime quantité d'acide carbonique; quand il sort des poumons, il renferme un peu plus de 79 d'azote, mais seulement 16 d'oxygène, environ 4 d'acide carbonique et de la vapeur d'eau. L'oxygène manquant a pénétré dans le sang, et l'acide carbonique qui apparaît vient du sang. Les deux gaz se sont échangés à travers la membane des vésicules pulmonaires; le phénomène de diffusion (exp. 39) s'accomplit en effet pour les gaz comme pour les liquides.

Des expériences précises ont montré que si une membrane sépare des mélanges gazeux différents, le mouvement de diffusion a lieu jusqu'à ce que les mélanges aient la même composition des deux côtés, c'est-à-dire jusqu'à ce qu'il y ait équilibre (V. pages 133 et 142). Les choses se passent d'une façon analogue dans les poumons; toutefois il y a une notable différence à cause du sang qui n'existe que d'un côté et qui absorbe bien l'oxygène et l'acide carbonique, tandis qu'il absorbe difficilement l'azote. Le sang veineux amené dans les poumons renferme beaucoup d'acide carbonique, l'air en contient peu; il en résulte que l'acide carbonique passe du sang dans l'air; pour la même raison, l'oxygène passe de l'air dans le sang.

L'expérience démontre que la vie d'un animal est bientôt en péril si **l'hématose** du sang (c'est-à-dire la fixation de l'oxygène sur l'hématine) est impossible ou même gênée : on dit qu'il y a **asphyxie** (de *a* privatif et *sphuxis* pouls). Le défaut d'oxygène dans l'air respiré, ou l'occlusion des voies respiratoires, comme cela arrive pour les noyés et les pendus, sont des causes d'asphyxies; il ne faut pas seulement que l'oxygène arrive en quantité suffisante, il faut en outre que l'acide carbonique puisse s'échapper du sang. Si l'air respiré renferme une trop forte proportion d'acide carbonique, il n'y a pas lieu à diffusion de ce gaz, le sang s'épaissit et la mort n'est pas loin.

Expérience 50. — Si l'on fait arriver de l'acide carbonique (exp. 48) dans un bocal (fig. 89) au fond duquel on a mis une souris, celle-ci ne tarde pas à chanceler et à tomber asphyxiée.

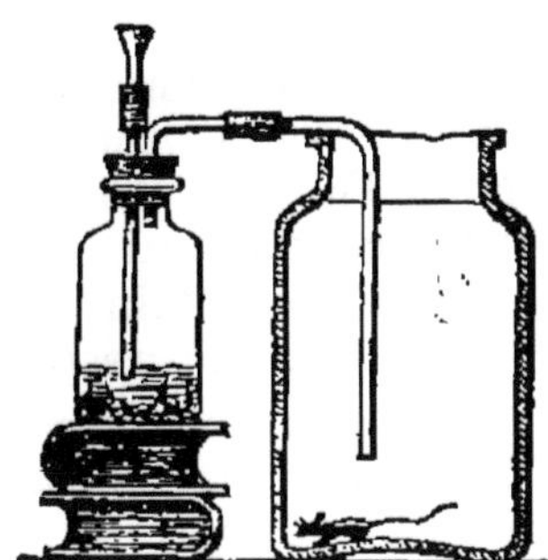

Fig. 89. Asphyxie d'une souris.

Si à ce moment on retire le tube à dégagement hors du bocal, et qu'on renouvelle l'air au moyen d'un soufflet, la souris revient peu à peu à elle; mais si le séjour dans l'acide carbonique a été trop long, le soufflet est insuffisant pour la ranimer.

En cas d'accident de personne, il ne faut jamais dire trop vite qu'il n'y a pas de remède; on cite des exemples d'asphyxiés par le charbon qui ont été rappelés à la vie par des soins intelligemment donnés après plus de six heures.

Les personnes asphyxiées ne sont souvent que dans un état de mort apparente, et il faut toujours leur donner des soins ***sans tarder*** et *sans se décourager* trop vite.

S'il s'agit d'un noyé, on le couche sur le côté droit, et on incline légèrement la tête en avant, en la soutenant par le front, de manière à faciliter l'écoulement de l'eau ou des mucosités; en aucun cas, il ne faut placer l'asphyxié la tête en bas.

Dans la plupart des cas d'asphyxie, on place le corps sur une surface légèrement inclinée et on cherche à provoquer la respiration de la manière suivante : au moyen d'un coussin ou de vêtements roulés, on fait saillir un peu la poitrine en avant; puis une personne placée à la tête de l'asphyxié lui saisit les bras à la hauteur des coudes, les tire doucement en les écartant l'un de l'autre, les tient étendus en haut pendant deux secondes, puis les ramène le long du tronc en comprimant latéralement la poitrine, pendant qu'une autre personne la pressera d'avant en arrière. On doit répéter cette manœuvre une quinzaine de fois par minute, et jusqu'à ce qu'on s'aperçoive que l'asphyxié fait un effort pour respirer.

Aux tentatives faites pour rétablir la respiration, il en faut ajouter d'autres destinées à ramener la chaleur et à rétablir la circulation. On pratique ordinairement, avec ménagement, des frictions à la région du cœur, au creux de l'estomac, aux flancs et au ventre; on brosse aussi, doucement mais longtemps, la plante des pieds et la paume des mains.

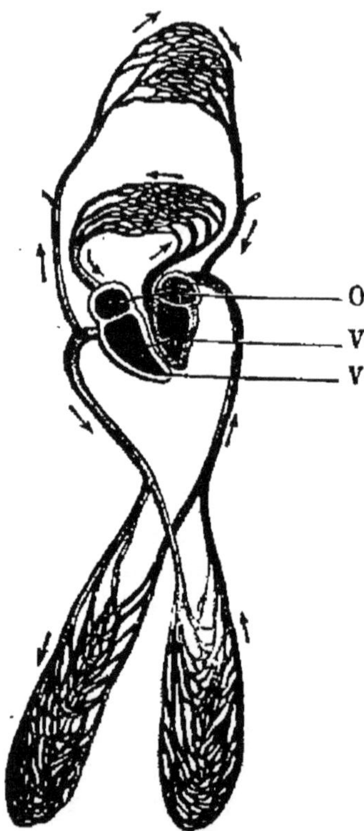

Fig. 90. Circulation. Schema montrant : 1° au centre, la circulation du cœur aux poumons ou *petite circulation*, 2° aux extrémités, en haut et en bas de la figure, la *grande circulation*, du cœur aux différentes parties du corps. La droite de la figure représente la droite du corps.

Il ne faut rien faire avaler à un asphyxié avant qu'il ait repris ses sens.

Si l'asphyxie se produit dans un puits, une fosse, une cave, le sauveteur devra vérifier si l'air est respirable en y descendant d'abord une bougie allumée; si celle-ci s'éteint, le sauveteur devra s'efforcer de rester très peu de temps dans le milieu irrespirable, et d'y retenir sa respiration; en tout cas, il ne devra descendre qu'après s'être fait attacher à une corde qui servira à le remonter rapidement en cas de danger.

Examinons maintenant comment les choses se passent quand il n'entre dans les poumons que de l'air respirable. Le sang, après avoir subi l'hématose dans les poumons, revient au cœur : il était parti, du ventricule droit (V. d. fig. 90), chargé d'acide carbonique par conséquent bleuâtre; il revient à l'oreillette gauche (O. fig. 90), hématosé, c'est-à-dire chargé d'oxygène, et rouge vermeil. Les contractions du ventricule droit avaient lancé le sang dans les poumons; celles du ventricule gauche le lancent par les artères dont les troncs sont assez volumineux d'abord, mais vont en se ramifiant à l'infini, dans tous les points du corps, où l'on sait, en effet, que partout une piqûre provoque un écoulement de sang.

La portion la plus déliée des vaisseaux artériels n'est visible qu'au microscope, et là où finit l'artère, la veine commence ; mais le sang qui était rouge dans l'artère devient bleuâtre dans la veine. C'est donc dans ces microscopiques vaisseaux appelés **vaisseaux capillaires**, bien qu'ils soient beaucoup plus fins que des cheveux, que l'acide carbonique se forme. Il est produit par la combinaison chimique entre l'oxygène pris par le sang dans l'air des poumons, et les aliments respiratoires versés dans la veine sous-clavière gauche par les vaisseaux chylifères. La combustion lente qui en résulte entretient la chaleur animale, et d'après ce qui vient d'être dit, cette combustion se produit en *tous* les points du corps. Les aliments quaternaires n'échappent pas complètement à cette combustion, il en résulte un peu d'azote qui s'échappe dans la respiration et quelques produits azotés qu'éliminent les *sécrétions* telles que la sueur et surtout l'urine.

La température s'élève chez l'homme et la plupart des mammifères à 38° environ. Si, pour une raison quelconque, l'élévation de température diffère de quelques degrés, l'homme ou l'animal est malade; une différence de 4° en plus ou en moins amène la mort.

Il peut arriver, à la suite d'une **insolation**, par exemple (action directe des rayons solaires sur la tête), que le sang afflue vers le cerveau et comprime ce délicat organe; la face est alors rouge et congestionnée, il peut en résulter une attaque d'**apoplexie**. Dans le cas contraire, c'est-à-dire quand l'arrivée du sang au cerveau est insuffisante et n'entretient qu'incomplètement les fonctions cérébrales, le visage est blanc et on dit qu'il y a *syncope*. On aide au rétablissement de l'équilibre du sang dans le premier cas en maintenant le malade assis, la tête haute; dans le second, en l'étendant à plat.

La combustion lente des aliments respiratoires a lieu chez *tous* les animaux, mais la température reste bien inférieure à 38° chez les **animaux à sang froid**. C'est grâce à l'oxygène que l'eau tient en dissolution que les poissons peuvent vivre ; leurs branchies leur servent de poumons.

Les petites veines des tissus capillaires se rassemblent en troncs plus gros, à la façon des affluents d'un cours d'eau. Dans son trajet, le sang veineux rencontre un organe double connu sous le nom de **reins**. C'est une espèce de filtre qui laisse passer certaines substances du sang, et arrête les autres. Il s'agit ici d'un cas particulier du phénomène de diffusion, désigné sous le nom de **dialyse** et en vertu duquel on peut séparer, par exemple, de l'albumine et du sucre qui seraient dissous dans la même eau. L'expérience montre que toutes les substances solubles dans l'eau et *susceptibles de cristalliser*, les **cristalloïdes**, peuvent traverser la membrane; les substances qui ne cristallisent pas, les

colloïdes, telles que l'albumine, la gomme, etc., ne peuvent traverser la membrane.

Il est probable que la séparation de l'urine du sang, séparation qui a lieu dans les reins, est due à une cause semblable. Les reins renferment des tissus membraneux dont un côté est baigné par le sang; une partie de l'eau et des matières cristalloïdes qu'il renferme, notamment **l'urée** (52) et différents sels, des phosphates, du chlorure de sodium, etc., traversent les membranes et s'écoulent dans la **vessie**, tandis que les matières colloïdes, telles que l'albumine, la fibrine, les globules sanguins, etc., persistent dans le sang; il y a donc élimination de matériaux inutiles et encombrants.

Une autre cause de purification du sang est la **transpiration**; on nomme ainsi la sortie, par les pores de la peau, d'un liquide, la **sueur**, formé presque entièrement d'eau tenant en solution une minime quantité de sels alcalins. La peau sécrète en outre quelques corps gras.

L'évaporation de la sueur est activée par un courant d'air sec; le refroidissement qui en peut résulter est toujours dangereux, quelquefois mortel.

La transpiration est une fonction indispensable au maintien de la santé, et, lors même qu'elle n'est pas apparente, elle se produit constamment. Les personnes sédentaires, celles dont le travail musculaire ne provoque pas une transpiration vive, doivent en faciliter l'activité par des bains, ou par d'autres soins de propreté destinés à débarrasser l'épiderme des corps gras susceptibles de clore les pores de la peau.

EXERCICES. — *Observations* sur la structure interne de quelques animaux abattus (V. Compléments, p. 203).

94. Air vicié; ventilation. — L'air expiré contient environ 4 0/0 d'acide carbonique (32); la quantité de ce gaz asphyxiant fournie par un enfant est d'environ 10 litres à l'heure; elle peut atteindre 20 litres pour un adulte. De sorte que dix personnes enfermées dans une salle bien close pendant une heure, déversent dans l'atmosphère limitée qu'elles respirent 200 litres de gaz carbonique; dans une salle de 40 mètres cubes, la proportion d'acide carbonique atteindrait un demi pour cent : elle serait dix fois plus élevée que dans l'air ordinaire (20). Cet air vicié ne tarderait pas à produire des malaises si on ne le renouvelait pas; aussi a-t-on soin, dans les salles où doivent se tenir des réunions, d'assurer la ventilation par des ouvertures qui laissent échapper l'air vicié et pénétrer l'air pur. Les cheminées ordinaires sont d'excellents ventilateurs : les produits de la combustion, en montant dans le corps de la cheminée, provoquent un appel d'air pur généralement suffisant.

Dans les salles de classe, on se sert de poêles qui chauffent mieux mais ventilent moins bien que les cheminées ; aussi, pour assurer la quantité d'air nécessaire, recommande-t-on instamment d'ouvrir les fenêtres pendant les récréations. Le cube d'air imposé dans les constructions d'écoles est de 5 mètres cubes environ par élève (surface 1mq,25, hauteur 4 mètres); si la classe était bien close pendant trois heures, les 5 mètres cubes d'air de chacun seraient souillés de trente litres d'acide carbonique, c'est-à-dire qu'on se trouverait à peu près comme dans le cas précédent : on aurait une atmosphère douze fois plus riche en acide carbonique que l'air du dehors.

Les foyers de chaleur, poêles, cheminées, etc., fournissent une grande quantité d'acide carbonique; si la sortie, au dehors, des produits de la combustion n'était pas assurée, on s'exposerait à de graves dangers. On cite souvent des cas d'asphyxie produits, surtout pendant la nuit, par les poêles dont le tirage est mal établi; on sait (31) que, dans ce cas, l'asphyxie par l'acide carbonique se complique d'un empoisonnement par l'oxyde de carbone.

Les animaux usent, comme nous, l'oxygène de l'air et produisent de l'acide carbonique; un cheval ou un bœuf en produit huit ou dix fois plus qu'un homme, un mouton deux fois moins, un porc deux fois plus. Le renouvellement de l'air des étables, des écuries, des bergeries, etc., est nécessaire à la santé des animaux.

La question du logement des animaux domestiques a une grande importance dans une exploitation agricole; le bétail malade est une cause de ruine. Il faut donc assurer aux animaux domestiques une bonne nourriture, il en sera question plus loin, mais aussi un logement hygiénique.

Les écuries devront être salubres, c'est-à-dire sèches, éclairées, bien exposées et de dimensions suffisantes pour que l'animal puisse se coucher sans être gêné, et pour qu'il trouve le volume d'air nécessaire qui est de 20 à 25 mètres cubes par tête de gros bétail, de 3 ou 4 pour un mouton, de 5 ou 6 pour un porc. On assure ordinairement la ventilation des écuries par des ouvertures placées assez haut pour que les animaux soient préservés des courants d'air. La propreté des étables ou écuries est également indispensable; le sol doit être étanche et disposé de façon à favoriser l'écoulement des urines, la répartition régulière des litières et l'enlèvement fréquent du fumier (V. p. 102).

Exercice. — *Visite* d'étables et d'écuries bien tenues. Dans un compte rendu succinct, les élèves indiqueront en quoi les principes qui viennent d'être exposés ont appliqués ou méconnus.

95. Alimentation du bétail. — La nourriture des animaux, comme celle de l'homme, a pour but de fournir : 1° les matériaux indispensables à l'accroissement, à l'entretien, à la réfection des tissus; 2° le combustible nécessaire à la production de la chaleur animale et du travail. Les aliments du bétail, comme les nôtres, devront donc contenir : des substances azotées telles que l'albumine; des substances hydrocarbonées telles que la cellulose, la fécule, le sucre; en outre, un peu de graisse.

Les fourrages et autres matières premières qui servent à l'alimentation du bétail ont été analysées avec soin par les chimistes ainsi que les déjections des animaux qui les consomment : on a trouvé que la *moitié environ des matières nutritives absorbées par le bétail passe dans le sang; le reste passe aux déjections.* Chacun a pu remarquer que le crottin de cheval renferme des quantités très appréciables de graines ou autres matières ayant échappé à la digestion : les moineaux en donnent souvent la preuve.

Si l'on détermine le poids des matières azotées contenues dans la ration d'un cheval, par exemple, et si l'on détermine en outre le poids total de matières azotées que perd l'animal par les déjections provenant de cette ration, la différence entre les deux poids indiquera la quantité de matières azotées absorbées par la digestion ou, en d'autres termes, la proportion d'éléments azotés qui sont digestibles. Cette proportion a été calculée pour tous les éléments nutritifs et pour les diverses espèces animales : on lui donne le nom de *coefficient de digestibilité.*

Le tableau V (page 212) indique, pour les principales espèces d'aliments, les poids de chaque sorte d'éléments digestibles (azotés, hydrocarbonés et gras) qui sont contenus dans 100 kilogrammes de fourrage, de graine, etc. Les renseignements fournis par ce tableau, et aussi par le tableau VI, sont précieux, ainsi que nous le verrons un peu plus loin : ils permettent de calculer les quantités de nourriture qui forment *la ration* **la plus profitable** *pour le bétail.*

De nombreuses expériences, très précises, ont été faites pour rechercher la meilleure composition à donner à cette ration; on a trouvé qu'elle doit répondre à certaines conditions, dont voici les principales :

1° *La ration doit renfermer des quantités déterminées de matières digestibles (azotées, hydrocarbonées et grasses) qui varient avec l'espèce animale, l'âge, l'état au point de vue de la production, mais qui sont proportionnelles au poids de l'animal vivant.*

Les chiffres du tableau VI indiquent des quantités pour un poids vivant de 1,000 kilogrammes.

2° *La ration doit présenter un volume en rapport avec l'appareil digestif qui demande, pour fonctionner normalement, d'être convenablement rempli, sans subir de dilatation ou de contraction exagérée.*

Pour fournir, par exemple, 2 kilogrammes de matière azotée au moyen de sainfoin en herbe, il faut (tableau V) 100 kilogrammes de matières premières; il en faudrait moins de 10 kilogrammes si le sainfoin vert était remplacé par des pois secs, en grains. Dans le premier cas, la ration totale nécessaire pour fournir l'azote exigé occuperait un volume trop considérable; dans le second, un volume trop petit. En pratique, on prend une moyenne en mélangeant les *aliments trop aqueux* aux *aliments concentrés.*

3° *Il doit exister, entre le poids des matières azotées ou aliments plastiques et celui des aliments respiratoires (hydrocarbonés et gras), un rapport déterminé qui présente les conditions les plus avantageuses pour l'alimentation du bétail.*

Ce rapport est indiqué dans la dernière colonne du tableau VI pour les rations de chaque espèce animale, et dans le tableau V pour chaque espèce d'aliment; on l'appelle **rapport nutritif** ou **relation nutritive**, ce qui signifie exactement *rapport entre les aliments nutritifs,* plastiques et respiratoires. Nous verrons (96) comment on doit faire varier ce rapport.

Afin de mieux faire saisir la signification des trois conditions principales qui viennent d'être énoncées et la nature des renseignements contenus dans les tableaux V et VI, prenons des exemples.

Tableau V. — Le foin de qualité moyenne renferme, sur 100 kilogrammes,

Eau		15	kilogrammes.
Matières digestibles	Azotées	5	—
	Hydrocarbonées	40	—
	Grasses	1	—
	Total	61	kilogrammes.

Les 39 kilogrammes qui manquent représentent les matières organiques non digestibles et les matières minérales.

Le chiffre 8 inscrit dans la dernière colonne signifie 1 : 8, c'est le rapport nutritif du foin ordinaire, rapport obtenu en divisant par le poids des matières digestibles azotées, soit par 5, le poids des autres matières digestibles calculé ainsi : on ajoute, au poids de la matière hydrocarbonée 40 kilogrammes, le double du poids de la graisse, c'est-à-dire 2, au lieu de 1kg,9, on a calculé en effet que la graisse envisagée comme aliment respiratoire, vaut plus de deux fois (exactement 2,44) son poids d'amidon ou de fécule. Le rapport nutritif du foin est donc de 42 : 5 = 8 ou, plus exactement, 1 : 8. Les rapports nutritifs inscrits dans les tableaux des pages 212 et 213 sont donnés en chiffres ronds, à une demi-unité près.

Tableau VI. — Voici ce que signifient les indications de ce tableau, par exemple pour les vaches laitières. Les chiffres se rapportent à un poids vivant de 1,000 kilogrammes; c'est-à-dire qu'à deux vaches pesant chacune 500 kilogrammes, on donnera en tout, comme *ration* pour une journée, une quantité de nourriture qui devra contenir 24 kilogrammes de substances organiques (azotées, hydrocarbonées et grasses); dans ces 24 kilogrammes, il devra y avoir, en *éléments digestibles*, 2kg,5 de matières azotées, 12 kilogrammes de matières hydrocarbonées et 400 grammes de matières grasses; soit environ 15 kilos de matières digestibles sur 24 kilos de matières organiques. Les 9 autres kilos représentent les substances azotées, hydrocarbonées et grasses *non digestibles*, plus les matières minérales. En y ajoutant l'eau des aliments solides indiqués au tableau V, pour chaque espèce, on aurait le poids total des matières digérées par les vaches, moins toutefois l'eau qu'elles ont bue.

Les *condiments*, c'est-à-dire les substances ajoutées en petite quantité aux rations dans le but d'exciter l'appétit, de faciliter la digestion en rendant agréable la consommation des aliments, sont aussi nécessaires aux animaux qu'à l'homme. Le sel est un condiment, les ruminants le recherchent; les bons foins contiennent quelques plantes aromatiques qui jouent aussi le rôle de condiments.

Ce sujet sort du cadre d'un enseignement primaire élémentaire ainsi que l'usage des boissons, les préparations d'aliments et leur division par la cuisson, par les instruments, etc.; nous n'insisterons pas.

96. **Rations d'entretien, de production.** — Il ne faudrait pas confondre le *rapport nutritif* d'un aliment avec sa *valeur nutritive*. La valeur nutritive d'un aliment dépend de la quantité de substances nutritives qu'il renferme; celui, par exemple, qui contient 2 kilogrammes d'azote a une valeur nutritive double de celui qui n'en renferme qu'un kilogramme.

Le rapport nutritif des pois en fourrage vert est 1 : 4 et celui des pois en grains 1 : 3; ces deux rapports diffèrent peu, tandis que chacun sait que le grain est beaucoup plus *nourrissant* que le fourrage, le tableau V indique pourquoi : le fourrage de pois renferme 80 0/0 d'eau et les grains 14 0/0 seulement; le fourrage vert est un *aliment très aqueux*, tandis que les pois en grains constituent un *aliment concentré*.

L'expression de *rapport nutritif* signifie seulement, répétons-le, *rapport entre les deux espèces d'éléments nutritifs*. Dans l'alimentation ordinaire et naturelle des animaux domestiques, le rapport nutritif est généralement compris entre 1 : 4 et 1 : 7, ce qui signifie que pour une unité de matière *digestible* azotée, les aliments contiennent de 4 à 7 unités de matières hydrocarbonées *digestibles*, y compris la graisse comptée pour le double de son poids, ainsi qu'on l'a dit précédemment. Les aliments azotés sont de digestion plus facile que les éléments hydrocarbonés, par conséquent une ration sera d'autant plus digestible que son rapport nutritif se rapprochera plus de l'unité, c'est-à-dire qu'il sera plus resserré.

Le foin de prairie, de qualité moyenne, que l'on considère comme un *aliment normal*, a pour rapport nutritif 1 : 8; le foin de première qualité a un rapport nutritif plus resserré 1 : 5; il en est de même de l'herbe des bons pâturages et des jeunes pousses de luzerne, de trèfle, etc. Le rapport 1 : 8 convient à des animaux qui travaillent peu; ainsi on peut nourrir un cheval au repos et l'entretenir en bon état uniquement avec du foin; le foin de qualité inférieure suffirait même pour le bœuf au repos (rapport 1 : 12); mais si les animaux produisent soit un travail, soit de la graisse, du lait, etc., il faut un rapport d'autant plus resserré que la production est plus intense : il arrive, pour le cheval, à 1 : 5,5; pour la vache laitière, à 1 : 5; etc. (V. p. 213).

Il est à remarquer que plus le rapport nutritif se resserre, plus le poids de la ration augmente, le tableau l'indique nettement; ceci n'a rien de surprenant : l'animal est dans une période de fort travail ou de rapide croissance; dans le premier cas, le surplus des aliments, sur une ration ordinaire, se dépense en travail; dans le second cas, il sert à l'accroissement de l'animal qui augmente de poids.

Le même animal consommera donc des quantités différentes de nourriture selon qu'il produira une quantité plus ou moins grande de travail, de graisse, etc. Le minimum de sa consommation correspondra à un travail nul; dans ce cas, pour un bœuf pesant 500 kilogrammes par exemple, il faudra une ration contenant la moitié des quantités indiquées au tableau VI (celles-ci se rapportant à un poids vivant de 1,000 kilos) savoir : 350 grammes de matières azotées, 4 kilos de matières hydrocarbonées et 100 grammes de graisse. Ce qui correspond au rapport nutritif 1 : 12, et à une quantité totale de 8^{kg},500 de substances organiques. La ration qui contiendra ces 8^{kg},500 sera d'autant plus pesante et plus volumineuse que les matières premières employées pour la former contiendront plus d'eau (V. tabl. V); en tout cas, elle constituera ce qu'on appelle la **ration d'entretien.**

Si l'animal produit un travail, du lait, de la graisse, etc., à la ration d'entretien, il faudra ajouter la **ration de production** (qu'il est difficile et peu utile de séparer de la première), ce qui donnera la **ration totale** indiquée, pour les principaux cas, dans le tableau VI.

S'il s'agit du même animal que ci-dessus, soit un bœuf pesant 500 kilos, la ration totale pour un travail moyen sera représentée par 12 kilogrammes de matières organiques totales, au lieu de 8^{kg},500 et par 13 kilogrammes s'il s'agit d'un travail fort. En même temps le rapport nutritif se resserrera à 1 : 7,5 d'abord, puis à 1 : 6. On voit qu'à une production de travail correspond une consommation plus considérable de matières alimentaires et *surtout de matières azotées.*

97. Calcul des rations. — C'est une opération assez simple, facile si l'on comprend les indications fournies par les tableaux V et VI, et doublement avantageuse : elle renseigne sur les moyens de donner au bétail la nourriture qui lui convient le mieux pour le maintenir en bon état; elle permet en outre de faire des économies en évitant le gaspillage. Combien de fois est-il arrivé à un cultivateur de donner le fourrage à profusion au commencement de l'hiver, sans profit réel pour les animaux, et d'être obligé, avant le printemps, d'acheter du foin fort cher, ou de vendre très bon marché une partie de son bétail!

C'est un travail rémunérateur, surtout en hiver, que de préparer les rations du bétail. Le mot ration paraît entraîner avec lui une idée de privation et, dans la petite culture, ni le mot, ni la chose ne sont en faveur ; c'est encore là un préjugé qu'il faut combattre.

Deux exemples nous suffiront pour montrer comment on fait usage des tableaux (pages 212 et 213) pour calculer les rations. Ces tableaux, il est bon de le remarquer, contiennent des chiffres moyens assurant une alimentation abondante, mais présentant une assez grande marge; en l'état actuel des connaissances sur l'alimentation du bétail, on ne peut encore rien déterminer d'une façon absolue. Toutefois, on peut, en toute assurance, prendre comme point de départ les chiffres donnés, sauf à les diminuer plutôt qu'à les augmenter, selon les indications que fournira toujours une pratique intelligente.

1er EXEMPLE. — *Vérification d'une ration.* — Un cheval, du poids de 400 kilos produisant un travail moyen, reçoit par jour 1kg,500 de foin, 1 kilogramme de paille, 3 kilogrammes d'avoine, 500 grammes de féveroles et 2kg,500 de maïs; on demande de quelle quantité les éléments digestibles sont en défaut ou en excès.

Voici comment on peut établir cette vérification au moyen du tableau V.

		ÉLÉMENTS DIGESTIBLES		
		AZOTÉS	hydro-carbonés	GRAS
1,500 grammes foin	contiennent.	75 gr.	600 gr.	15 gr.
1,000 — paille	—	10	350	5
3,000 — avoine	—	240	1,350	129
500 — féverole (pois)	—	110	250	7gr,5
2,500 — maïs	—	200	1,575	100
La ration totale renferme	....	635	4,125	256gr,5
— normale —	....	640	4,000	200
La différence est donc	....	—5 gr.	+125 gr.	+56gr,5

La ration totale proposée a un rapport nutritif de 1 : 7,5; elle peut donc être considérée comme équivalente à la ration normale dont le rapport est de 1 : 7 (tableau VI, 2e ligne).

Il est bon de faire remarquer que le poids total de la ration proposée pèche par défaut; ce poids est de 8kg,500, eau comprise, tandis que, dans la ration normale, le poids des substances organiques seules, c'est-à-dire eau déduite (celle du tableau VI), est de 8kg,400. Cette ration occupera, dans l'appareil digestif du cheval, un volume un peu trop petit; si on la voulait corriger, il faudrait diminuer légèrement les aliments concentrés et augmenter les autres proportionnellement.

2e EXEMPLE. — *Etablissement d'une ration.* — Un cultivateur possède 5 vaches laitières d'un poids total de 2,000 kilos; il veut les nourrir convenablement pendant la mauvaise saison qu'il suppose durer 200 jours et il a réservé à cet effet : 4,000 kilos de foin qualité moyenne; 1,000 kilos de luzerne; 2,000 kilos de trèfle; 3,000 kilos de paille, non compris la litière, et 5,000 kilos de betteraves fourragères. Il peut en outre se procurer de la drèche fraîche et du tourteau de colza. On demande : 1° Combien il faudra ajouter de ces deux matières pour arriver à une ration normale? 2° Quelle sera la composition de cette ration normale par bête et par jour?

Cherchons d'abord les quantités totales des éléments digestibles contenues dans les rations normales de 5 vaches laitières (poids vivant 2,000 kilos) pendant 200 jours. Les chiffres donnés par le tableau VI se rapportent à 1,000 kilos de poids vivant pour 1 jour; pour 2,000 kilos et pour 200 jours, les quantités seront 2 × 200 ou 400 fois plus fortes; en effectuant, on trouve pour poids total des éléments digestibles, azotés : 1,000 kilos; hydrocarbonés : 4,800 kilos ; gras : 160 kilos.

Le compte des mêmes matières contenues dans les aliments réservés par le cultivateur peut s'établir ainsi, par application du tableau V :

	ÉLÉMENTS DIGESTIBLES		
	AZOTÉS	hydro-carbonés	GRAS
4,000 kilogrammes foin contiennent.	200	1,600	40
1,000 — luzerne —	100	300	10
2,000 — trèfle —	140	760	30
3,000 — paille —	30	1,050	15
5,000 — betteraves —	50	500	5
Total	520	4,210	100
Total des rations normales	1,000	4,800	160
Il reste donc à fournir	480	590	60

La question se trouve ramenée à un problème de mélange qu'on peut poser ainsi :

Combien faut-il de tourteau de colza renfermant 25 0/0 d'éléments azotés digestibles et 24 0/0 d'aliments hydrocarbonés d'une part, et de drèche fraîche renfermant 3 0/0 d'aliments azotés et 9 0/0 d'hydrocarbonés d'autre part, pour fournir un total de 480 kilos d'éléments azotés et 590 d'hydrocarbonés — Nous négligeons les corps gras pour simplifier la question.

En résolvant le problème, on trouve qu'il faut environ 1,700 kilos de tourteaux et 2,000 kilos de drèche fraîche, ce qui donne :

	ÉLÉMENTS DIGESTIBLES		
	AZOTÉS	hydro-carb.	GRAS
1,700 kilogrammes tourteaux contiennent.	425	408	129
2,000 — drèche —	60	180	26
Total............................	485	588	155
Au lieu de.........................	480	590	60

Pour trouver la composition de la ration par bête et par jour, il suffira de diviser, par 5 × 200 ou 1,000, le poids total de chacune des matières premières; on trouve ainsi pour la ration journalière de chaque vache :

4 kilogr.		de foin ordinaire,
1 —		— de luzerne,
2 —		— trèfle,
5 —		de betterave,
1 —	700	de tourteaux de colza,
2 —		de drèche fraîche.

Soit 15 kilogr. 700 pour le poids total de la ration.

EXERCICES. — *Calcul.* On donne à un cheval, du poids de 500 kilogrammes, pour un fort travail, 10 kilogrammes de foin, qualité moyenne; combien faut-il ajouter : 1° d'avoine et de paille; ou 2° d'avoine et de son, pour fournir une ration normale?

Dix moutons, d'un poids total de 400 kilogrammes, sont mis à l'engrais; leur ration journalière totale est ainsi composée : 12 kilogrammes de foin, 20 kilogrammes de betteraves, 3 kilogrammes de son, 2 kilogrammes d'avoine et 1 kilogramme de tourteaux. Calculer le poids des divers éléments digestibles que contient cette ration et indiquer l'écart, en plus ou en moins, sur la ration normale, pour chacun des éléments digestibles.

Quelle quantité de paille et d'avoine faut-il pour équivaloir à 100 kilogrammes de foin ordinaire?

Ces problèmes, comme ceux de la page 172, peuvent servir de types pour un grand nombre d'autres.

98. **Fumier produit.** — Tout cultivateur devrait savoir d'avance combien il pourra donner de fumier à ses terres; car le calcul des quantités d'engrais complémentaire à fournir pour établir la balance (87) est basé sur ce poids de fumier. Ce poids ne peut être déterminé par des pesées, mais il est facile de le calculer assez approximativement si l'on connaît celui des aliments donnés au bétail et celui de la litière.

On peut admettre que le fumier bien soigné contient en moyenne (tableau III, p. 210) 3/4 d'eau et 1/4 de matières sèches. Celles-ci sont les mêmes qui existaient dans les déjections et la litière; donc si l'on sait ce que contiennent, en matières sèches, les déjections solides et liquides, si l'on sait en outre ce que contiennent les litières, il suffira de multiplier le total par 4 pour avoir le poids du fumier produit.

L'analyse des déjections du bétail, comparée à celle des rations alimentaires. montre que, sur 100 parties en poids de matières sèches contenues dans les rations, il en passe de 45 à 55 0/0 aux déjections; on peut donc prendre comme moyenne le chiffre de 50 0/0. Dès lors, on déterminera, au moyen du tableau V, le poids des matières sèches contenues dans les rations, on en prendra la moitié; on y ajoutera ensuite le poids des matières sèches de la litière, et en multipliant la somme obtenue par 4, on aura le poids total du fumier produit.

La moyenne des quantités de litière employée, par jour, s'il s'agit de paille, est de 3 kilogrammes environ par tête de gros bétail, de 1kg,1/2 pour un porc et de 150 grammes seulement pour un mouton.

Exemple. — Proposons-nous de calculer le poids de fumier produit dans le cas indiqué, page 186, 2e exemple.

D'après le tableau V, on obtiendra le poids de matières sèches contenues dans une substance alimentaire en retranchant de 100 la proportion d'eau inscrite dans la seconde colonne ; une substance qui contient par exemple 15 0/0 d'eau renferme évidemment 100 — 15 = 85 0/0 de matières sèches.

Le poids total de matières sèches contenues dans la nourriture consommée en 200 jours par les 5 vaches (d'un poids total de 2,000 kilogrammes) pourra s'établir ainsi :

4,000 kilogrammes	foin	contiennent.	3,400	kilogr.	mat. sèches.
1,000 —	luzerne	—	840		—
2,000 —	trèfle	—	1,680		—
3,000 —	paille (fourrage)	—	2,580		—
5,000 —	betteraves	—	650		—
1,700 —	tourteaux	—	1,530		—
2,000 —	drèche fraîche	—	480		—
Total			11,160	kilogr.	mat. sèches.
dont la moitié est de			5,580		—
La quantité de litière (paille) pour 5 bêtes pendant 200 jours est égale à : 3 kilogr. × 5 × 200 = 3,000 kilogr. contenant			2,580		—
Total des matières sèches			8,160	kilogr.	qui représentent

25 o/o du poids du fumier.

Ce dernier pèsera donc :

8,160 × 4 = 32,640 kilogrammes ou 32 tonnes 1/2.

Le poids du fumier produit chaque jour par le bétail d'une exploitation est d'environ 1/15 du poids des animaux ; en d'autres termes, en 15 jours, on obtient un poids de fumier à peu près égal à celui de tout le bétail, si les animaux ne sortent pas de l'étable; la production quotidienne de fumier diminue de 1/3 environ pour chaque jour de sortie.

Il n'est pas inutile de rappeler ici que le fumier produit diminue considérablement en quantité et en qualité s'il est mal soigné. La totalité du fumier obtenu dans le cas précédent vaudra plus de 300 francs si rien n'a été perdu (V. p. 102). Par négligence ou ignorance, le cultivateur fait souvent perdre à ses engrais le quart et même jusqu'à la moitié de leur valeur, et il est bien loin de se douter que la perte finale se traduit par une diminution de récolte, qui n'est pas seulement de 150 francs, par exemple, mais réellement du double ou du triple de cette somme, sans qu'il en résulte aucune diminution de main-d'œuvre ou de frais généraux. Une augmentation de récolte d'un hectolitre de blé est souvent obtenue par une augmentation d'engrais d'une valeur de 5 francs.

Le cultivateur intelligent ne se bornera pas à assurer la conservation des propriétés fertilisantes à son fumier, il cherchera en outre à les augmenter par des moyens économiques.

Dans un tableau intitulé : *Un sujet de leçon d'agriculture à l'école primaire*, et qui est affiché dans toutes les classes, l'un des plus illustres représentants de la science agricole, en France, recommande notamment de mélanger, aux litières, du phosphate de chaux naturel pulvérisé (v. p. 112). Nous ne pouvons mieux terminer qu'en rappelant les conseils mêmes de M. Grandeau :

« On peut rarement conduire le fumier dans les champs et l'enfouir au sortir de l'étable, aussi conseillerons-nous au cultivateur une pratique excellente dont il retirera un grand profit. Cette pratique consiste à répandre tous les jours, à la volée, sous chacune des bêtes de l'étable, une certaine quantité de phosphate de chaux en poudre. On peut, avec avantage, en jeter de 1 à 3 kilogrammes sous chaque bœuf, vache ou cheval, et 500 à 800 grammes par tête de mouton, sur le fumier de la bergerie. Le phosphate de chaux ainsi employé s'opposera en grande partie à la déperdition des sels ammoniacaux du fumier et, s'associant chimiquement à la matière organique de ce dernier, subissant une sorte de digestion, passera à un état particulièrement favorable à son assimilation par les plantes, quand on portera le fumier dans les champs. De plus, ce mélange intime de phosphate avec le fumier facilitera la répartition de ce sel dans la terre au moment de l'épandage du fumier.

« Le fumier d'une tête de bétail qui, chaque jour, aurait été additionné pendant toute l'année d'un kilogramme de phosphate en poudre, contiendrait une quantité d'acide phosphorique suffisante pour assurer une pleine récolte de céréales sur deux hectares de terre, à la condition qu'on y répande, en couverture, du nitrate de soude. Le cultivateur devrait donc se servir du fumier comme intermédiaire économique de transport et d'épandange du phosphate dans ses champs. »

Exercices. — *Calcul.* I. Un cultivateur possède 3 chevaux, d'un poids total de 1,400 kilogrammes; 2 bœufs pour le travail, du poids de 1,000 kilogrammes; 6 vaches laitières pesant 2,500 kilogrammes et 20 moutons pesant 750 kilogrammes. Sachant que, pendant 5 mois d'hiver, leur alimentation sera équivalente à celle des rations normales indiquées au tableau VI (p. 213) et que la litière sera formée de 4,000 kilogrammes de paille et de 1,400 kilogrammes d'herbes sèches en grande partie composées de fougères et de joncs, on demande quel sera le poids de fumier produit. On suppose que les chevaux et les bœufs pourront fournir chacun 50 journées de travail au dehors pendant cette période.

II. Dans une bergerie occupée par 50 moutons, on répand par bête et par jour, avec la litière, 500 grammes de phosphate naturel en poudre titrant 30 0/0 d'acide phosphorique. On demande le poids de chacun des trois éléments fertilisants : azote, acide phosphorique et potasse, contenus dans le fumier ainsi obtenu pendant 40 jours, sachant que chaque mouton produit en moyenne 3 kilogrammes de fumier par jonr.

III. On veut employer le fumier de mouton indiqué au problème II ci-dessus pour une culture de froment. Le rapport entre l'azote et l'acide phosphorique pour cette culture étant supposé de 2 à 1, c'est-à-dire que, pour 1 kilogramme d'acide phosphorique assimilable, il en faut 2 d'azote, on demande :

1° Combien il faudra ajouter de nitrate de soude (*en couverture* au printemps, v. p. 109) pour équilibrer l'engrais; on suppose que 1/3 seulement de l'acide phosphorique du phosphate ajouté au fumier sera utilisé par le blé;

2° Quel sera le prix des engrais complémentaires ainsi employés, l'acide phosphorique valant 0 fr. 25 dans les phosphates naturels en poudre, et l'azote 1 fr. 75 dans le nitrate titrant 15 0/0 ;

3° Quelle superficie on pourra fumer, la prévision de récolte étant de 25 quintaux de grain et 50 quintaux de paille à l'hectare.

IV. Même calcul que le précédent appliqué au cas du problème I, la quantité de phosphate ajouté aux litières étant de 1 kilogramme par tête de gros bétail, et toutes les autres données identiques aux précédentes.

Questions pour le Certificat d'études. — I. *Les aliments de l'homme, à quoi servent-ils ? Dire à quelles conditions doit satisfaire notre régime alimentaire pour être hygiénique.*

II. *Histoire d'une bouchée de pain pendant son parcours à travers l'appareil digestif.*

III. *Expliquer de quoi est formé le sang, à quoi il sert, comment il se purifie et se régénère.*

IV. *Les poumons et le soufflet : comparaison.*

V. *Comparaison entre deux étables, l'une bien aménagée et bien tenue, l'autre en désordre et mal installée.*

VI. *Dire quels sont les aliments du bétail dont on fait provision pour l'hiver ; indiquer leur origine et les classer d'après leur valeur nutritive.*

COMPLÉMENTS

A L'ENSEIGNEMENT EXPÉRIMENTAL

Les notions contenues dans les dix chapitres précédents constituent un minimum d'instruction scientifique que devraient désormais posséder, à leur sortie de l'école, les enfants qui se destinent aux professions agricoles. Cependant « il est des connaissances qu'il n'est permis à personne d'ignorer » et notamment celles qui sont indiquées dans les programmes officiels sous cette désignation : *Notions très élémentaires et expériences les plus faciles sur la chaleur, la lumière, l'électricité, le magnétisme (thermomètre, machine à vapeur, paratonnerre, télégraphe, boussole). — Pesanteur. Levier. Premiers principes de l'équilibre des liquides. — Pression atmosphérique : baromètre.*

Sans déranger l'ordre indiqué pour l'enseignement des matières se rapportant plus spécialement à l'agriculture, il sera possible, en hiver, pendant les deux années du cours supérieur, de faire les expériences suivantes qui sont simplement indiquées de façon à permettre à l'élève de rassembler et même d'agéncer le matériel nécessaire. Les détails, l'explication et les conclusions de ces expériences simples se trouvent dans le livre du maître (V. p. 2).

Chaleur et lumière.

I. La chaleur est le principal agent qui fait changer l'état des corps (5) ; mais sans changer d'état les corps augmentent de volume quand on les chauffe, ils diminuent par refroidissement.

MATÉRIEL NÉCESSAIRE : 1 bouchon, 3 aiguilles à coudre, 1 bougie.

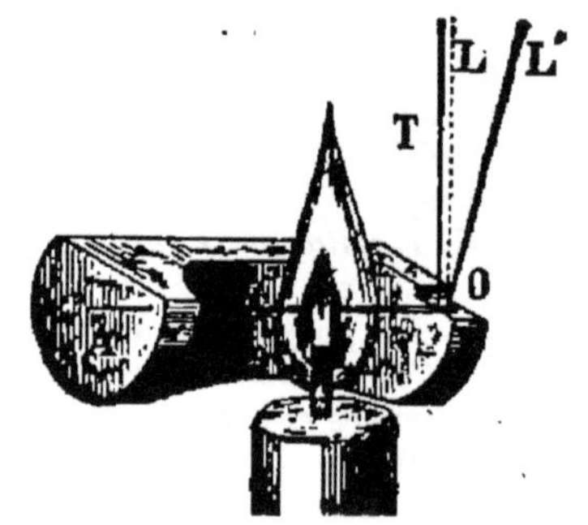

Pyromètre simplifié.

EXPÉRIENCE DE M. SIMIAND. — Tailler le bouchon comme l'indique la figure, planter l'aiguille OA de façon que le chas qui reçoit la pointe d'une seconde aiguille OL repose sur un petit épau-

lement; une troisième aiguille T sert de témoin; tout d'abord, la seconde aiguille OL est parallèle à T; OL prend la position OL' quand on chauffe OA.

II. **Thermomètre**. Observations diverses, évaluation de la température de la salle, du dehors, d'eau froide, d'eau chaude, de l'intérieur de la bouche, de la main fermée, etc.

III. **La chaleur ne se propage pas avec la même facilité à travers tous les corps, les uns sont meilleurs conducteurs que d'autres.**

Conductibilité.
Différence entre le cuivre et le fer

Matériel nécessaire : Un fil de fer et un fil de cuivre de même diamètre, de la cire, 6 ou 8 billes ou pains à cacheter, 2 fioles ou 2 livres de même hauteur pour servir de support, une bougie ou la lampe encrier (fig. 2).

Les deux fils métalliques sont réunis par une torsade que l'on chauffe, la cire qui fixe les billes ou les pains à cacheter fond plus rapidement et les billes tombent plus tôt du côté du cuivre que du côté du fer.

IV. Les gaz sont les plus mauvais conducteurs, ainsi que les corps poreux à cause des gaz qu'ils retiennent immobiles De l'eau mise bouillante dans un vase placé au centre d'une boite qu'on remplit ensuite de sciure sèche s'y conserve très longtemps fort chaude.

Marmite automatique.

Matériel nécessaire : Une petite cafetière avec son couvercle, de la sciure sèche, et une boite deux fois plus haute et plus large que la cafetière ; une pomme de terre.

Placer la pomme de terre coupée en deux ou trois morceaux dans la cafetière avec de l'eau ; chauffer ; quand l'eau bout, placer la cafetière dans la boite remplie au 1/3 de sciure ; achever de remplir avec la sciure. Une heure après, la pomme est cuite et l'eau est encore brûlante.

V. **La lumière du soleil est accompagnée de chaleur qui peut devenir très élevée si on la concentre sur un seul point au moyen d'un verre grossissant appelé *lentille* à cause de sa forme. On peut remplacer la lentille de la façon suivante :**

Matériel nécessaire : Un ballon de verre de 100, de 250 ou 500 c. c. (V. p 18), de l'eau et quelques allumettes.

En faisant tomber les rayons solaires S sur le ballon, une allumette placée au foyer F s'enflamme. On trouve facilement ce point F en le cherchant du bout du doigt, ou bien avec une feuille de papier sur laquelle se forme l'image du soleil quand elle sera au juste au point F.

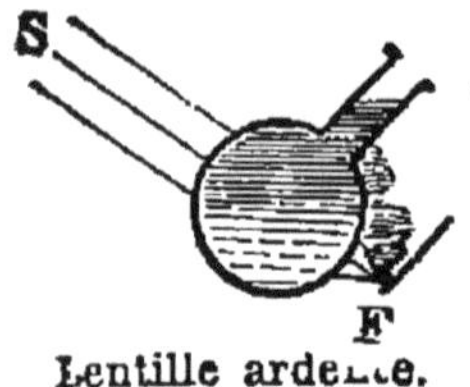

Lentille ardente.

VI. Un objet placé en O paraît placé en I, et grandi, à l'observateur dont l'œil est placé en R.

Matériel nécessaire : Le même que précédemment, en outre un insecte piqué au bout d'une épingle et qu'on placera en O.

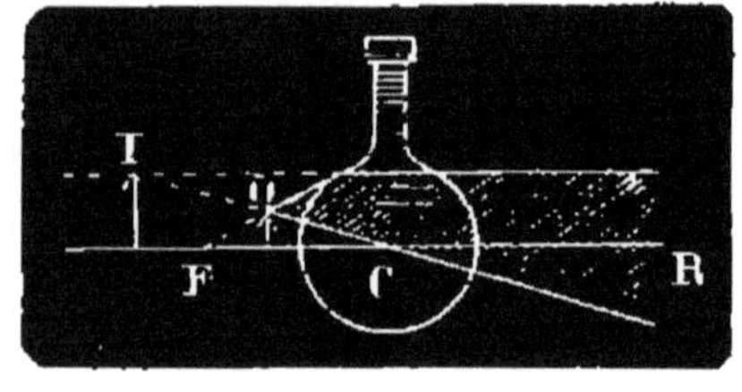

Lentille grossissante.

Les élèves apporteront les verres de lunettes, lentilles, etc., qu'ils pourront se procurer ; selon les ressources, on exécutera les expériences 157 et suivantes décrites au livre du maître.

Électricité.

VII. Certains corps tels que le papier sec s'électrisent par le frottement; l'électrisation se manifeste par des attractions ou des répulsions.

Matériel nécessaire : Aiguille à tricoter ou crayon taillé planté dans le bouchon d'une fiole, ou dans une moitié de pomme servant de support, plusieurs bandes de papier dont une C disposée comme l'indique la figure, cire à cacheter, manche de porte-plume en ébonite.

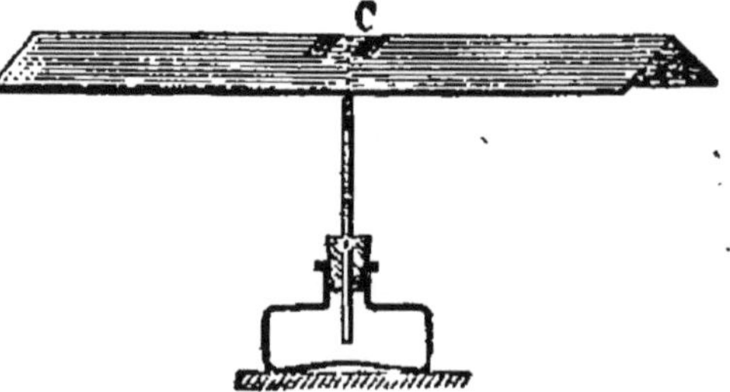

Électroscope.

La feuille C est très mobile ; en approchant une bande de papier *séchée* devant le feu et *frottée* par simple passage entre deux doigts, une attraction se produit.

Répéter avec cire, avec ébonite, etc.

Électriser la feuille C, la replacer sur son support et recommencer, on obtient une répulsion.

VIII. Un corps non électrisé s'électrise par influence ou induction quand on l'approche d'un corps électrisé.

Matériel nécessaire : Bandes de papier, 2 balles de sureau aux extrémités d'un fil.

Deux bandes de papier C et D sont séchées devant le feu ou près du poêle, puis tenues en A et frottées; électrisées de la même façon, elles se repoussent. La main placée en B les attire toutes deux : elle s'est électrisée d'une autre façon, en *sens contraire.* Deux balles placées au-dessus d'une bande de papier électrisé s'électrisent aussi, mais en sens contraire du papier ; et elles se repoussent.

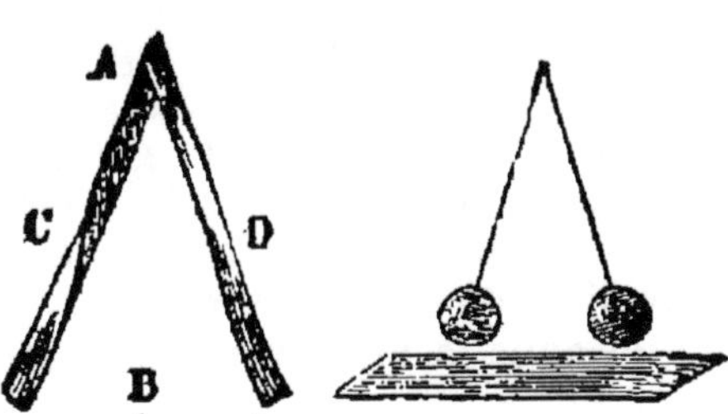

Répulsion et influence.

XI. Un corps mauvais conducteur, électrisé, et posé sur un bon conducteur, l'électrise par influence.

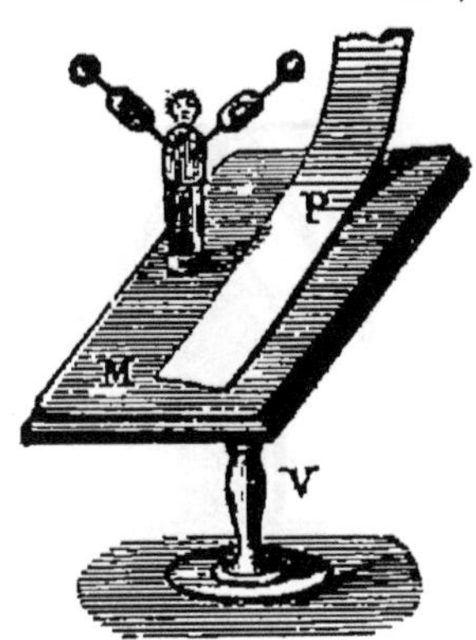

Électrophore.

Matériel nécessaire : Plateau métallique verni ou non, bande de papier, pantin de sureau, verre à pied servant de support (le tout bien sec).

Sécher parfaitement et frotter énergiquement une bande de papier P, la poser sur un plateau métallique M supporté par un pied isolant V.

Placer un pantin de sureau sur le plateau *et toucher ce dernier;* retirer la feuille P; le plateau M reste électrisé, ce qu'indiquent les bras du pantin.

Approcher le doigt du plateau, on tire une étincelle, les bras du pantin retombent.

X. La disposition suivante est plus commode et permet d'obtenir des étincelles de deux centimètres.

Étincelle électrique.

Matériel nécessaire : Plat métallique à frire avec fil de soie réunissant les anses, plaque d'ébonite ou couche de résine de quelques millimètres d'épaisseur coulée sur une planchette, chiffon ou bas de laine ou bien feutre de chapeau, pantin de sureau, aiguille à coudre, gomme à effacer.

Frotter énergiquement l'ébonite (ou la résine) avec la laine ou le feutre bien secs, poser dessus le plateau métallique, le toucher du doigt, le soulever par le fil isolant, tirer l'étincelle.

XI. Paratonnerre. Recommencer, et avant de tirer l'étincelle, approcher, *sans toucher*, une aiguille tenue à la main; on ne peut plus tirer d'étincelle.

Recommencer et placer le plateau métallique électrisé au-dessus d'un pantin : celui-ci lève les bras, approcher une aiguille, aussitôt les bras retombent. Si l'aiguille est piquée dans une gomme (mauvais conducteur) et approchée en tenant la gomme sans toucher l'aiguille, les bras du pantin restent soulevés, c'est-à-dire que l'aiguille ne décharge pas le plateau électrisé si elle ne communique pas avec le sol. Explication du paratonnerre.

Recommencer en mettant le pantin dans le plateau : il est violemment projeté.

Ces expériences réussissent très bien à la condition que tous les objets soient *parfaitement secs*, ce qui s'obtient en les plaçant près d'un feu vif. Le papier glacé est celui qui convient le mieux, il s'électrise très bien en le frottant avec un chiffon de laine sur une planchette chauffée au point d'être brûlante.

XII. Une aiguille d'acier s'aimante quand on la frotte contre de l'acier aimanté. (La lime indiquée page 19 est aimantée.)

Matériel nécessaire : Pièce d'acier aimantée, aiguille à tricoter. Support mobile composé d'un bouchon, d'une épingle, de deux fourchettes, d'un sou et d'une bouteille.

Toute tige aimantée mise en équilibre sur ce support s'oriente d'elle-même *à peu près* du nord au sud.

L'aiguille aimantée peut être suspendue en la faisant traverser un bouchon suspendu à un fil.

Boussole.

XIII. Pile électrique. A défaut d'une pile achetée toute faite, on peut en construire une comme celle qui est indiquée plus loin (télégraphe électrique) au moyen d'une lame de zinc et d'une lame de cuivre ou mieux de charbon réunies sur un morceau de bois *sans contact* entre les clous ou les vis d'attache. Les deux lames zinc et cuivre plongent dans un verre contenant de l'eau et de l'acide sulfurique.

Si les deux lames sont faites l'une de zinc, l'autre de charbon, on ajoute du bichromate de potasse au liquide acidulé et l'action est plus énergique.

XIV. Le fil métallique conducteur avec lequel on réunit les deux lames ou *pôles* de la pile est traversé par un courant électrique. Si ce fil s'enroule autour d'un clou, celui-ci devient un aimant.

Matériel nécessaire : Une pile, quelques mètres de fil métallique conducteur, un clou planté dans un bouchon, clous plus petits ou plumes d'acier.

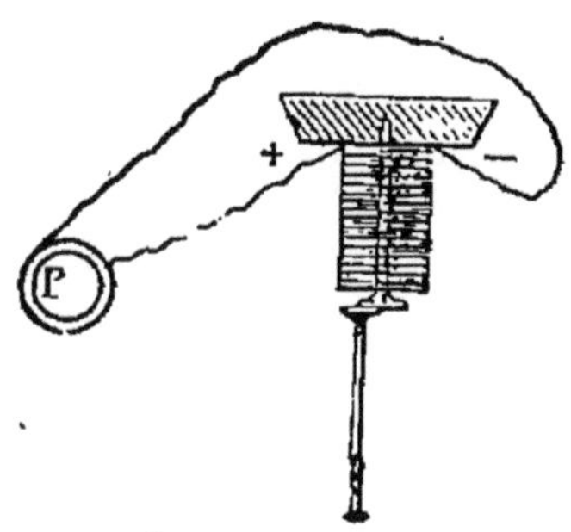

Électro-aimant.

On enroule le fil conducteur autour du clou planté dans le bouchon, et on attache chacune de ses extrémités à l'un des pôles de la pile : l'*électro-aimant* ainsi formé attire d'autres clous, comme l'indique la figure, ou des plumes d'acier, ou de la limaille de fer. L'attraction cesse quand le courant ne passe plus, c'est-à-dire quand la communication est rompue avec la pile ou sur un point quelconque du fil.

XV. Une pile, un petit électro-aimant, un couteau de table et deux bouchons suffisent pour montrer sur quel principe est basée la télégraphie électrique.

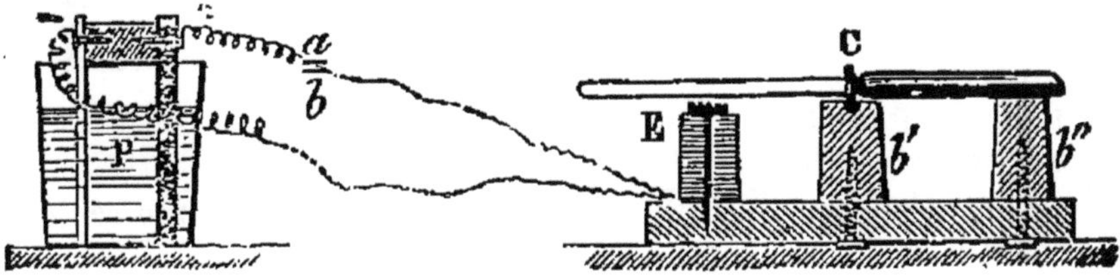

Télégraphe électrique.

Le couteau repose par la virole et le manche sur deux bouchons b' b''; sous le milieu de la lame se trouve un électro droit E. Quand le courant passe, c'est-à-dire quand *a* et *b* sont en contact, le couteau bascule; si la communication est rompue, le manche du couteau retombe sur le bouchon *b''*.

Pesanteur.

XVI. Les principales conditions d'équilibre du levier ordinaire sont faciles à réaliser expérimentalement; si les deux bras du levier sont égaux, les deux poids doivent être égaux aussi.

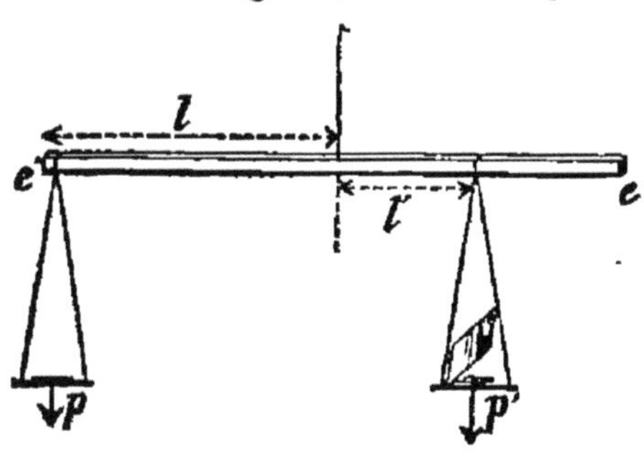

Équilibre du levier.

MATÉRIEL NÉCESSAIRE : Une règle ordinaire percée d'un trou en son milieu, un fil terminé par un nœud passe dans ce trou, deux petits plateaux confectionnés avec une carte de visite et du fil.

Les deux plateaux contenant chacun un sou s'équilibrent si les points de suspension *e e'* sont à égale distance du centre. Dans le cas indiqué par la figure, l'équilibre de 1 sou en p s'obtient par 2 sous en p', plus un morceau de carton égal au plateau. D'une façon générale, l et l' indiquant la longueur des bras de leviers, p et p' les poids des plateaux avec ce qu'ils renferment, l'équilibre existe quand on a $l \times p = l' \times p'$.

XVII. Un liquide placé dans plusieurs vases qui communiquent entre eux s'élève au même niveau dans chacun d'eux.

Matériel nécessaire : Un entonnoir, un tube de caoutchouc, deux tubes de verre ordinaire dont l'un effilé (V. p. 11), une bouteille d'eau.

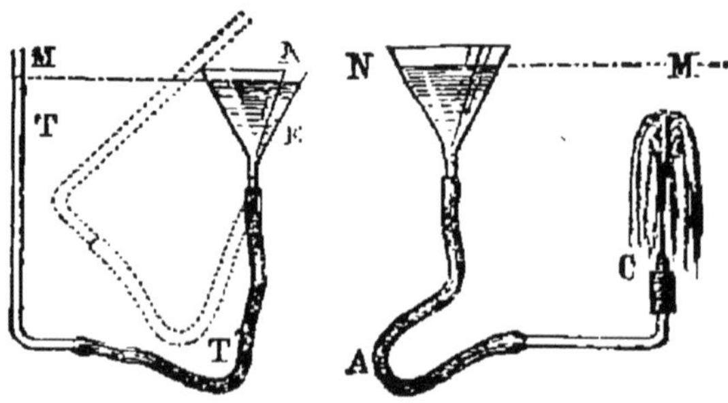

Niveau des liquides.

La première figure indique la disposition permettant de constater que le niveau dans le tube T reste sur l'horizontale MN, quelle que soit la position du tube de verre ; la seconde réalise un jet d'eau.

XVIII. Les expériences qui mettent en évidence l'existence de la pression atmosphérique sont nombreuses (V. Livre du maître, expér. 48 à 58), l'une des plus amusantes est celle de l'œuf pénétrant dans une carafe.

Matériel nécessaire : Une carafe dont le col a un diamètre inférieur à celui d'un œuf ; un œuf cuit dur, une bande de papier.

Effet de la pression atmosphérique.

Dépouiller l'œuf de sa coquille sans l'entamer, allumer une bande de papier et l'introduire dans la carafe, poser l'œuf en guise de bouchon : il ne tarde pas à pénétrer dans la carafe dont l'intérieur s'est refroidi, il obéit à la pression atmosphérique.

L'expérience la plus importante sur ce sujet est celle de Torricelli ; elle nécessite un peu de mercure, mais elle permet l'explication du baromètre.

XIX. La force élastique des gaz sera mise en évidence au moyen d'un flacon disposé comme l'indique la figure de gauche. On souffle par a pour faire entrer dans la fiole un peu plus d'air qu'elle n'en contient, on pince le caoutchouc : l'air introduit a augmenté la pression, et si l'on cesse de presser le caoutchouc c, l'eau jaillit.

En plongeant le flacon dans un vase plein d'eau chaude on obtiendrait également un jet d'eau.

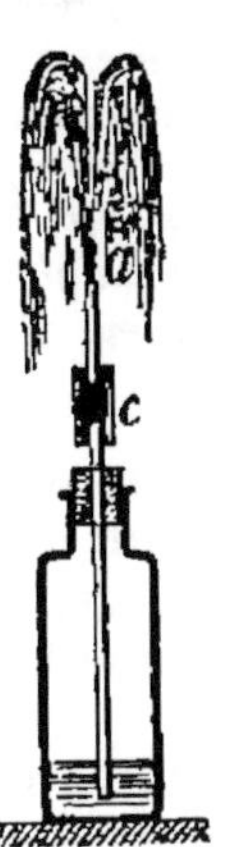

Fontaine de compression.

Le fonctionnement de la pompe ordinaire s'expliquera facilement si l'on dispose un verre de lampe choisi bien cylindrique, comme l'indique la figure de droite. P est un piston formé d'un bouchon autour duquel on enroule du chanvre, et traversé par un tube de verre qui sert à le manœuvrer ; en S une soupape formée d'une rondelle de cuir traversée par un clou, non indiqué dans la figure, et qui pénètre dans le tube d'aspiration T. — En soulevant le piston, on appuie le doigt D pour fermer le tube du piston ; en abaissant, on ôte le doigt pour laisser jaillir l'eau.

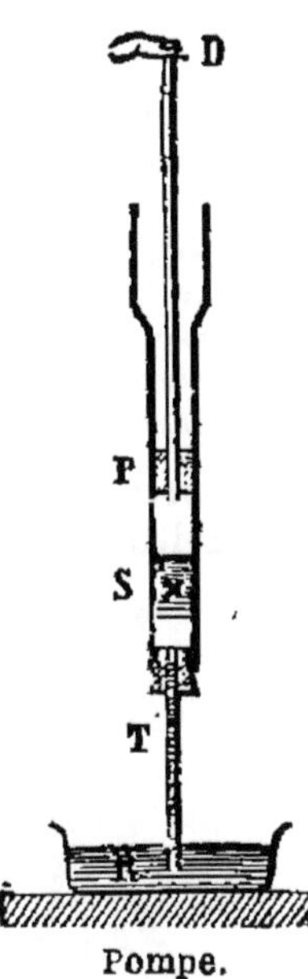

Pompe.

XX. La disposition ci-dessous permet de montrer l'écoulement de l'eau par le siphon et les divers moyens d'amorcer celui-ci.

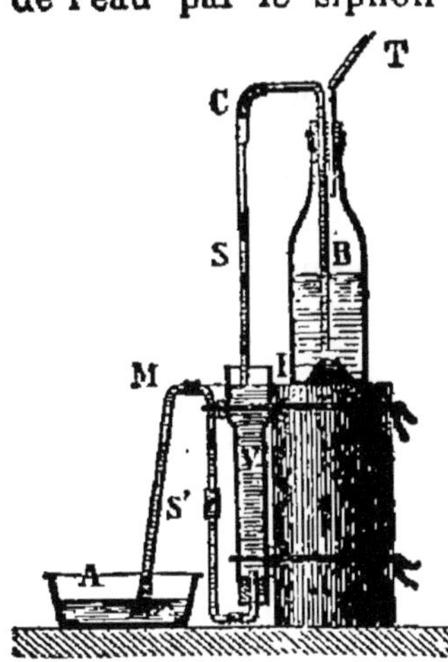

Fontaine intermittente.

Matériel nécessaire : 6 tubes de verre coudés de diverses longueurs (pour leur préparation v. p. 11) ; 2 bouchons, l'un à 1 trou, l'autre à 2 ; 1 litre en verre clair, un verre de lampe, une terrine, une bûche de bois sciée droit, de la ficelle et quelques bouts de tube en caoutchouc.

La bouteille B étant pleine d'eau, on souffle par T, le siphon CS s'amorce ; alors V se remplit ; à son tour, S' s'amorce et l'eau coule en A ; mais si le débit de S' est supérieur à celui de S, le verre de lampe se vide, S' se désamorce et ne se remet à couler qu'après un nouveau remplissage de V : il y a intermittence dans l'écoulement de cette sorte de fontaine.

Questions pour le Certificat d'études. — Chacun des vingt groupes d'expériences qui précèdent peut donner lieu à un sujet de rédaction. Voici comment les questions pourraient être posées ; le mot laissé en blanc serait le titre du chapitre visé (chaleur, conductibilité, électricité, aimant, électro, etc.) :

Parmi les expériences faites en classe à propos d.................... quelle est celle qui vous a le plus intéressé ? Décrivez-la et faites voir les conclusions à en tirer. (V. la *Rédaction au Certificat d'études.* — Librairie Hachette.)

Chimie appliquée.

Les premières notions de chimie très élémentaire étudiées dans les premiers chapitres de ce livre seraient susceptibles de bien des applications intéressantes, notamment sur quelques industries domestiques (*v.* Les Sciences physiques — *2me partie, exp.* 338 *et suiv.*)*; mais le temps dont on peut disposer à l'école primaire ne permet guère d'aller au delà du minimum proposé s'il s'agit d'une école rurale, car l'objectif doit être d'orienter l'enseignement expérimental vers l'agriculture. Avec de très bons élèves, on pourra atteindre l'extrême limite qu'indiquent les expériences suivantes.*

Répétition de l'expérience 24 (p. 84). En modifiant la fontaine intermittente précédemment décrite, on peut construire un *appareil de Masure* permettant de séparer mécaniquement les éléments d'une terre arable.

L'échantillon de terre sera prélevé avec les précautious indiquées ci-après.

On en pèsera 20 grammes qu'on délayera avec un peu d'eau dans le vase V formé du haut d'une fiole coupée (V. p. 12) et disposé comme l'indique la figure : le col est fermé d'un bouchon traversé par un tube qui amène l'eau d'une bouteille B.

En arrivant en V' l'eau rencontre un obstacle formé d'un petit tube à essai qui la fait refluer vers le bas. L'argile est entraînée dans la terrine T, le gravier reste dans le vase V. Le reste de l'opération se fait comme dans l'expérience 24.

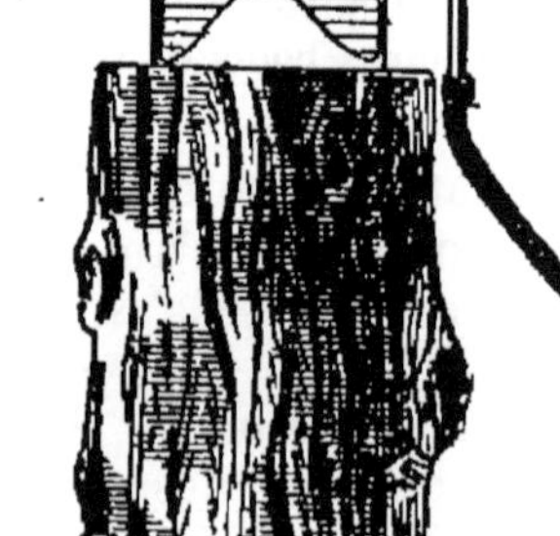

Appareil de Masure.

Rappelons que les résultats de cette analyse mécanique ne renseignent pas sur la fertilité du sol. Toutefois il est utile de connaître la proportion de l'un des éléments, le calcaire, parce que son action chimique est très importante, et aussi parce que l'on peut croire calcaire un sol extrêmement pauvre en carbonate de chaux. Les exemples ne sont pas rares de terre arable reposant sur une roche de calcaire compact et contenant souvent moins d'un millième de carbonate de chaux.

La première chose à faire dans ce dernier cas, c'est de donner de la chaux au sol. Si au contraire la terre est très calcaire, sa réaction est alcaline, et il ne faut pas lui donner d'engrais alcalins, par exemple de la chaux, des cendres, ou des scories de déphosphoration.

Voici un moyen assez simple de déterminer, à 1/10 près, la teneur en calcaire d'une terre arable ; il nécessite toutefois l'emploi d'un petit appareil, mais le prix en est modeste (12 fr. 50, par colis postal, à l'adresse indiquée p. 18).

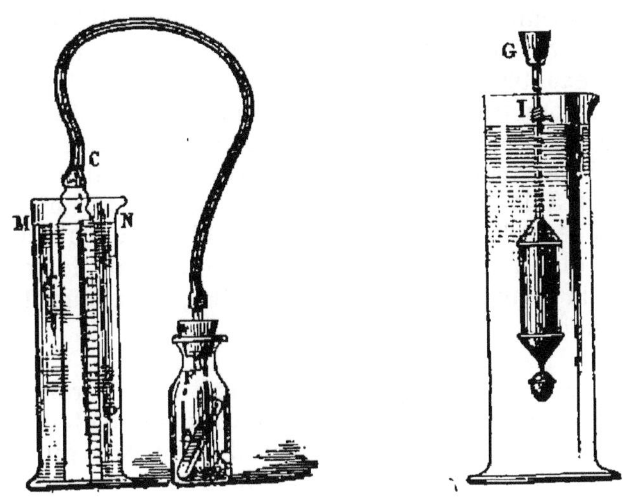

Calcimètre simplifié.

L'appareil se compose :

1° D'un aréomètre-balance, permettant de faire des pesées au décigramme près;

2° De l'appareil proprement dit formé d'une fiole à dégagement dans laquelle on met la terre et l'acide nécessaire à l'attaque du calcaire. L'acide carbonique résultant de cette attaque se rend, par un caoutchouc, dans une cloche graduée où on le mesure.

Les expériences 4 et 18 indiquent comment se passe la réaction; le calcul montre que 4 milligrammes de carbonate de chaux pur laissent dégager un centimètre cube d'acide carbonique (mesuré à la température ordinaire; s'il faisait plus chaud le volume augmenterait); donc pour savoir combien de milligrammes de calcaire sont contenus dans un gramme de terre, il suffira de mesurer le volume d'acide carbonique dégagé à la température ordinaire et de multiplier par 4 le nombre de centimètres cubes trouvés.

Prise et pesée de l'échantillon de terre. — On choisit, dans le champ, une ou plusieurs parties, selon la superficie, représentant une valeur moyenne.

Avec une bêche, on enlève de la terre jusqu'à la profondeur qu'atteint la charrue et on en prélève une pelletée; l'opération faite en dix ou douze endroits donne dix ou douze pelletées qu'on mélange bien; sur le tas, on prélève environ un kilogramme qu'on met à sécher au soleil ou dans un four.

Au moyen d'une toile métallique à mailles d'un millimètre au plus, on crible la terre sèche pour en séparer les cailloux et les graviers, et c'est sur le reste qu'on prélève l'échantillon définitif à introduire dans la fiole à dégagement du calcimètre. Si l'on veut doser le calcaire pulvérulent considéré comme seul assimilable (exp. 40), il faudra séparer d'abord tout le gravier par l'appareil de Masure.

Pour peser exactement un gramme, on se sert, à défaut d'une balance, de l'aréomètre-balance. Cet aréomètre est coiffé d'un petit godet mobile où se met tantôt le poids, tantôt la terre. L'instrument est lesté de façon que, ce godet étant vide, l'affleurement se fait dans l'eau à la partie inférieure de la tige. En plaçant un gramme dans le godet, on obtient un second point d'affleurement qu'il suffit ensuite d'obtenir à nouveau en remplaçant le poids d'un gramme par la quantité de terre nécessaire; cette quantité pèse juste 1 gramme.

Emploi de l'appareil. — Placer la terre en X, remplir aux 3/4 la jauge A d'acide (sulfurique ou chlorhydrique) étendu d'eau, et la descendre dans la fiole, au moyen d'une petite pince.

Remplir d'eau l'éprouvette P, de façon que le niveau, dans la cloche C, soit supérieur de quelques millimètres au zéro de la graduation. Le caoutchouc étant ajusté, fermer la fiole F de son bouchon en l'enfonçant suffisamment pour que le niveau de l'eau soit juste au zéro dans la cloche quand, en soulevant celle-ci, on obtient l'égalité des niveaux intérieur et extérieur MN.

Incliner la fiole F pour verser l'acide de la jauge et agiter légèrement; soulever peu à peu la cloche. Si le volume dégagé dépassait 100 c. c., on opérerait sur moins d'un gramme de terre, ou sur un gramme en plusieurs fois.

Il faut saisir, de deux doigts seulement, la fiole F par la bague du col, et la cloche C par la partie de caoutchouc qui enveloppe la douille, et cela pour éviter l'échauffement dû aux mains. L'échauffement dû à la réaction, dans la fiole F, sera faible si la terre est pauvre en calcaire; dans le cas contraire, on placera la fiole dans une assiette ou une terrine contenant de l'eau froide.

Quand tout dégagement a cessé, c'est-à-dire quand le niveau ne varie plus à l'intérieur de la cloche graduée, on égalise exactement les deux niveaux et on lit le volume (soit 60 c.c.); on multiplie par 4 ($60 \times 4 = 240$), ce qui veut dire que dans un gramme de cette terre, ou 1,000 milligrammes, il y a 240 milligrammes de calcaire, la proportion est donc 240 pour 1,000 ou 24 0/0. Le résultat peut être considéré comme exact, à un dixième près, si l'opération a été faite comme il vient d'être dit.

ENSEIGNEMENT OCCASIONNEL

L'un des buts de l'enseignement scientifiqne à l'école, est de développer, chez les enfants, l'esprit d'observation. Les notions scientifiques fondamentales ayant été établies expérimentalement à l'école même, il suffira souvent de signaler aux élèves les observations qu'ils peuvent faire eux-mêmes et de leur en demander ensuite un petit compte rendu oral, pour compléter, d'une façon tout à fait pratique, les leçons de la classe. Ces observations porteront sur les points suivants : *Anatomie des animaux domestiques. — Instruments agricoles. — Travaux des champs. — Plantes et insectes utiles ou nuisibles.*

On ne peut songer à aborder, à l'école élémentaire, des sujets d'*agrologie*, de *phytotechnie*, de *zootechnie*, etc.; ce serait faire prématurément de l'enseignement professionnel dont la place est à l'école primaire supérieure; l'école élémentaire doit se borner à une *bonne préparation* à cet enseignement professionnel. Il en est de même de la description qu'on pourrait faire en classe d'un instrument agricole, etc. : ce serait une leçon de choses *sans chose*, c'est-à-dire un non-sens pédagogique.

A l'école élémentaire, les notions qu'on pourra donner sous les titres précités seront choisies suivant les circonstances : on décrira une charrue, et les élèves en prendront le croquis, lorsqu'on en aura une sous les yeux; on examinera les effets du roulage en voyant exécuter l'opération par un praticien qui l'expliquera, etc.; en un mot, cet enseignement sera *occasionnel*. Il portera ses fruits si la visité, la promenade, l'excursion a été *réglée d'avance*, et si elle est l'objet d'un petit compte rendu, de notes succinctes mais claires, accompagnées s'il y a lieu de dessins cotés, le tout transcrit par l'élève dans le carnet agricole.

Observations anatomiques.

On perd souvent de bonnes occasions de faire observer aux enfants l'organisation intérieure du corps d'un animal (poulet, lapin, porc, etc.) qui vient d'être abattu et qu'on dépèce. Il est peu de maisons où il ne serait pas possible à chacun de faire, sur nature, une petite étude de l'appareil digestif, des principales glandes, etc. Si la dissection d'un petit animal, un rat ou un lapin, un geai ou une poule, était faite une fois seulement tous les ans devant les élèves, ceux-ci deviendraient observateurs chaque fois que l'occasion s'en présenterait à la maison, chez le boucher ou ailleurs. Il n'est pas difficile non plus de préparer quelques pièces anatomiques d'une utilité incontestable. Exemples :

Estomac ou portion d'appareil digestif. — On peut se procurer facilement l'estomac d'un jeune ruminant, agneau ou chevreau, par exemple. Si à l'œsophage on ajuste un entonnoir et qu'on y fasse couler une suffisante quantité d'eau, on parviendra, en comprimant extérieurement les différentes pièces de l'estomac, à en faire le nettoyage complet. Quand l'eau sort bien claire, on rince avec une infusion concentrée d'écorce de chêne, ou bien une dissolution d'alun ou de bichromate de potasse à 10 0/0 qu'on laisse séjourner à l'intérieur pendant un jour; enfin on laisse égoutter. Lorsque les membranes commencent à se dessécher, on lie l'une des ouvertures d'abord, puis l'autre, après avoir insufflé de l'air pour bien gonfler le tout. Il suffit ensuite d'assurer la dessiccation parfaite de l'organe ainsi préparé, pour obtenir une bonne pièce de démonstration qu'on peut même vernir extérieurement et monter élégamment au moyen de fils de fer sur une planchette formant socle.

Squelette. — Un rat, ou un oiseau de la taille d'une grive, préalablement dépouillé et vidé, est, en quelques jours, parfaitement approprié si on le dépose dans une petite excavation pratiquée sur une fourmilière. On peut placer le cadavre dans une boîte percée de trous.

Lorsque tous les os sont parfaitement nettoyés, on monte le squelette en passant un fil de fer recuit dans la colonne vertébrale, dans les os longs, etc., ou bien, si cette opération n'est pas connue, on se borne à rassembler les articulations par un peu de colle forte.

Instruments agricoles.

Les plus simples, tels que ceux de jardinage, les herses, le rouleau ordinaire, seront l'objet d'un croquis coté ; on fera la mise au net de ce croquis en classe dans le carnet agricole ou le cahier spécial [1].

Pour les autres instruments, on se bornera au croquis de

1. Les travaux manuels scolaires consistant dans la confection d'outils aratoires minuscules ne sont pas à recommander : leur avantage, au point de vue de l'enseignement agricole, est nul, et ils nuisent, plutôt qu'ils n'aident, au développement du goût de l'enfant qui les exécute.

quelques pièces choisies parmi les plus importantes. Une figure simple, avec légende explicative, vaut mieux et prend moins de temps qu'une minutieuse description toujours trop longue et que l'enfant relit bien rarement.

Si des machines agricoles, telles qu'un râteau mécanique, une faneuse, une faucheuse, une moissonneuse, un semoir, existent dans la commune, on ne manquera pas d'aller les étudier sur place et d'assister à leur fonctionnement.

Il en sera de même pour les machines servant à l'intérieur des exploitations telles que machines à battre, tarare, trieur, hache-paille, coupe-racines, etc.

Si un concours, une exposition agricole, fournissent l'occasion de nouvelles leçons de choses, il en faudra profiter.

Travaux de la campagne.

Outre le fonctionnement des principaux instruments agricoles qu'on pourra étudier sur place, il y a lieu d'appeler l'attention des enfants sur les principaux travaux de chaque saison, ainsi qu'on l'a déjà indiqué précédemment à propos des Exercices.

De ces divers travaux, ce qu'il importe de dégager, c'est l'application des notions scientifiques qui ont été établies dans les leçons ordinaires. Mais il faut savoir se borner, et c'est pour faciliter un bon choix que les indications suivantes sont données.

Labours. — Disposition des diverses pièces de la charrue; comment les bandes du labour sont coupées par le *coutre* et le *soc* et retournées par le *versoir* dont la forme est celle d'une portion de pas de vis; distance de la pointe du coutre à celle du soc selon la ténacité du sol. Comment sont obtenus l'*ameublissement* du sol, son *aération*, son *mélange avec les engrais*. Comment on règle la *profondeur du labour*. *Epoque* et nombre des labours, en culture, en *jachère*.

Hersage et roulage. — Disposition des dents de la herse, effets produits par leur choc : *nivellement* et *pulvérisation* superficielle; conséquences selon que la terre est argileuse ou sableuse si la pluie survient, *durcissement* produit et aération entravée. — Action de la herse sur les *semis*, sur le chiendent et autres *mauvaises herbes*. Écrasement des mottes par le rouleau, *nivellement* en vue de faciliter plus tard le fauchage. *Rechaussement* des céréales d'hiver soulevées par les gelées. Époque des hersages et des roulages.

Emploi des engrais. — *Traitement* et *épandage* du fumier, du purin. Engrais divers. Emploi avant et après le labour. Engrais employés *en couverture* dans les cultures, dans les prairies, dans le jardinage; effets du fumier dans les couches à primeurs.

Semailles. — Conditions nécessaires à la germination : influence de la profondeur des semis, de l'époque. Quantités de semence.

Taille et Greffes des arbres fruitiers, des arbustes, de la vigne.

Menues façons du sol. — *Buttage*, développement des racines adventives; *binage*, destruction des mauvaises herbes, aération des racines superficielles ; dangers d'un binage trop profond pour certaines cultures, vigne, etc. *Sarclages*.

Assolements. — Succession des plantes à racines profondes aux plantes à racines superficielles; nitrates retrouvés dans le sous-sol. Engrais verts. Jachère.

Récoltes. — Opérations principales, traitement, conservation et estimation des récoltes faites dans le pays.

Collection d'insectes.

Soit dans les promenades, soit isolément, les enfants recueilleront, si leur attention est attirée de ce côté, les insectes utiles ou nuisibles les plus connus.

L'étude des chenilles et de leurs métamorphoses est aussi facile qu'intéressante : une boîte close d'une face par de la toile métallique suffit pour enfermer, avec une nourriture appropriée qu'on renouvelle, la plupart des espèces qu'il est bon de connaître. Au lieu de conserver le papillon même, on se contente de l'*imprimer* en appuyant les ailes étendues de l'insecte sur du papier légèrement gommé : l'image obtenue est très fidèle, quelques retouches suffisent pour la compléter.

Voici une liste des principaux insectes à collectionner :

Insectes utiles. — Abeilles, Bombardiers, Carabes, Cantharides, Cicindèles, Cynips (ou leur produit), Dytiques, Fourmilion, Hydrophiles, Ichneumons, Lampyres, Libellules, Mante religieuse, Staphylins, Ver à soie.

Insectes nuisibles. — Altises ou puces de terre, Blattes, Bruche du pois, Charançons, Chenilles diverses, Courtillière, Cousins, Dermestes, Eumolpe (écrivain), Hanneton, Mouches diverses, Œstre du cheval, Punaises, Sauterelles, Taon, Teigne des tapissiers.

L'herbier de l'école.

Il y aura lieu de récolter d'abord quelques plantes présentant les caractères nettement marqués des principales familles botaniques et de les étudier sur nature, comme il a été dit page 148 (V. aussi p. 93, EXERCICES).

Les premières plantes à connaître sont celles qui se cultivent dans les jardins et dans les champs; puis viennent les essences d'arbres croissant spontanément dans le pays; ensuite les espèces fourragères (V. p. 148, EXERCICES); enfin un certain nombre de plantes utiles, ou nuisibles, dont voici les principales :

Plantes utiles.

Absinthe.
Achillée.
Aigremoine.
Anis.
Arnica.
Bardanne.
Bouillon blanc.
Bourrache.
Buis.
Camomille.
Chicorée sauvage.
Douce-amère.
Fumeterre.
Guimauve.
Houblon.
Hysope.
Lavande.
Lierre commun.
Lierre terrestre.
Mauve.
Mélisse.
Menthe.
Moutarde blanche.
Pimprenelle.
Pervenche.
Rhubarbe.
Romarin.
Saponaire.
Serpolet.
Sureau.
Tanaisie.
Thym.
Violette.

Plantes nuisibles.

Ail des vignes.
Belladone.
Berce branc-ursine.
Bryone.
Cardamine des prés.
Chardon.
Chiendent.
Chrysanthème des moissons.
Ciguë (grande et petite).
Colchique d'automne.
Coquelicot.
Cuscute.
Datura stramonium.
Ellébore.
Euphorbe.
Euphraise.
Galeopsis.
Grassette.
Jusquiame.
Laîche.
Laiteron des champs.
Liseron.
Lychnide nielle.
Mélampyre.
Mercuriale.
Moutarde des champs.
Ononis.
Orobanche.
Patience.
Plantain.
Populage.
Prêle.
Renoncule.

APPENDICE

TABLEAUX

permettant de calculer

LES FORMULES D'ENGRAIS

ET

LES RATIONS ALIMENTAIRES

Des analyses très nombreuses exécutées par des savants français et étrangers ont permis d'établir la composition exacte des diverses matières employées ou produites en agriculture.

Les résultats de ces analyses ont été réunis par le professeur E. Wolff dans des tables qui portent son nom et auxquelles sont empruntés, en grande partie, les renseignements contenus dans les tableaux ci-après. Voir *Alimentation des animaux domestiques* et *Les Engrais,* traduction française par Damseaux, et surtout le premier volume de la *Petite Encyclopédie agricole*, ainsi que la *Fumure des Champs et des Jardins*, par M. L. Grandeau.

Le tableau IV indique les limites des dosages généralement adoptés: la plupart des chiffres sont ceux que recommandent MM. Fagot et Fiévet dans leur *Guide élémentaire* pour l'*Emploi des engrais chimiques ;* ils n'ont rien d'absolu, mais ils donnent un point de départ qui prévient, dans les essais, des tâtonnements trop nombreux.

TABLEAU I. — **Matériaux enlevés au sol par les récoltes. — CÉRÉALES ET VIN.**

SUBSTANCES DOSÉES dans 1 KILOG. DE RÉCOLTES.	BLÉ		SEIGLE		ORGE		AVOINE		SARRASIN		MAÏS		VIGNE	
	GRAIN	PAILLE	GRAIN	PAILLE	GRAIN	PAILLE	GRAIN	PAILLE	GRAIN	PAILLE	GRAIN	PAILLE	VIN	SARMENT
	gr.	gr.	gr.	gr.	gr.	gr.	gr.	gr.	gr.	gr.	gr.	gr.	gr.	gr.
Silice	0,3	28,2	0.3	23,7	5,9	22,6	12,3	22,1	»	2,8	0,[illegible]	17,9	0,1	2,7
Acide phosphorique	8,2	2,3	8,2	1,9	7,2	1,9	5 3	1,8	4,4	6,1	5.5	3,8	0,3	2,6
— sulfurique	0.4	1,2	0.4	0,8	0,4	1,6	0,5	1,5	0,2	2,7	0,1	2,5	0,2	0,4
Potasse	5,5	4.9	5,4	7,5	4,8	9,3	4,2	9,7	2,1	24,1	3,3	16,6	1,0	4,5
Soude	0,6	1,2	0,3	1,3	0,6	2,0	1,0	2,3	0,0	1,1	0,2	1,5	»	0,1
Chaux	0,6	2,6	0,5	3,1	0,5	3,3	1,0	3,6	0,3	9,5	0,3	5,0	0,1	6,8
Magnésie	2,2	1,1	1,9	1,3	1,8	1,1	1,8	1,8	1,2	1,9	1,8	2,6	0,1	1,5
TOTAL DES CENDRES (calcinées au rouge)	17,8	41,5	17,0	39,7	21,2	42,8	26,3	42,8	8,8	48,2	11,5	49.9	1,8	18,6
Azote	20,8	3,2	17,6	2,4	16,0	4,8	17,9	4,0	14,4	13,0	16,0	4,8	»	0,2
RENDEMENT A L'HECTARE. R. moyen en fourrage vert	»		18,000 kg.		18,000 kg		18,000 kg.		18,000 kg		30,000 kg		VIGNES DU MIDI (moy. par hect.)	
— en paille	4,000 kg.		3,500 kg.		2,500 kg.		3,600 kg		2,500 kg.		2,800 kg		Sarment 3,000 kg	
— en grains	15 hectol.		22 hectol.		30 hectol.		40 hectol.		18 hectol.		45 hectol.		Vin 120 hectol. Marc 10 à 15 kg.	
R. maximum	45 —		35 —		44 —		67 —		60 —		60 —		par hectolitre et	
Quantité de semence	120 à 250 l.		200 à 250 l.		200 à 300 l.		250 à 300 lit.		50 à 140 lit.		50 à 60 lit.		renfermant par kilogramme :	
Poids moyen de l'hectolitre de grains	76 kilog.		72 kilog.		64k orge d'h. 56 — print.		47 kilog.		58 kilog.		67 kilog.		5 gr. de potasse. 1 — d'azote.	

Tableau II. — Matériaux enlevés au sol par les récoltes. — FOURRAGES SECS, RACINES, etc.

SUBSTANCES DOSÉES dans 1 KILOG. DE RÉCOLTES	TRÉFLE			LUZERNE	SAINFOIN	FOIN DES PRAIRIES	VESCES EN FOURRAGE VERT	BETTERAVES		CAROTTES	NAVETS	COLZA (GRAIN)	LIN (PLANTE ENTIÈRE)	POMME DE TERRE
	ROUGE	BLANC	BATARD					A SUCRE	FOURRAGÈRES					
	gr.	gr.	gr.	gr.	gr.	gr.	gr.	gr.	gr.	kg.	kg.	kg.	kg.	gr.
Silice	1,5	2,7	0,6	1,2	0,8	19.7	0,3	0.3	0,2	0.2	0,1	0 4	0,8	0,2
Acide phosphorique	5,6	8,5	4,7	5,1	7,3	4,1	2.0	1,1	0,8	1,1	1,1	16,4	7,4	1,8
— sulfurique	1,7	5,3	1,9	3,7	»	3,4	0.6	0,4	0,3	0,6	0,4	1,	1,6	0,6
Chlore	2,1	1,9	1,3	1,1	»	5,3	0,5	0,2	0,5	0.3	0,4	0,3	1,9	0,3
Potasse	19,5	10,6	15,7	15,2	4,8	17,1	6,6	4,0	4,3	3,2	3.1	8,8	11,3	5,6
Soude	0,9	4,7	0,7	0,7	2,5	4,7	0,5	0,8	1,2	1,9	0,2	0,4	1,5	0,1
Chaux	19,2	19,4	14,8	28,8	22,7	7,7	4,1	0,5	0,4	0,9	0,8	5,2	5,0	0,2
Magnésie	6,9	0,0	7,1	3,5	3,3	3,3	1,1	0,7	0,4	0,5	0,1	4,6	2,9	0,4
Total des cendres (calcinées au rouge)	57,4	59,1	46,8	59,3	»	65,3	15,7	8,0	8,1	8.7	6.2	37,2	32,4	9,2
Azote	21,3	23,8	24,5	23,0	23,0	13,1	4,8	1,6	1,7	2,6	1,3	31.0	32 } (a)	3,2
Soufre (des matières protéiques)	2,1	2,7	»	2,0	»	1,7	0,3	»	0.1	0,1	»	8,2	2 } (a)	0,2
Eau	160	160	160	160	»	144	820	816	883	860	915	120	250	750
Rendement moyen à l'hectare — en fourrage sec	6 à 9,000 kg.			kg. 7500	kg. 7500	kg. 5 à 6000	»	»	»	»	»	»		»
— vert	25 à 35,000 kg.			25000	»	16500	kg. 19000	»	kg. 11000 (feuilles)	kg. 8000 (feuill.)	»	»	(a) dans la graine	»
— en racines	»			»	»	»	»	32000	30000	40000	kg. 30000	»		kg. 15000
Quantité de semence à l'hectare	15 à 20 kg.			kg. 20 à 25	Hl. 4 à 5	kg. 50 à 60	2 Hl.	4 à 5 kg. en ligne		kg. 7 à 8	kg. 2 à 3	kg. 2 à 3	»	Hl 15 à 20

TABLEAU III.

ENGRAIS ET LITIÈRES

Composition moyenne **de 1,000 kilogrammes** de substances.

DÉSIGNATION DES MATIÈRES[1]	POIDS EN KILOGR. DES ÉLÉMENTS DOSÉS				
	EAU	AZOTE	Acide phosphorique	POTASSE	CHAUX
FUMIER FRAIS de cheval	713	5.8	2.8	5.3	2.1
FUMIER FRAIS — bœuf et vache	775	3.4	1.6	4.0	3.1
FUMIER FRAIS — mouton	646	8.3	2.3	6.7	3.3
FUMIER FRAIS — porc	724	4.5	1.9	6.0	0.8
FUMIER FRAIS d'étable (mélangé)	730	3.9	1.8	4.5	4.9
— 1/2 consommé	750	5.0	2.6	6.3	7.0
— très —	790	5.8	3.0	5.0	8.8
Purin	982	1.5	0.1	4.9	0.3
Fèces humaines fraîches	772	10.0	10.9	2.5	6.2
Urine humaine fraîche	963	6.0	1.7	2.0	0.2
Vidange liquide	955	5.5	2.8	2.0	1.0
Excréments frais d'oies	771	5.5	5.4	9.5	8.4
— — canards	566	10.0	14.0	6.2	17.0
— — poules	560	16.3	15.4	8.5	24.0
— — pigeons	519	17.6	1.9	10.0	16.0
Guano vrai (Pérou)	150	70	140	33	125
Hannetons frais	706	35	6	5	1
Sang desséché	121	101	9	6	8
Corne produit brut	89	102	55	56	67
Os —	50	40	257	»	313
Charbon d'os	80	7	290	1	400
Déchets de laine	101	57	13	3	5
— cuir	81	57	7	4	5
Cendres de bois	50	»	30	80	330
Marc de raisin	650	»	5	17	4
LITIÈRES DIVERSES[2] Fougère, joncs, carex	200	»	4	20	5
LITIÈRES DIVERSES Bruyère	200	10	1	2	4
LITIÈRES DIVERSES Genêt	250	»	1	5	2
LITIÈRES DIVERSES Roseaux	180	»	2	6	3
LITIÈRES DIVERSES Mousse	250	»	3	3	3
LITIÈRES DIVERSES Feuilles sèches	140	10	2	3	20
LITIÈRES DIVERSES — d'arbres résineux	475	5	2	1	3

1. Le titre des principaux engrais commerciaux est variable (V. pages 109 et suiv.) et le vendeur est tenu, sous peine d'amende (Loi du 4 février 1888, art. 4), de le faire connaître à l'acheteur.
2. La composition des pailles est donnée au tableau I.

TABLEAU IV

FORMULES D'ENGRAIS

Les chiffres expriment des **kilogrammes par hectare.**

NATURE DES CULTURES	NATURE DES ENGRAIS[1]		
	NITRATE de soude[2] à 15 0/0 d'azote.	PHOSPHATE de chaux ou superphosphate à 15 0/0 d'acide phosphorique.	CHLORURE de potassium à 50 0/0 de potasse.
Blé après blé ou en terre épuisée	400 à 500	500 à 1.000	50 à 100
Blé après plantes sarclées ayant reçu 20 à 30 tonnes de fumier	150 à 200	200 à 500	50 à 100
Blé après prairie artificielle.	100 à 150	500 à 1.000	»
Betterave à sucre	400 à 500	800 à 1.000	150 à 200
Betterave fourragère	400 à 600	200 à 300	150 à 300
Pomme de terre	200 à 400	350 à 450	200 à 300
Prairies artificielles, semis avec céréales (sans céréales, supprimer l'azote)	150 à 200	300 à 400	100 à 250
Prairies naturelles à faucher (pour pâturage, diminuer de 1/3)	100 à 150	300 à 400	50 à 150
Vignes et arbres fruitiers	0 à 150	150 à 400	100 à 300
Culture maraîchère	600	400	200
Plantes d'ornement[3] — à feuillage	600	400	200
Plantes d'ornement[3] — à fleurs	200	600	200
Equivalent moyen d'une tonne de fumier[4]	30	15	10

1. A toutes ces doses d'engrais pour un hectare, on ajoute de 200 à 400 kilos de plâtre (V. p. 115). Au chlorure de potassium on peut substituer le sulfate de potasse.

2. Le nitrate de soude peut être remplacé par les 4/5 de sulfate d'ammoniaque ou par l'un des engrais azotés du tableau III (V. p. 109).

3. Ces formules représentent, par mètre carré, un engrais total de 100 grammes pour fleurs et 120 grammes pour feuillage ou légumes. Pour cultures en pots, on met, par kilogramme de terre, 3 grammes de l'un des mélanges indiqués ci-dessus. Voir aussi pages 118 et 160.

4. Ces chiffres indiquent de combien il faut diminuer les doses précitées, pour chaque tonne de fumier répandu à l'hectare (V. p. 104).

TABLEAU V.

ALIMENTATION DU BÉTAIL

Composition moyenne °/₀ des principaux aliments.

DÉSIGNATION DES ALIMENTS	EAU	ÉLÉMENTS DIGESTIBLES			RAPPORT NUTRITIF
		AZOTÉS	HYDRO-CARBONÉS	GRAS	1 :
Foin de prairie qual. inférieure.	14	4	35	0.5	10
Foin de prairie — moyenne.	15	5	40	1 »	8
Foin de prairie — supérieure	16	9	43	1.5	5
Trèfle — moyenne.	16	7	38	1.5	6
Luzerne — — .	16	10	30	1 »	3
Sainfoin — — .	16	7	35	1.5	5
Paille — — .	14	1	35	0.5	46
Foin en herbe.......	70	2	14	0.5	8
Trèfle —	80	2	8	0.5	4
Luzerne —	75	3	8	0.3	3
Sainfoin —	80	2	7	0.3	3
Sarrasin —	85	1	7	0.4	5
Pois, etc. —	80	2	7	0.3	4
Pomme de terre........	76	2	19	0.2	10
Topinambour...........	80	2	16	0.2	9
Betterave fourragère....	87	1	10	0.1	9
— à sucre.......	80	1	17	0.1	17
Carotte................	86	1	10	0.2	9
Navet..................	86	1	7	0.1	8
Blé en grain......	14	12	64	1.2	6
Seigle —	14	10	65	1.6	7
Orge —	14	8	57	2.3	7
Avoine —	12	8	45	4.3	7
Maïs —	13	8	63	4 »	9
Sarrasin —	14	7	47	1.2	7
Pois, etc. —	14	22	50	1.5	3
Pulpes de sucrerie......	80	1	15	0.2	17
Drêche de brass. fraîche.	76	3	9	1.3	4
— — sèche...	10	13	33	6.1	4
Son de blé............	13	10	45	2.4	5
Tourteau de colza......	10	25	24	7.6	2
Lait écrémé............	90	3	5	0.7	2
Petit-lait..............	93	1	5	0.1	6

Nota. Pour chaque aliment, le total des quatre premières colonnes retranché de 100 donne la somme des matières organiques (azotées et hydrocarbonées) qui échappent à la digestion (V. page 181), plus les matières minérales ou cendres dont le poids est indiqué aux tableaux I et II.

TABLEAU VI.

RATIONS NORMALES PAR JOUR

Calculées sur **1,000 kilogrammes** de poids vivant.

ESPÈCE ANIMALE	POIDS TOTAL DE MATIÈRE ORGANIQUE	ÉLÉMENTS DIGESTIBLES — AZOTÉS	ÉLÉMENTS DIGESTIBLES — HYDRO-CARBONÉS	ÉLÉMENTS DIGESTIBLES — GRAS	RAPPORT NUTRITIF 1 :
Cheval.					
Travail modéré	20	1.4	9	0.3	7.0
— moyen	21	1.6	10	0.5	7.0
— fort	23	2.5	12	0.7	5.5
Espèce bovine.					
En croissance, 6 mois	23	3.2	14	1.0	5.0
— 1 an	24	2.5	13	0.6	6.0
— 18 mois	24	2.0	13	0.4	7.0
— 2 ans	24	1.6	12	0.3	8.0
Bœuf, au repos	17	0.7	8	0.2	12.0
— travail moyen	24	1.6	11	0.3	7.5
— travail fort	26	2.4	13	0.5	6.0
— à l'engrais, 1re période	27	2.5	15	0.7	6.5
— — 2e période	26	3.0	15	0.6	5.5
— — 3e période	25	2.7	15	0.5	6.0
Vache laitière	24	2.5	12	0.4	5.0
Espèce ovine.					
En croissance, 6 mois	28	3.2	15	0.8	5.5
— 1 an	23	2.1	11	0.5	6.0
— 18 mois	22	1.4	10	0.3	8.0
Mouton à laine	21	1.3	11	0.2	9.0
— à l'engrais, 1re période	26	3.0	15	0.5	5.5
— — 2e période	25	3.5	14	0.6	4.5
Espèce porcine.					
En croissance, 3 mois	42	7.5	30		4.0
— 6 mois	31	4.3	24		5.5
— 1 an	21	2.5	16		6.5
A l'engrais, 1re période	36	5.0	27		5.5
— 2e période	31	4.0	24		6.0
— 3e période	23	2.7	17		6.5

Nota. Les chiffres de la première colonne indiquent le poids total des matières azotées, hydrocarbonées et grasses, non compris l'eau; la somme des éléments digestibles forme à peu près la moitié de ce total. Les chiffres de la dernière colonne sont les dénominateurs d'une fraction ayant pour numérateur 1; de même au tableau IV (Voir page 182).

TABLEAU VII.

ALIMENTATION DE L'HOMME. (*V. p.* 170.)

Composition moyenne des principaux aliments

DÉSIGNATION DES ALIMENTS	SUBSTANCES OU ÉLÉMENTS CONTENUS DANS 100 GRAMMES				
	EAU	CENDRES	AZOTE	CHARBON	GRAISSES
Pain	36	1	1.1	30	1.5
Viande dégraissée	75	2	4	17	3
Bouillon gras	96	2	0.3	0.1	0.5
Bière	88	0.2	0.2	4.5	»
Vin	90	0.2	»	3.6	»
Lard	20	0.5	1.2	57	71
Huile	2	»	»	72	96
Riz	15	0.5	1.8	41	0.5
Pomme de terre	76	1	0.3	11	0.2
Châtaignes	49	2	0.6	35	3
Carottes	86	0.5	0.2	6	0.2
Choux	90	1	0.3	3	1
Navets	86	1	0.2	5	0.2
Haricots	15	3.5	4	43	3
Lentilles	13	2.2	3.9	43	2.5
Pois	9	2	3.9	46	2
Fèves	16	3.5	4	42	1.5
POISSON. — CHAIR NETTE : Carpes	76	1	3.4	12	1
Brochet	77	1.3	3.2	10	0.6
Barbillon	89	0.8	1.6	6	0.2
Anguille	63	0.5	1.8	30	23
Harengs salés	49	17	3.1	23	13
— frais	75	1	2 »	21	10
Maquereau	68	1	3.8	19	7
Sardines à l'huile	46	8	5.3	20	9
Raie	74	1.5	3.8	12	0.5
Morue salée	47	21	5 »	15	0.5
Fromage à la pie	69	3	2.1	25	9
— de Brie	45	4	2 »	35	22
— de gruyère	40	5	5 »	38	26
Lait de vache	86	0.8	0.7	8	3.5
Œufs	80	0.2	1.9	13	7
Pommes	83	0.1	0.1	6	0.5
Pruneaux	26	0.2	0.7	27	»
Café (infusion de 100 gr)	variable	0.1	1.1	9	0.5
Eau-de-vie	50	0	0	25	0

TABLE DES MATIÈRES

Paris. — Imp. E. Capiomont et Cie, rue des Poitevins, 6.

Paris. — Imp. E. CAPIOMONT et Cie, rue des Poitevins, 6.

www.ingramcontent.com/pod-product-compliance
Ingram Content Group UK Ltd.
Pitfield, Milton Keynes, MK11 3LW, UK
UKHW020120200726
13856UKWH00002B/652

9 782013 602914